LE LIBÉRALISME DE TOCQUEVILLE À L'ÉPREUVE DU PAUPÉRISME

Collection L'Ouverture Philosophique
dirigée par Dominique Chateau et Bruno Péquignot

Une collection d'ouvrages qui se propose d'accueillir des travaux originaux sans exclusive d'écoles ou de thématiques.
Il s'agit de favoriser la confrontation de recherches et des réflexions qu'elles soient le fait de philosophes "professionnels" ou non. On n'y confondra donc pas la philosophie avec une discipline académique ; elle est réputée être le fait de tous ceux qu'habite la passion de penser, qu'ils soient professeurs de philosophie, spécialistes des sciences humaines, sociales ou naturelles, ou... polisseurs de verres de lunettes astronomiques.

Dernières parutions

Gérald HERVÉ et Hervé BAUDRY, *La Nuit des Olympica, Essai sur le national-cartésianisme* (4 tomes : *Descartes tel quel, Descartes inutile, La France cartésienne, Adieu Descartes*), 1999.
Rémi TEISSIER du CROS, *Jean Calvin. De la réforme à la Révolution*, 1999.
Béatrice DURAND, *Le paradoxe du bon maître*, 1999.
D. BERTHET (sous la direction de), *Art et Critique Dialogue avec la Caraïbe*, 1999.
Saïd CHEBILI, *Figures de l'animalité dans l'œuvre de Michel Foucault*, 1999.
Maryvonne DAVID-JOUGNEAU, *Antigone ou l'aube de la dissidence*, 1999.
Jacqueline FELDMAN, Ruth CANTER KOHN (eds), *L'éthique dans la pratique des sciences humaines : dilemmes*, 2000.
Louis ARÉNILLA, *Luther et notre société libérale*, 2000.
Michel BALAT, *Des fondements sémiotiques de la psychanalyse*, 2000.
Joël GILLES (ed.), *L'euphorie*, 2000.
Charles-Pierre BRU, *Esthétique de l'abstraction*, 2000.
Philippe DÉAN, *Diderot devant l'image*, 2000.

ISBN : 2-7384-9221-5

Eric Keslassy

LE LIBÉRALISME DE TOCQUEVILLE À L'ÉPREUVE DU PAUPÉRISME

Préface de Françoise Mélonio

L'Harmattan
5-7, rue de l'École-Polytechnique
75005 Paris - FRANCE

L'Harmattan Inc
55, rue Saint-Jacques
Montréal (Qc)- CANADA H2Y 1K9

Du même auteur

"Les leçons sociales de Tocqueville" in *Qu'attendre du travail social*, éditions intelligere, Paris, 1997.

A mes parents

Sommaire

Préface

L'essai d'Eric Keslassy a pour ambition de renouveler un débat central dans l'histoire du libéralisme et plus spécifiquement dans les études tocquevilliennes : faut-il penser qu'il existe un lien indénouable entre le libéralisme politique et le libéralisme économique? Tocqueville, maître à penser du libéralisme politique contemporain, est-il aussi un zélateur du laisser-faire? Au point de départ, un constat : la bibliographie consacrée à la pensée politique de Tocqueville ou à son œuvre d'historien est énorme; sa pensée économique n'est guère interrogée, ou plutôt on postule souvent avec une tranquille assurance que Tocqueville est un défenseur de la liberté dans tous les domaines; un ancêtre, en somme, des Chicago boys tenants de la liberté économique la plus radicale comme Friedrich von Hayek qui emprunte d'ailleurs à un discours de Tocqueville contre les socialistes le titre même d'un de ses ouvrages : *La route de la servitude.* La publication en cours d'une édition savante de *De la Démocratie en Amérique* par le Liberty Fund, fondation dédiée à la propagation des idées libérales et à la défense de la libre entreprise, est l'exemple le plus éclatant de cette insertion de Tocqueville dans une lignée de penseurs du marché.

Contre cette généalogie, E. Keslassy se propose de prendre au sérieux la volonté de Tocqueville d'être "un libéral d'une espèce nouvelle." Il cherche à montrer comment Tocqueville allie un constitutionnalisme soucieux de garanties individuelles et la recherche de formes nouvelles de solidarité. Le regard historique se nourrit ici des interrogations de la sociologie contemporaine sur la désaffiliation sociale et l'impuissance du marché à assurer à tous l'indépendance et le bien-être. Lecteur attentif de Robert Castel, Eric Keslassy montre comment à la fin du XVIIIème siècle l'acceptation du marché par les révolutionnaires français entre en conflit avec une conception rousseauiste du lien civique. Tocqueville et ses contemporains héritent de cette tension entre l'individualisme du marché et l'exigence de la cohésion sociale; tout un champ de recherches nouvelles s'ouvre ici, que la critique tocquevillienne a jusqu'alors négligées. On pourrait montrer par exemple comment le refus de l'Etat-entrepreneur se combine chez Tocqueville avec la volonté de maintenir des barrières protectrices nationales. Député d'une région d'élevage, Tocqueville était évidemment soucieux d'en préserver les débouchés; mais par delà ces considérations d'opportunisme électoral, Tocqueville pensait aussi qu'on régulerait mieux les crises industrielles à l'intérieur du marché domestique. Son journal *Le commerce* en 1844 se donna pour tâche de "maintenir au travail national la protection qui lui est due, tout en lui ménageant les débouchés dont il a besoin". La position de Tocqueville n'est pas moins nuancée en matière d'aménagement du territoire : on a beaucoup dit, à juste titre, qu'il était hostile à l'interventionnisme étatique; il ne méconnaissait pas pour autant la nécessité d'une politique d'aménagement cohérente par les chemins de fer, la voirie, ou les équipements portuaires. Le libéralisme économique entre ainsi en tension avec le souci de la grandeur et de la solidarité dans le cadre national.

Tout en brossant un panorama de la pensée économique de Tocqueville, Eric Keslassy a choisi pour cet ouvrage de privilégier l'examen d'un point stratégique, la question du paupérisme. L'émergence d'une misère de masse est en effet pour Tocqueville le problème le plus difficile qu'affronte le monde contemporain. Les sociétés modernes sont caractérisées par les progrès de l'égalité des conditions et l'extension des classes moyennes, mais une classe numériquement importante d'ouvriers sans qualification, se trouve soumise à une domination nouvelle d'entrepreneurs. Aussi bien la production accrue des biens matériels, loin de favoriser l'indépendance de tous, ruine au contraire la liberté des plus faibles. Phénomène de masse, le paupérisme interroge la nature même des sociétés modernes. On conçoit dès lors que ce problème ait constitué un enjeu essentiel des débats politiques sous la monarchie de Juillet et fait l'objet d'enquêtes et de concours académiques. Le travail d'Eric Keslassy s'inscrit dans la continuité des travaux sur la question sociale au XIXème siècle, particulièrement de ceux de Seymour Drescher sur la pensée sociale de Tocqueville,[1] et s'efforce d'en renouveler les conclusions en s'appuyant sur les travaux récents d'histoire de l'économie politique ainsi que sur la masse considérable de documents récemment publiés dans les œuvres complètes de Tocqueville.

On pourrait objecter que Tocqueville se souciait de science politique plus que d'économie politique et qu'il n'avait, en matière d'économie, que des connaissances élémentaires - il l'a lui même avoué à son ami l'économiste Nassau Senior. Eric Keslassy montre bien que Tocqueville se plaçant du point de vue politique, procède à une critique originale de l'économie politique de son temps, à distance à la fois de l'optimisme de Jean-Baptiste Say et du moralisme de l'économie charitable chrétienne.

Tocqueville a lu et commenté dès 1828 le *cours complet d'économie pratique* de Jean-Baptiste Say qui venait d'être publié. Il a fréquenté - sans joie - Dunoyer à l'académie des sciences morales, et connu Adolphe Blanqui, l'économiste libéral, frère du révolutionnaire. Ce qui importe ici est la vigueur avec laquelle Tocqueville récuse l'optimisme de Say. La production des richesses n'est pas le moyen d'un progrès de la liberté politique. L'accroissement de la production n'a pour conséquence inéluctable ni les progrès de l'égalité pour tous ni ceux de la liberté. Dès lors, Tocqueville est plus proche de l'économie politique chrétienne de Villeneuve Bargemont. De sa tradition familiale légitimiste, Tocqueville avait hérité de la nostalgie des sociétés rurales et de la communauté patriarcale, la méfiance envers le monde de l'argent et de l'industrie. Mais Tocqueville ne croit pas que la misère soit une punition divine ni que l'appel à la régénération morale offre une solution. Rien, dans ses notes de voyage en Angleterre en 1833 et 1835 ne rappelle la dénonciation de l'alcoolisme ou de la débauche ouvrière, ou le plaidoyer pour le travail forcé et l'enfermement des pauvres qui courent dans les travaux des réformateurs sociaux du temps.

---

[1] *Dilemnas of Democracy. Tocqueville and modernization*, University of Pittsburgh Press, 1968 et *Tocqueville and England*, Cambridge, Massachusetts, Harvard University Press, 1964.

Ce qui intéresse Tocqueville, comme le montre très vigoureusement E. Keslassy, c'est l'analyse des contradictions du capitalisme et de la récurrence inévitable des crises industrielles. Dans les sociétés démocratiques la passion dominante est la passion du bien être, passion qui grandit avec l'extension des classes moyennes "et descend jusqu'au sein du peuple". Or le progrès même de l'égalité et du bien-être entraîne une frustration croissante; ce qui demeure d'inégalité résiduelle est ressenti bien plus douloureusement que les inégalités anciennes. L'exode rural est entretenu par cette frustration. C'est donc le mouvement même de la démocratie qui conduit à entasser dans les faubourgs urbains une masse croissante de travailleurs soumis aux crises endémiques de la production industrielle et exclus du jeu de la mobilité sociale. Il en résulte que plus la société se perfectionne, plus s'accroît le nombre de ceux qui ont besoin d'aide parce qu'ils sont soumis aux aléas d'un marché étendu - on ne disait pas encore "mondialisé". Il y a ainsi chez Tocqueville une conscience tragique de la contradiction entre la passion du bien-être chère à l'économie politique et le goût de la liberté et de l'indépendance individuelle.

Aiguë dans sa critique, la pensée de Tocqueville est plus floue dans les solutions qu'elle explore et Eric Keslassy en étudie finement l'évolution en même temps que les hésitations, voire les points aveugles. Tocqueville glorifie la charité individuelle tout en la sachant insuffisante, juge la bienfaisance légale catastrophique dans ses conséquences, quoiqu'il la pense indispensable en temps de crise; la solution proposée par Tocqueville est plus politique qu'économique; il est très critique envers une économie politique qui s'isolerait des sciences morales et politiques et croirait pouvoir traiter des seules exigences matérielles. Tout son effort, comme le montre Eric Keslassy, consiste à chercher une troisième voie entre socialisme et libéralisme économique, la voie d'une société solidaire. L'analyse attentive menée ici, des textes politiques de Tocqueville sous la monarchie de Juillet, méritera d'être complétée par une étude de la position de Tocqueville sous la seconde république et de son retour critique sur ces questions quand il lit les physiocrates et les économistes en préparant dans les années cinquante *L'Ancien Régime et la Révolution*.

Le livre d'Eric Keslassy est un essai engagé, qui cherche à penser notre monde, sur les traces de Tocqueville. On en discutera sans doute les conclusions. Pour mieux rompre avec l'interprétation dominante de Tocqueville en libéral, Eric Keslassy minore peut-être l'attachement de Tocqueville à la libre entreprise, son admiration pour l'héroïsme entrepreneurial des Américains et sa répugnance envers l'interventionnisme étatique. Mais en forçant le trait, cet essai se donne le moyen de dégager l'originalité d'un dissident du libéralisme : Tocqueville récusant l'idée d'un équilibre naturel entre production et consommation, appelle à l'invention politique d'une société solidaire et libérale à la fois. Comment marier le respect de la liberté de l'individu et la recherche de la vie la meilleure possible pour les masses? Sur le tard, le 10 septembre 1856, Tocqueville écrivait à Mme Swetchine : "la répartition plus égale des biens et des droits dans ce monde est le plus grand objet que doivent se proposer ceux qui mènent les affaires humaines. Je veux seulement que l'égalité en politique consiste à être tous également libres"[2]. L'histoire du libéralisme politique français n'est pas celle d'un long plaidoyer en faveur de l'individualisme. Elle mérite d'être revisitée. L'essai d'Eric Keslassy marque un jalon dans cette entreprise.

Françoise Mélonio.

[2] *Œuvres Complètes* de Tocqueville, tome XV, volume 2 : "Correspondance Tocqueville-Madame Swetchine", Gallimard, Paris, 1983, p. 291-292.

Tocqueville, libéral?

"Je plais à beaucoup de gens d'opinions opposées, non parce qu'ils m'entendent, mais parce qu'ils trouvent dans mon ouvrage, en ne le considérant que d'un seul côté, des arguments favorables à leur passion du moment" (Lettre de Tocqueville à Eugène Stöffels, 21 février 1835).

Tocqueville, libéral?

Depuis le retour au premier plan de la pensée d'Alexis de Tocqueville, grâce aux efforts combinés de Raymond Aron[1] et de François Furet[2], ses ouvrages ont été commentés, interprétés et utilisés à de multiple reprises. Un nombre considérable d'études les évoque dans leurs généralités ou sur des points précis, du fait de la place qu'ils occupent dans la formation et l'évolution des idées politiques. Il semblerait ainsi que toutes les analyses possibles sur l'homme politique, le théoricien du politique, le philosophe, voire le sociologue, aient déjà été révélées. Dès lors, la question de savoir s'il est encore possible d'enrichir les commentaires des plus grands penseurs (R. Aron, F. Furet, mais aussi Pierre Manent[3], Claude Lefort[4], Robert Nisbet[5]...) ou des spécialistes de l'œuvre de Tocqueville (Françoise Mélonio[6], André Jardin[7], Jean-Claude Lamberti[8]...) peut légitimement se poser.

En fait, il existe un aspect de l'œuvre de Tocqueville qui n'est presque jamais évoqué. Il s'agit de sa réflexion économique, sociale et politique sur un thème majeur de son temps : le paupérisme. Aucune recherche pratiquement n'existe sur cette

---

[1] *Les Étapes de la pensée sociologique* (Gallimard, Paris, 1967) de R. Aron est un ouvrage qui a permis l'entrée de Tocqueville parmi les "pères" de la sociologie.

[2] C'est avec *Penser la Révolution française* (Gallimard, Paris, 1978) que F. Furet a remis au goût du jour le talent d'historien de Tocqueville.

[3] *Une histoire intellectuelle du libéralisme : dix leçons* (collection Liberté de l'esprit, Calmann-Lévy, Paris, 1987), et *Les Libéraux* (Pluriel, Hachette, Paris, 1986).

[4] *Écrire à l'épreuve du politique* (Calmann-Lévy, Paris, 1992).

[5] *La Tradition sociologique* (Quadrige, P.U.F., Paris, 1993).

[6] *Tocqueville et les français* (collection Histoires, Aubier, Paris,1993).

[7] *Alexis de Tocqueville (1805-1859)* (Pluriel, Hachette, Paris, 1984).

[8] *La notion d'individualisme chez Tocqueville* (série Sciences politiques", PUF, Paris, 1970), et *Tocqueville et les deux démocraties* (série "Sociologie", PUF, Paris, 1983, livre issu de la première thèse d'Etat consacrée à Tocqueville en France).

partie fondamentale de son œuvre[9]. Pourtant, l'étude de ses écrits sur la pauvreté de masse liée à l'industrialisation du XIXème siècle permet d'introduire des nuances dans le libéralisme de Tocqueville : nous pensons que son œuvre est celle d'un libéral sur le plan politique, mais qu'elle n'est pas celle d'un libéral sur le plan économique. Si le libéralisme politique de Tocqueville a déjà été analysé par un certain nombre de ses commentateurs[10], l'absence de son libéralisme économique n'a jamais été démontrée, et pour cause, puisque pour la plupart des analystes, "Tocqueville est franchement libéral dans l'ordre économique"[11]. Notre propos revient donc à

---

[9] A notre connaissance, la littérature est loin d'être abondante sur ce sujet. Certes, Seymour Drescher, dans ses livres *Dilemnas of Democracy, Tocqueville and modernization* (University of Pittsburg Press, 1968) et *Tocqueville and England* (Cambridge, Massachusetts, Harvard University Press, 1964) traite des rapports entre démocratie et industrialisation, ce qui le conduit à insérer les approches économiques et sociales de Tocqueville dans ses analyses. Toutefois, globalement, il se contente de mettre en avant une psychologisation de la vision économique de Tocqueville. Pierre Birnbaum consacre quelques pages de son ouvrage *Sociologie de Tocqueville* (collection Sup, P.U.F, Paris, 1970) à l'examen des causes du paupérisme selon Tocqueville. Enfin, il existe un article intitulé "Tocqueville et le paupérisme, l'influence de Rousseau" (in *Annales de la faculté des lettres et sciences humaines de Toulouse*, tome XVI, juin 1970) de Michel Bressolette, intéressant pour sa présentation des rapprochements rhétoriques entre Tocqueville et Rousseau. Quant à l'analyse même du paupérisme, Bressolette se contente de paraphraser Tocqueville.

[10] Par exemple, Roger Boesche, *The Strange liberalism of Alexis de Tocqueville* (Cornell University Press, Ithaca and London, 1987) qui explore la complexité du libéralisme politique de Tocqueville : "nous pouvons prendre la liberté de qualifier Tocqueville de libéral seulement si nous voyons dans sa pensée un étrange mélange du "libéralisme de Constant, du "conservatisme" de Chateaubriand, et de la pensée "démocratique" fondamentale de Rousseau" (p.266).

[11] Pierre Manent écrit cette phrase dans un petit article "Intérêt privé, intérêt public", in *L'actualité Tocqueville*, cahiers de philosophie politique et juridique, 1991, Centre de Publications de l'Université de Caen, n°19, p.70.

montrer que, contrairement à une époque où les deux libéralismes (politique et économique) apparaissent indissociables, celui de Tocqueville ne se développe que dans sa dimension politique. Ainsi, sa situation intellectuelle, c'est-à-dire celle que l'on juge par comparaison aux positions intellectuelles des libéraux de son temps, est singulière. Pour tout dire, nous pensons que si l'on devait écrire un livre sur les théoriciens du libéralisme du XIXème siècle, Tocqueville n'en ferait pas partie.

Pour démontrer la validité de cette affirmation nous allons nous appuyer sur des textes oubliés ou négligés au sein de l'œuvre de Tocqueville, et préciser que lorsque certains d'entre-eux sont évoqués, c'est pour mieux répondre à une logique : Tocqueville doit servir de référence intellectuelle au libéralisme économique. Il ne s'agit en aucun cas de textes mineurs car ils permettent de trouver une nouvelle articulation des écrits du célèbre auteur de *De la Démocratie en Amérique*. Certes, le thème du paupérisme nous confirme la vision que l'on peut avoir d'un Tocqueville redoutant les périodes de chaos. Mais notre étude permet également de le dépeindre comme un esprit en éveil. En effet, notre penseur politique n'est pas un doctrinaire, notamment parce que pour lui, il n'existe pas de solution définitive ou idéologique au paupérisme. Dès lors, notre analyse autorise une rupture avec le positionnement exclusivement libéral que certains veulent faire occuper à l'œuvre de Tocqueville. En effet, aujourd'hui, les hommes politiques, les universitaires, les intellectuels et les économistes d'inspiration libérale réduisent consciemment les réflexions économiques et sociales de notre auteur afin de se les approprier et de pouvoir les utiliser comme une caution intellectuelle et idéologique. Ces derniers cherchent dans les ouvrages de Tocqueville les arguments d'un plaidoyer pour le libéralisme économique ou ceux d'une critique du socialisme. Ils se contentent alors d'une lecture partielle et orientée de l'œuvre de Tocqueville.

Tout d'abord, ces penseurs libéraux négligent son *Mémoire sur le paupérisme*, publié en 1835. D'une façon générale, nous pouvons nous interroger sur les raisons du peu d'audience de ce petit opuscule d'une vingtaine de pages. En premier lieu, ce texte a du mal à trouver sa place au sein de l'immense littérature sur le paupérisme qui se développe tout au long du XIXème siècle[12]. Il est souvent présenté comme le reflet de la position des notables sur cette question. Ensuite, le "lieu" de publication de cet article sur le paupérisme est confidentiel : il s'agit du second numéro des *Mémoires de l'Académie de Cherbourg*[13] qui, outre leur manque d'enracinement dans le paysage

---

[12] D'ailleurs, c'est avec difficulté que Tocqueville accepte de communiquer ce texte. Dans une lettre à Duvergier de Hauranne, datée du 4 mai 1837, il écrit : "Vous avez bien voulu me presser, Monsieur, il y a environ six semaines de vous faire connaître un article de moi qui avait paru dans les Mémoires de l'Académie de Cherbourg. Je n'ai pu me procurer l'exemplaire que vous désirez que depuis peu de jours. Je vous l'envoie en vous priant de vouloir bien accepter, de le lire et de l'oublier aussitôt. Tout ce que contient l'article en question a déjà été dit et beaucoup mieux et plus complètement dit par d'autres; je n'ai pas d'illusions sur ce point. Je vous avoue franchement que je voudrais n'avoir pas fait ce petit écrit qui effleure très superficiellement et d'une manière fort imparfaite une des plus grandes questions du monde moderne, sinon la plus grande. Aussi, me serais-je bien gardé d'en donner connaissance à des juges tels que vous si je n'avais craint de paraître désobligeant en refusant par amour propre une chose que vous paraissiez désirer. Agréez, Monsieur, je vous prie, l'assurance de ma considération la plus distinguée" (inédit). Ainsi, Tocqueville lui-même freine la diffusion du *Mémoire* car, reprenant un grand nombre des topoï qui circulent en son temps, il le croit convenu. Nous pensons également qu'il ne veut pas compromettre le succès de la première *Démocratie* (1835) avec une réflexion sur un sujet qu'il prétend mal connaître. En effet, dans une lettre à F. Buloz, rédacteur en chef de la *Revue des deux Mondes*, Tocqueville explique qu'il refuse d'écrire un article sur les ouvriers en expliquant que "c'est une question très grande pour laquelle je n'ai pas encore suffisamment étudié, et qui exigerait de ma part des travaux auxquels je ne puis me livrer" (23 septembre 1840, inédit). Nous montrerons qu'il sous-estime ses connaissances sur le monde ouvrier...

[13] Il s'agit d'un périodique irrégulier puisque le précédent numéro était sorti en 1833.

intellectuel, semblent surtout destinés à une diffusion locale[14]. Par conséquent, le *Mémoire sur le paupérisme* de Tocqueville reste, jusqu'à aujourd'hui un texte très peu utilisé[15].

Or, nous pensons que cette situation relève aussi d'un choix intellectuel conscient, car ce texte ne corrobore pas complètement la vision que l'on veut imposer de l'œuvre de Tocqueville. Bien qu'il dénonce les funestes conséquences morales[16] de la charité légale, ce qui ne manque pas d'être repris lorsque ce petit opuscule est évoqué, il montre également que Tocqueville ne croit pas qu'un marché libre de toutes

[14] Toutefois, lors de sa publication, ce texte ne passe pas complètement inaperçu puisqu'il est signalé dans le *Journal général de l'instruction publique et des cours scientifiques et littéraires*, 17 janvier 1836, n°23, vol.5, p.183. Il est résumé et mis en valeur dans le célèbre *Moniteur Universel*, en date du 18 mai 1836, qui reproduit l'annonce de la sortie du second volume des *Mémoires de l'Académie de Cherbourg* car "elle doit servir à mettre en lumière des travaux qui méritent d'être connus" (n°139, p.1117).

[15] Le *Mémoire sur le paupérisme* ne sera réédité qu'en 1911 dans le *Bulletin du Comité des travaux historiques et scientifiques* (Paris, Imprimerie Nationale), puis il faudra attendre la parution en deux parties de la revue *Commentaire* (Automne 1983, vol. 6, n°23, et Hiver 1983-1984, vol. 6, n°24). Il est à nouveau publié dans les *Œuvres Complètes* de Tocqueville (notées dans ce travail O.C.) dans le volume intitulé *Mélanges* (O.C., XVI, Gallimard,Paris,1989, p.117) et dans celles de la Pléiade (notées dans ce travail O.C., Pléiade) au sein des *Écritsacadémiques* (O.C., Pléiade, I, Gallimard, Paris, 1991, p.1155-1180). Enfin, tout dernièrement, la collection de poche des Éditions Allia l'a livré sous le titre *Sur le paupérisme* (Paris, 1999). Ainsi, ce travail sur le paupérisme a été publié à quatre reprises lors de ces quinze dernières années, fait assez remarquable dans l'univers éditorial. Par conséquent, nous pensons que l'oubli analytique dans lequel il est plongé est volontaire!

[16] Notons d'ailleurs que le moralisme ne relève pas chez Tocqueville d'une entreprise systématique comme c'est le cas pour le grand mouvement philanthropique qui se développe à ce moment-là. Ainsi, compte tenu de l'époque, nous pensons qu'il fait preuve du moins de sentimentalisme possible.

contraintes puisse résoudre la question sociale[17]. Dès lors, le *Mémoire sur le paupérisme* ne saurait conforter dans leur opinion tous ceux qui voient en Tocqueville un "ultra-libéral". Il sert plutôt de contre-poids à la citation de *De la Démocratie en Amérique*, toujours reprise, qui symbolise usuellement le refus de Tocqueville d'un Etat-protecteur : "Au dessus de ceux-là (des hommes semblables et égaux), s'élève un pouvoir immense et tutélaire qui se charge seul d'assurer leurs jouissances et de veiller sur leur sort. Il est absolu, détaillé, régulier, prévoyant et doux"[18]. De ce fait, Tocqueville est presque toujours présenté comme un auteur qui ne veut pas d'Etat. Ce n'est retenir qu'une partie de ses réflexions car, dans son ouvrage majeur, il existe également deux chapitres édifiants qui condamnent à la fois la condition de l'ouvrier et le libéralisme économique[19]. Il est fort surprenant que ceux-ci n'aient jamais été rapprochés de ses *Notes de voyage en Angleterre et en Irlande* (1833 et 1835), dans lesquelles il déplore les ravages du paupérisme en signifiant clairement que les lois du marché ne lui semblent pas efficaces. La détresse sociale anglaise, qu'il observe avec effroi, conduit Tocqueville à remettre en cause l'argumentaire économique du libéralisme.

Aussi, observons-nous la volonté de faire ressortir uniquement les éléments qui permettraient de classer Tocqueville au sein

[17] Par exemple, dans *Les Métamorphoses de la question sociale* (Fayard, Paris, 1995, p.249), Robert Castel cède à la doxa qui existe sur la pensée économique et sociale de Tocqueville. Du *Mémoire sur le paupérisme*, il utilise uniquement son refus de la charité légale, ce qui revient à oublier tout une autre partie du texte. De plus, la mouvance libérale n'est pas isolée dans cette condamnation de la charité légale pratiquée en Angleterre jusqu'au XIX ème siècle. Il existe une sorte de consensus sur les effets dévastateurs de la loi anglaise sur les pauvres. Par conséquent, il est difficile de classer Tocqueville parmi les économistes libéraux à la vue de ce seul aspect de son œuvre.

[18] O.C., I, 2, p.324.

[19] Ces deux chapitres injustement oubliés sont intitulés : "Comment l'aristocratie pourrait sortir de l'industrie" (O.C., I, 2, p.164) et "Influence de la démocratie sur les salaires" (O.C., I, 2, p.197).

des libéraux. Par exemple, il n'est vraiment connu de son *Discours sur le droit au travail* (1848), que sa critique sévère du socialisme et son refus de voir s'inscrire le droit au travail dans la nouvelle constitution. Or, c'est oublier que Tocqueville y présente également un remarquable appel à la charité publique qui fait écho à son programme social où il fait montre de son désir de voir l'Etat se pencher plus sérieusement sur la question du paupérisme. Ainsi, les transformations sociales de son temps ne laissent-elles pas insensible un esprit en éveil comme l'est celui de Tocqueville. De même, dans un autre texte, complètement oublié et qui fait suite au *Mémoire sur le paupérisme*, s'évertue-t-il à chercher des solutions pour résoudre la question sociale[20].

Il nous semble que ce sont des raisons tactiques qui motivent cette lecture sélective (ou orientée) dont découle une réduction de la pensée de Tocqueville. Alors que ses écrits peuvent aussi bien dénoncer le libéralisme économique, ils ne sont utilisés que comme argument contre une montée de l'étatisme[21]. Ainsi, l'étude de la question du paupérisme dans l'œuvre de Tocqueville doit nous amener à réévaluer son libéralisme et la façon dont on le reçoit. Nous considérons que la pensée économique et sociale qu'elle développe se situe entre socialisme étatique et libéralisme économique. Tocqueville ne veut ni du droit au travail et de la charité légale, ni d'un État absent qui laisse toute la place à la régulation unique du marché. Il formule alors les principes d'une nouvelle forme

[20] Il s'agit du *Second Mémoire sur le paupérisme*, publié pour la première fois par les O.C. (XVI, p.140) en 1989.

[21] Peut-être, des raisons historiques expliquent-elles le positionnement libéral de l'œuvre de Tocqueville, laquelle, en effet, réapparaît en pleine lumière au moment de la guerre froide. Il représente alors une sorte d'opposition théorique au marxisme et passe pour défendre les couleurs de l'Amérique et du libéralisme, contre le communisme soviétique. Raymond Aron, par exemple, a souvent opposé Tocqueville et Marx. D'une façon générale, l'œuvre de Tocqueville fut redécouverte au moment du grand renouveau libéral, ce qui conduisit "naturellement" à la placer dans la tradition libérale.

d'intervention de l'Etat pour assurer une solidarité qui lui semble primordiale : une sorte de "troisième voie" qui ne laisse aucune place aux idéologies. Mais, ne nous attardons pas plus longtemps à introduire notre travail car notre rapide premier chapitre est introductif. Il indique les fondements théoriques du libéralisme économique et le renversement épistémologique qu'il suppose : du travail comme salut au travail comme marchandise. Il présente également le cheminement des attitudes face à la pauvreté...

I.
Une petite histoire de la question sociale

Question sociale (la). Nom donné au siècle dernier aux problèmes posés par l'extension de la pauvreté à la suite de l'industrialisation; l'indigence, phénomène individuel, est alors remplacé par le paupérisme, c'est-à-dire un état permanent de pauvreté d'une partie de la population, qui est menaçant pour l'ordre social ("classes laborieuses, classes dangereuses").

Lexique de science économiques et sociales, Jean-Paul Piriou, Collection Repères, La Découverte, 1997.

"Le premier pays qui supprimerait le jour du repos dominical aurait il est vrai, l'avantage d'étendre son débit en baissant les prix; il ferait la guerre à tous les ouvriers des autres pays et les priverait de leur gagne-pain, jusqu'à ce qu'ils fussent soumis à la même condition. Mais dès que les ouvriers des autres pays auraient renoncé à leur seule jouissance, l'avantage du novateur cesserait, le marché se resserrait et le travail serait seulement devenu plus rude pour tous."

Sismondi, *Nouveaux principes d'économie politique*, **1819**.

I-Une petite histoire de la question sociale

Pour comprendre le débat qui a lieu en France au XIXème siècle autour de la notion du paupérisme, il est essentiel de tenir compte de l'histoire des attitudes face à la pauvreté. Or, il n'y a de réels mouvements pour contenir la pauvreté que lorsque celle-ci remet en cause la cohésion de la société. Autrement dit, c'est à une petite histoire des questions sociales que nous devons nous livrer, puisque celles-ci se posent lorsque la quiétude sociale est menacée. Par là, il s'agit aussi de montrer comment le paupérisme s'est constitué comme paradigme de la question sociale qui naît au XIXème siècle et, ainsi, de tisser une toile de fond historique nous permettant de mieux appréhender les prises de position, originales ou non, de Tocqueville sur ce thème.

En effet, Tocqueville intervient dans un débat conditionné par plus de cinq siècles d'histoire. On pourrait se demander si notre réflexion ne remonte pas trop loin dans le temps. Nous ne le pensons pas, car les idées, les thèmes, les systèmes de représentation et d'argumentation présentent, nous le verrons, une certaine cohérence à travers l'histoire. Les déterminants de cette histoire de la pauvreté sont fondamentaux pour la compréhension du débat qui se déroule dans la première moitié du XIXème siècle. Ainsi, la conception d'une assistance fondée sur la charité et la répression, mise en œuvre sous l'Ancien Régime, reste dominante sous l'Empire, la Restauration et la Monarchie de Juillet.

Selon le sociologue-historien Robert Castel, la première question sociale s'ouvre au milieu du XIVème siècle[22]. Le mendiant et surtout le vagabond, y apparaissent comme les figures paradigmatiques des individus troublant l'ordre social.

[22] Nous suivons ici la petite provocation (argumentée) de Robert Castel, qui intitula l'un de ses articles : "La question sociale commence en 1349", in *Les Cahiers de la recherche sur le travail social (et Vie sociale)*, "le social aux prises avec l'histoire", volume 1 : *De l'assistance à l'action sociale*, Université de Caen, Centre de recherche sur le travail social, n° 16, mai 1989 (p.9-22).

A cette date, les préoccupations liées à l'assistance deviennent indissociables de la question du travail. Plus tard, la Révolution mettra en place les libertés économiques qui devaient rendre l'accès au travail plus facile. Outre que ces dispositions ne parviennent pas à résoudre la vieille question sociale, elles ouvrent directement la voie, au XIXème siècle, à une seconde question sociale dont le paupérisme est le nouveau paradigme. Les réflexions révolutionnaires admettent également, pour un temps, la dette de la société à l'égard de ses pauvres, et, si cette tentative ne connut pas de suite pratique, elle a pu créer les conditions d'un autre discours sur la condition de l'indigent. En effet, la Révolution de 1789 introduit aussi une nouvelle attitude face à la pauvreté, préambule à un nouveau "régime discursif" qui s'installe avec le paupérisme. Effectivement, l'originalité du paupérisme réside dans le fait que pour la première fois, devant la généralisation, la gravité et la permanence de la pauvreté, certains penseurs, constatant l'industrialisation croissante et l'avénement d'un véritable capitalisme, reconnaissent que le pauvre n'est pas exclusivement responsable de sa condition. Cependant, pour beaucoup d'autres (notamment dans le champ des libéraux), l'indigent demeure l'unique agent de son malheur, qui, à cette époque, reste une donnée de l'existence humaine : la douleur rend alors possible la dignité et le salut...

1-*Haut Moyen Âge, Ancien Régime et Révolution*

Jusqu'au milieu du XIVème siècle, l'organisation sociale qui s'est mise en place ne risque pas de fracture provoquée par sa population la plus démunie. Dans les sociétés féodales et du haut Moyen Âge, l'existence d'une pauvreté immense ne va pas de pair avec la formulation d'une question sociale. Cette relative stabilité peut, d'abord, s'expliquer par la résignation du pauvre qui le conduit à accepter sa condition. Il ne possède alors pas les catégories de pensée propres ni à la revendication, ni à la contestation. Mais elle traduit également l'existence d'une triple sociabilité.

La première est inhérente au système d'ordre : les puissants (seigneurs, notables et riches bourgeois), de par leur rang, se sentent dans l'obligation de venir en aide aux pauvres qui se situent sur leurs domaines, c'est-à-dire sous leur protection. Les distributions collectives d'aumônes sont très fréquentes lors des funérailles des puissants, de leurs voyages ou à l'occasion de fêtes religieuses. Il s'agit pour eux de respecter une injonction religieuse et non de faire acte de compassion ou de générosité.

La seconde sociabilité est généralement qualifiée de "primaire". Les individus sont encastrés dans un espace communautaire, où des formes stables de relations existent (famille), ou se mettent en place (amis, voisins), qui assurent une sorte de protection sociale à celui qui tomberait dans la pauvreté. Le pauvre est alors pris en charge car il s'inscrit dans des solidarités territoriales et familiales. Sa place, reconnue dans la communauté, lui permet de prétendre à une assistance. Par contre les étrangers, les isolés, les inconnus et les errants, parce qu'ils sont exclus du monde organisé et socialisé, ne peuvent y accéder. Rapidement, les hôpitaux, les orphelinats et les distributions d'aumônes sont réservés aux indigents détenteurs d'un insigne facilitant leur reconnaissance. Geremek qualifie ces mendiants domiciliés de "pauvres pensionnés"[23]. La présence constante du pauvre est nécessaire à la communauté car il participe à son bon fonctionnement, à son équilibre religieux. Le pauvre devient un moyen car l'aumône, qui couvre la multitude des pêchés, permet de ne pas le regarder pour lui-même mais comme un instrument du salut. Notons, toutefois, que la religion n'a pas toujours respecté cette domiciliation des secours. En effet, dans le haut Moyen Âge, les couvents reçoivent à la fois des individus errants et les misérables du lieu. Ce point n'est pas sans importance car l'essentiel des pratiques charitables est alors assuré par le système monastique. Toujours est-il que cette forme d'assistance dessine un premier critère de distinction :

[23] Bronislaw Geremek, *La potence ou la pitié. L'Europe et les pauvres du Moyen-Âge à nos jours*, Bibliothèque des histoires, Gallimard, Paris, 1957, p.63 et suivantes.

l'appartenance à la communauté. L'assistance s'attache de préférence aux membres du groupe. Cette pratique se systématisera avec l'intervention publique progressive à partir du XVIème siècle, qui organise les secours sur une base municipale.

La troisième forme d'intervention sociale, la sociabilité religieuse, est la plus répandue[24]. En effet, les distributions d'aumônes et les secours sont avant tout le fait des institutions religieuses. La société est alors fortement imprégnée (voire dominée) par la religion chrétienne. Elle fait de la pauvreté une évidence (positive et mystique), une exaltation à glorifier dans le geste même qui la soulage : la charité chrétienne. Mais la religion, élément qui assure en grande partie à elle toute seule la paix sociale, renferme un étrange paradoxe : se référant aux écritures saintes, elle fait de la pauvreté une vertu (en tout état de cause une volonté divine), surtout lorsqu'elle procède d'un libre choix; de ce fait, elle ne permet plus d'assurer le devoir général de charité qu'elle impose comme un devoir moral. Autrement dit, d'un côté, la religion chrétienne pousse au renoncement et à la privation et, de l'autre, par l'aumône, légitime la coexistence des pauvres et des riches. A une époque où les moyens de s'enrichir par le commerce et les spéculations financières (comme l'usure) sont considérés comme douteux, ou au moins suscitent de la culpabilité, les riches obtiennent leur salut par les pratiques de charité.

Au delà de cette contradiction, les pratiques assistancielles religieuses (mais cela reste vrai pour les aides laïques), mettent en œuvre une discrimination fondamentale dans l'histoire des

---

[24] Tocqueville a pu prendre connaissance de certaines pratiques charitables de l'Ancien Régime à travers la lecture d'un ouvrage, retrouvé dans sa bibliothèque, intitulé *L'esprit de St Vincent de Paul* (André-joseph Ansart, 1750). Il s'agit d'une biographie laudative de St Vincent de Paul, qui expose les dispositions prises par le religieux pour soulager la misère, notamment par la fondation des associations de charité et l'établissement d'hôpitaux pour les vieillards et les pauvres. Cette étude se résume à une apologie du traitement des pauvres par l'Eglise.

attitudes face à la pauvreté. Il ne suffit pas d'être démuni pour relever de cette assistance car un second critère de distinction se met en place : l'aptitude/inaptitude au travail. Au sein des populations sans ressources, l'assistance chrétienne accueille préférentiellement ceux qui ne peuvent subvenir à leurs besoins en travaillant (orphelins, vieillards, handicapés...). Cependant, il faut lever le mythe d'une Église généreuse car, avant que les pauvres ne soient considérés comme encombrants et potentiellement dangereux, l'accueil chrétien les soumet à une classification essentielle pour comprendre les attitudes de l'Ancien Régime face à l'indigence et, plus tard, celles du XIXème siècle. On peut l'exprimer par le code suivant : validité/invalidité face au travail[25].

Ainsi, la question de l'assistance devient étroitement liée à celle du travail. Sur le plan politique, en France (mais cela se vérifie également en Angleterre, au Portugal et en Espagne à la même époque), Robert Castel fait remonter cette connexion au milieu du XIVème siècle : le traitement de la pauvreté ne peut être réduit à l'assistance et aux secours, car il visait en fait à maintenir l'organisation traditionnelle du travail. A cette date, les législateurs la croyaient menacée par les mendiants et surtout les vagabonds, de sorte qu'ils nous donnent à voir la première formulation de la question sociale.

En 1350, le roi de France, Jean dit le Bon, prend une série d'ordonnances qui, toutes, associent deux types de prescriptions qui vont vite s'avérer incompatibles. Elles décident à la fois de l'interdiction de la mendicité et du vagabondage et de l'obligation de travailler. Or, la mobilité de l'indigent valide est rendue inévitable du fait même de l'obligation de trouver un travail et, c'est généralement le fait de ne pas en trouver dans son environnement rural ou urbain qui pousse le pauvre valide (qui commence à prendre la forme du vagabond) à la mobilité géographique. Celle-ci, cependant, s'effectue en pure perte car l'organisation du travail est

[25] Castel expose cette idée dans *Les Métamorphoses de la question sociale*, ibid, p.44-45.

dominée par un système corporatif rigide dans lequel il ne peut trouver sa place. L'autorité royale souhaite limiter cette mobilité afin que la force de travail continue de s'extraire sur place pour un salaire fixe. Par là, elle cherche à rendre impossible l'ouverture d'un marché du travail puisqu'il ne peut exister d'offres d'emploi à l'intérieur d'un système où la longueur de l'apprentissage, le compagnonnage et la défense acharnée du monopole de la profession assurent la régulation de l'emploi. En fait, l'autorité royale veut obliger l'indigent apte au travail à accepter n'importe quelle occupation professionnelle, sans qu'il ait la possibilité de chercher de meilleures conditions salariales. Réprimer la mendicité, l'oisiveté et surtout l'errance des valides, a pour but principal de les maintenir dans l'organisation traditionnelle du travail. Dès lors, la question sociale peut se résumer par une formule : "injonction de travailler, impossibilité de travailler"[26].

On le voit, le pauvre valide n'entre plus dans les plans de l'assistance, qui sont désormais réservés aux seuls indigents invalides. Tous ceux qui subissent un handicap (âge, maladie, malheur familial,...) les empêchant de surmonter leur pauvreté, ont accès aux secours. Certes, il se pose des problèmes pratiques : réseau hospitalier insuffisant, aumônes faibles, Église et autorités municipales pouvant faillir dans leurs tâches par incompétence ou corruption... Mais guère de problème de principe : le pauvre invalide (dans le sens où il est dans l'incapacité de travailler) relève de l'accès à l'assistance. De son côté, l'indigent valide relève de l'accès au travail ou, à défaut, de la répression.

Le pauvre qui peut travailler ne suscite aucune mansuétude. Il est stigmatisé et marginalisé. Une interprétation essentielle se développe alors : si le pauvre est sans emploi, c'est parce qu'il le veut bien et surtout, parce qu'il ne fait pas les efforts

[26] Robert Castel "de l'indigence à l'exclusion, la désaffiliation. Précarité du travail et vulnérabilité relationnelle" (p.137-168) in *Face à l'exclusion, le modèle français*, sous la direction de Jacques Donzelot, série société, Éditions Esprit, Paris, 1991, p.143.

nécessaires pour lutter contre son oisiveté naturelle, sa paresse, sa fainéantise, ses vices, son immoralité, sa tendance à la débauche, son plaisir, ses turpitudes personnelles... Déjà, la responsabilité d'une situation de détresse sociale est renvoyée au sujet qui la subit. Pourtant il ne peut s'en sortir par lui-même car le monde du travail est très fermé. Le mendiant valide n'échappe pas complètement à cette interprétation mais, domicilié, et donc connu, il est le plus souvent secouru, avec réticence certes, tant le doute existe quant à sa volonté de vivre dans l'oisiveté. Dans son cas, le critère de l'appartenance territoriale permet de supplanter le critère de l'aptitude au travail. Cela se vérifie d'une façon plus systématique pour une autre figure de la littérature de la pauvreté : "le pauvre honteux". Il s'agit d'un individu qui a occupé une position respectable dans sa commune mais qui l'a perdue (par exemple, un ancien artisan). La communauté, son village, va s'occuper de lui, l'assister, le prendre en charge alors qu'il ne travaille pas. D'une certaine manière, il doit sa survie à son "capital social" (Bourdieu) c'est-à-dire à ses relations. Au contraire, le vagabond est l'exemple même de l'individu qui vient menacer l'ordre social. A ce titre, il constitue la figure paradigmatique de la question sociale qui s'étend de 1349 à 1789.

Figure historique d'une individualité négative des temps pré-industriels, le vagabond est une sorte d'idéal-type du pauvre de l'Ancien Régime, à ceci près qu'il est bien réel. Sa condition est, au départ, provoquée par une première rupture par rapport à son environnement socio-familial et territorial. Ne pouvant plus vivre du produit de la terre, expulsé des formes fixes de l'organisation du travail, il se met en route à la recherche d'un improbable emploi. Dès lors, il est condamné à errer car, coupé de ses appartenances sociales dans une société qui privilégie l'inscription communautaire. Ainsi, le vagabond cumule les handicaps au point qu'ils se soutiennent : en rupture avec ses réseaux sociaux, il est exclu du monde du travail (et subit en cela une seconde rupture). Au bout de son parcours, car il s'agit bien d'un cheminement, il est en situation de "désaffiliation sociale"[27]. Au contraire, l'artisan de l'Ancien Régime, intégré dans les corporations, bénéficie d'un rapport au travail particulièrement stable mais également d'une place assurée dans sa communauté. Le vagabond, qui ne peut, lui, compter sur ces enracinements, va le payer très cher. A son absence de travail, il ajoute, en effet, un isolement social. Non seulement, il est exclu de la plupart des formes d'assistance qui sont réservées, en priorité, aux pauvres domiciliés. Il souffre d'un manque de respectabilité sociale. Plus encore, les dispositions prises à son encontre ne peuvent résoudre son problème car, elles sont de l'ordre de la coercition, alors que seule l'instauration d'un marché du travail pourrait lui être salutaire. Le vagabond véhicule une image négative et provoque l'inquiétude. Dès lors, le vagabondage est perçu comme un délit et rencontre une répression de plus en plus féroce. Cela va du bannissement à la mise à mort, en passant par le travail forcé et la déportation aux colonies. Marginal, aux frontières de l'ordre social, le vagabond relève très vite de la police. Le plus souvent, il est question de rendre utiles ces "inutiles au monde"[28].

Pour lever cette contradiction entre l'obligation et l'impossibilité de travailler, certaines tentatives existent. La plus connue et la plus répandue, proposée par Turgot, passe par la création des ateliers de charité. Mais, d'une façon générale, plus on avance dans l'Ancien Régime, plus il est question de moyens répressifs pour lutter contre la pauvreté. Les termes de pauvreté et de criminalité sont associés, ce qui conduit à n'envisager que l'aspect répressif de la réponse à la pauvreté, au détriment du préventif. Même dans les hôpitaux et les hospices, qui constituent la base de l'assistance aux pauvres sous l'Ancien Régime, la charité ne va pas sans répression, afin d'éloigner le spectre de la délinquance. La solution est

[27] Castel préfère ce terme à celui d'exclusion, qui est un concept ne traduisant pas une évolution.

[28] Bronislaw Geremek, *Les inutiles au monde : truands et misérables dans l'Europe moderne, 1350-1600*, (choix de textes), Gallimard, Julliard, Paris, 1980.

communément l'enfermement de ces individus et l'obligation du travail dans les espaces clos des institutions. Ainsi, au XVIIIème siècle, se mettent en place des dépôts de mendicité, financés et contrôlés par le pouvoir royal, afin de forcer les mendiants au travail. Au même moment, un Grand bureau des pauvres impose le contrôle policier et judiciaire de ces derniers. Les moyens privés et ecclésiastiques étant insuffisants pour permettre à une stabilité sociale de s'établir, l'admnistration ordonne que l'on enferme et que l'on mette au travail les pauvres.

Cette volonté répressive est suscitée par le nouveau sens donné à la pauvreté. La Réforme est pour beaucoup dans ce mouvement qui permet d'opérer un changement sémantique. Pour les protestants, la pauvreté est comprise comme un châtiment. Dès lors, la charité sert uniquement à supprimer la misère. Dans l'esprit de Calvin, la pauvreté devient l'indice d'une culpabilité car la richesse, obtenue par le travail, serait le signe terrestre de l'élection divine. A partir du XVIème siècle, discrètement et timidement, le catholicisme semble suivre cette voie. Cette conception, qui justifie la condamnation de la pauvreté, prend alors une signification laïque et moralisatrice exempte de tout mysticisme. De plus, la misère est un effet du désordre et un obstacle à l'ordre. Aussi avec le travail forcé, s'il s'agit bien au départ de supprimer la pauvreté ou de la rendre socialement acceptable, cherche-t-on avant tout à moraliser le pauvre et, par là, à rétablir l'ordre public. Au cours du XVIIIème siècle, une autre idée, essentielle pour notre travail, participe de cette logique : puisqu'il y aura toujours des pauvres et des riches, il faut rendre le pauvre utile par le travail. La perspective n'est pas économique puisque la rentabilité n'est pas encore un objectif : elle est morale. Le pauvre ne doit pas rester sans rien faire, il faut le forcer au travail. Il s'agit de mettre en œuvre sa réhabilitation morale. Il ne doit pas devenir mendiant ou pire encore, vagabond. Ce "don du travail" permet une classification essentielle : il y a des bons et des mauvais pauvres.

Mais très vite, dès la seconde moitié du XVIIIème siècle,

l'assistance-répression est insuffisante. Les fondations privées et les aumônes individuelles, qui représentent l'essentiel de l'assistance à cette époque, ne suffisent plus. Le Grand Bureau des pauvres, les paroisses et les hôpitaux généraux sont dépassés par le nombre toujours plus important de pauvres en mal de secours. Ces institutions tendent à devenir de simples prisons où l'on enferme les vagabonds et les mendiants, c'est-à-dire tous ceux qui traînent, par mesure d'ordre public. Elles ne sont plus que des lieux de stockage pour ceux qui vaquent sans occupation. Or, en plus d'être inefficace, l'enfermement des pauvres se heurte aux mentalités philanthropes.

En effet, au XVIIIème siècle, apparaît une nouvelle approche de la pauvreté, dont le premier caractère est sa laïcité. Les philosophes des Lumières ne parlent plus de charité mais de bienfaisance : il ne s'agit plus d'assurer son salut, mais de montrer de l'amour pour l'homme. Cette conception doit être replacée dans le cadre plus général du recul de la religion et de l'anti-cléricalisme qui se fait jour au XVIII ème siècle dans l'élite cultivée. C'est à une dénonciation du caractère rituel et institutionnel de la charité que se livrent des auteurs comme Montesquieu ou Turgot[29]. Cela les conduit à se déclarer favorables à un droit de subsistance garanti par l'Etat[30]. Les hommes de 1789 vont suivre ces aspirations.

Une des premières mesures de l'Assemblée constituante, dès le

[29] L'argent recueilli était d'abord destiné à l'Eglise. Les couvents, les confréries religieuses et les hôpitaux en bénéficiaient ensuite. Après, seulement, venait le tour des pauvres. Ainsi, une intolérable structure hiérarchique de la réponse à la pauvreté s'était mise en place. Un parcours obligé du don que les philosophes du XVIIIème siècle ne pouvaient accepter.

[30] L'idée du devoir d'assistance de l'Etat envers les pauvres est nettement affirmée par Montesquieu : "Quelques aumônes que l'on fait à un homme nu dans les rues ne remplissent point les obligations de l'Etat qui doit à tous les citoyens une subsistance assurée, la nourriture, un vêtement convenable et un genre de vie qui ne soient point contraire à la santé", *L'Esprit des lois*, Livre XXIII, Chap.XIX, 1748.

début de 1790, est de créer un Comité de mendicité. Rapidement, il élabore une politique révolutionnaire d'assistance conforme aux grands principes édictés par les inspirateurs de la Révolution. Tout d'abord, il confirme la laïcisation des rapports à la pauvreté : par la nationalisation des biens des hôpitaux et la liquidation des biens du clergé, il diminue de beaucoup l'importance du secteur privé à dominante religieuse. L'assistance ne doit plus être une affaire de charité mais de justice. Ensuite, il se propose de démanteler l'ancien édifice d'assistance aux pauvres et de traitement de la mendicité. La pauvreté n'est plus le désordre moral qu'il faut réprimer.

Au contraire, les révolutionnaires déclarent que tout homme a droit à sa subsistance. Il s'agit pour la société d'une "dette inviolable et sacrée". Ainsi, répondre à la pauvreté devient un devoir de la société. Mais le Comité reprend une vieille classification : il faut avant tout savoir si le pauvre est capable, ou pas, de travailler. S'il ne l'est pas, il relève bien d'un droit au secours puisqu'il ne peut subvenir à ses besoins par son travail. Par contre, celui qui peut travailler doit le faire. Résoudre la question de la misère passe par la généralisation de l'ordre du travail.

Désormais, l'indigent invalide peut compter sur des secours financés et administrés par la puissance publique. Apparaît alors un embryon d'Etat-Providence puisque l'Etat budgétise les recettes et les dépenses liées à la bienfaisance. La misère est dorénavant une dette de l'Etat ou une créance pour le pauvre invalide, qui, n'étant plus tenu responsable de sa condition, a droit au secours comme membre, à part entière, de la société. Mais, dans son organisation pratique, cette "bienfaisance nationale" révèle une seconde discrimination : à partir d'un fond national de secours, l'assemblée révolutionnaire doit répartir ces fonds entre les départements qui, par le biais d'agences publiques, les distribuaient aux "ayants-droit" inscrits sur leurs listes. A nouveau, le critère de la domiciliation intervient!

Néanmoins, seul l'invalide peut prétendre, sans contrepartie, au secours de la société. En effet, "si le pauvre a le droit de dire à la société, faites-moi vivre, celle-ci a le devoir de lui répondre: donne-moi ton travail"[31]. Ainsi, le pauvre valide se doit de sortir de sa condition par le travail et la seule politique d'assistance efficace est, maintenant, celle qui vise à pourvoir des emplois. Pour cela, les révolutionnaires choisissent de libéraliser le monde du travail. Les barrières qui limitaient le libre accès au travail sont levées : suppression des corporations, du compagnonnage et des communautés de métiers. Il s'agit, alors, de l'ouverture d'un véritable marché du travail. La loi Le Chapelier, votée le 14 juin 1791, qui supprime les corps intermédiaires en général et les associations en particulier, impose aux "conventions libres d'individu à individu de fixer la journée pour chaque ouvrier"[32]. Ainsi, le travail devient une marchandise contractuelle comme les autres, qui s'échange sur un marché. Se met en place un libéralisme économique qui ne retient pas l'hypothèse d'un déséquilibre structurel entre l'offre et la demande de travail. Cette croyance aveugle en un marché vertueux permet de justifier la reprise de la distinction entre les "mauvais pauvres" et les "bons pauvres". Ces derniers sont ceux qui ne peuvent accéder au travail de par leurs handicaps et qui, de ce fait, ont le droit à l'assistance. Par contre, le "faux pauvre", indigent valide, sans emploi, professionnalise sa condition, qui résulte forcément de sa volonté, puisque, désormais, chacun a la possibilité de trouver un emploi. L'ouverture d'un marché du travail permet de sanctionner cette "pauvreté voulue", non plus pour restaurer l'ordre public, mais par esprit de justice. L'attitude révolutionnaire permet de justifier les pratiques coercitives à

[31] La Rochefoucauld-Liancourt, *Premier Rapport du Comité de mendicité*, Imprimerie nationale, Paris, 1790, p. 1.

[32] La loi Le Chapelier proscrit tout groupement structuré ou occasionnel des compagnons ou des maîtres, faisant des libres contrats la loi des rapports sociaux. La Révolution Française a introduit un certain nombre de libertés : outre les principes généraux de la Déclaration des droits de l'homme, il y a également la loi d'Allarde (2 mars 1791) qui a supprimé les corporations et les manufactures privilégiées.

l'égard des pauvres valides, sans emploi, et plus encore, de les changer de statut : sous l'Ancien Régime, elles étaient de l'ordre des faits, dorénavant, elles sont de l'ordre du droit. La mendicité et le vagabondage sont des "délits sociaux" qu'il faut condamner. Mais, dorénavant, puisque l'accès au travail est libre, cette répression est considérée comme juste et nécessaire.

Les révolutionnaires hésitent entre deux modèles incompatibles. D'une part, en matière d'assistance, ils réclament l'établissement d'un État fort et interventionniste, qui doit rembourser la dette de la société à l'égard de ses pauvres. En ce sens, la Constitution de 1793 reprend directement les idées des philosophes du XVIIIème siècle, telles que celles de Rousseau et affirme clairement le droit au secours public. Il s'agit là d'une expression formalisée du contrat social qui lie les individus et la société. D'autre part, en refusant de pourvoir au travail des indigents, les révolutionnaires préconisent également un État aux attributions réduites où l'individu doit être guidé par son intérêt personnel. Conformément à Smith, ils veulent placer l'homme des besoins dans la société de marché. Ainsi, les premières années de la Révolution proposent un affrontement des principes défendus par Rousseau et Smith. Pour Pierre Rosanvallon, "les hommes de 1789 oscillent entre ces deux modèles de la fusion civique et de la société de marché. Leur libéralisme économique en fait des disciples de Smith mais les circonstances de la Révolution et l'idée qu'ils se font de l'idée de la nation les rapprochent de Rousseau"[33].

Notamment à cause d'un manque de moyens financiers, le programme ambitieux d'un service public de la bienfaisance est abandonné et le retour à l'ancien système d'assistance, organisé. Par exemple, les dépôts de mendicité sont progressivement réouverts. Dans le même temps, la libéralisation de l'accès au travail par la destruction des anciennes barrières corporatives est maintenue. Cette prise de

---

[33] *L'Etat en France de 1789 à nos jours*, par Pierre Rosanvallon, "points-histoire", H172, Seuil, Paris, 1992, (1 ère éd. en 1990), p.120.

position libérale dans l'ordre économique est importante, sous deux aspects, pour comprendre le débat social qui va diviser le XIXème siècle. D'abord, les textes révolutionnaires ne prennent pas en compte la possibilité que le marché n'arrive pas à assurer l'absorption de l'offre de travail des indigents valides. Le chômage ne peut être que volontaire car le marché est infaillible. Celui qui ne travaille pas sera celui qui refusera les conditions salariales fixées par le marché du travail. Ensuite, il faut bien le dire, la législation révolutionnaire n'imagine pas un seul instant qu'un homme, ayant du travail, puisse avoir un niveau de revenu si bas qu'il tombe dans l'indigence. Si ces deux positions posent des difficultés, c'est parce qu'elles sont tenues dans une société française qui se caractérise par une économie agricole proche de la subsistance. Elles peuvent expliquer, entre autres, la pauvreté de masse qui se fait jour au XIXème siècle : le paupérisme[34].

Toujours est-il que les hommes de 1789 ébauchent une conception politique et économique de la misère. Ils ont la volonté de donner un caractère national et étatique à leur politique d'assistance. Il s'agit également de la première tentative émanant d'un gouvernement représentatif. Les révolutionnaires veulent, avant tout, établir une stabilité sociale. Par là, ils formulent la première tentative de réponse à la première question sociale. Mais, non seulement ils ne parviennent pas à se "débarrasser" des pauvres de l'Ancien Régime, mais en plus leurs décisions vont conduire au développement d'une nouvelle forme d'indigence. En supprimant toutes les rigidités et les régulations de l'ancienne

[34] Il s'agit d'un terme d'origine anglaise dont un premier emploi est signalé en 1823 par le Dictionnaire Robert. D'après l'article "paupérisme" du *Dictionnaire de l'Economie politique*, placé sous la direction de Coquelin et Guillaumin, "*apauper* désigne en anglais l'indigent qui reçoit une assistance de sa paroisse; *-ism* exprime une multiplication, une amplification, une généralisation de la chose ou de l'idée désignée par un radical quelconque." (Guillaumin, Paris, 1853, p.333). Ainsi, le paupérisme diffère de la pauvreté, de l'indigence ou de la misère, car il s'agit d'une misère collective.

organisation du travail, ils établissent un libéralisme économique qui, associé aux progrès de l'industrialisation, permet l'émergence d'une seconde question sociale. Désormais, il ne sera plus question que de paupérisme. La pauvreté n'est plus la sanction d'une mésaventure individuelle. Elle est un phénomène collectif, sociologique. De plus, la misère ne frappe plus seulement les vagabonds et les mendiants. Elle s'abat également sur les ouvriers, c'est-à-dire sur des individus au travail. Dès lors, la menace pour les ordres politique, social, moral et économique apparaît tellement grande que la "question sociale" se formule explicitement comme telle dans les années 1830.

2-*L'Economie politique*

Tocqueville est avant tout un penseur du politique. Pour lui, la science politique prime sur l'économie politique. Toutefois, il se préoccupe également d'économie. Ce domaine est certes étranger à sa formation intellectuelle jusqu'en 1828, date à laquelle il se plonge dans la lecture assidue de Jean-Baptiste Say (Tocqueville a alors 23 ans). Mais il s'est ensuite toujours soucié de connaître le développement des théories économiques. Ainsi, il a conservé deux ouvrages dans sa bibliothèque, très répandus à son époque, qui reviennent sur les différents courants qui traitent, d'une façon ou d'une autre, d'économie politique : les mercantilistes, les physiocrates, les économistes "classiques" (Smith, Malthus, Ricardo) : *Histoire de l'économie politique en Europe depuis les Anciens jusqu'à nos jours*[35], et *Histoire de l'économie politique ou études historiques, philosophiques et religieuses sur l'économie politique des peuples anciens et modernes*[36]. La nature de ces livres ne doit pas surprendre car il semblerait que Tocqueville

[35] Ce texte d'Adolphe Blanqui aîné est suivi d'une bibliographie raisonnée des principaux ouvrages d'économie politique que Tocqueville a pu consulter avec la plus grande attention, 2 tomes, Guillaumin, Paris, 1837-1838.

[36] par Alban de Villeneuve-Bargemont, Guillaumin, Paris, 1841. Auteur très important pour bien saisir les positions de Tocqueville sur la pauvreté.

ait toujours apprécié les abrégés[37]. Ils ont permis à Tocqueville de connaître rapidement le cheminement historique de l'économie politique tout en lui permettant de se dispenser d'une lecture fastidieuse dans un domaine qu'il n'affectionnait pas particulièrement. C'est davantage la nécessité que le goût ou l'intérêt qui pousse Tocqueville à se résoudre à étudier les théories économiques.

Par conséquent, Tocqueville n'est pas un économiste, même si, en cette première partie du XIXème siècle, ce titre ne sanctionne aucune formation précise[38]. Il a cependant toujours regretté sa trop faible compétence dans ce domaine. Ce fut notamment le cas au moment où il a voulu analyser les crises économiques à l'origine de la Révolution Française pour son étude *L'Ancien Régime et la Révolution*. C'est sur les conseils de l'économiste Nassau Senior[39], avec lequel Tocqueville a entretenu une importante correspondance, que notre auteur poursuit ses efforts pour appréhender au mieux l'économie politique. L'économiste anglais lui fit parvenir son *Outline science of political Economy* (London, 1836). Tocqueville lui

[37] Tocqueville n'a pas réservé cette attitude à l'étude de l'économie. En effet, sa bibliothèque renferme un grand nombre de livres qui ont pour vocation de résumer des œuvres essentielles. Dans tous les domaines, Tocqueville peut ainsi savoir l'essentiel. Il cherche à se constituer rapidement une culture de base sans pour autant lire l'ensemble des longs ouvrages qui prospèrent au XIXème siècle. Tocqueville cherche plutôt à se former un esprit de synthèse à partir de visions globalisantes. Sa lecture répond à un impératif : il y a des problèmes que des intuitions peuvent contribuer à résoudre.

[38] Ce n'est qu'en 1864 que le premier cours d'économie politique est professé à la Faculté de droit de Paris. Il ne s'agit alors que d'un cours optionnel.

[39] Nassau Senior (1790-1864) fut professeur titulaire de la première chaire d'économie politique d'Oxford. Il est resté célèbre pour sa présidence de la commission parlementaire qui rédigea le texte de la réforme de 1834 des "poor laws". D'autre part, Tocqueville possédait également un ouvrage intitulé *Principles of Political Economy*, London, 1840 qu'il reçut de son auteur : H. C. Carey.

répondit : "Vous ne pouviez m'envoyer rien qui me fût plus agréable que votre résumé sur l'économie politique. J'ai souvent reconnu avec vous que je manquais de notions suffisantes sur cette importante portion des connaissances humaines et j'ai bien des fois pensé que vous étiez l'homme qui étiez le plus en état de me les fournir".[40] Ainsi, la rencontre avec Nassau Senior permet à Tocqueville de compléter son approche, jusqu'ici surtout "politique", du paupérisme[41].

Enfin, vraisemblablement avant de se rendre en Angleterre, Tocqueville prend connaissance de certains textes majeurs, comme celui de Malthus auquel il fait référence dans une note de son *Second Mémoire sur le paupérisme*[42]. Du reste, nous verrons que notre auteur réfute à peu près toutes les thèses du célèbre rédacteur de *L'Essai sur les principes de population.* Cette position entre en contradiction radicale avec celle des économistes libéraux français (dont Dunoyer est la figure la plus représentative) qui se réclament explicitement de Malthus. De plus, nous observerons plus loin dans notre travail, combien Tocqueville peut se trouver en opposition avec les conclusions de l'économie classique. Par exemple, dans son ouvrage majeur *De la Démocratie en Amérique*, Tocqueville évoque la manufacture d'épingle qu'Adam Smith a rendu célèbre dans l'ouvrage considéré comme fondateur de

[40] Lettre du 11 janvier 1837 (O.C., VI, p. 79).

[41] Senior fit parvenir à Tocqueville des documents sur le système anglais des poor laws (notamment, en mars 1835, un exemplaire de la loi réformée de 1834 dont il était en grande partie l'auteur en mars 1835), si importants pour sa pensée, que Drescher a pu écrire "qu'aucun autre document anglais ne fut si fécond pour la pensée de Tocqueville." (*Tocqueville and England*, ibid, p.76.) De plus, son amitié avec Senior joue un grand rôle dans la façon dont Tocqueville appréhende la "chose" économique. Les échanges épistolaires et les conversations entre les deux hommes ont permis à Tocqueville de développer ses connaissances économiques. Enfin, on peut penser que Senior attira également l'attention de Tocqueville, entre autres, sur Dickens (notamment *Oliver Twist* (1838), où l'on trouve une description édifiante d'une workhouse).

[42] O.C., XVI, p.141, note b.

l'économie politique *La richesse des Nations*. Mais il oublie volontairement les aspects positifs présentés par l'auteur écossais, pour ne retenir que les aspects négatifs de la division du travail. D'une façon plus décisive encore, si Tocqueville s'inspire de la fameuse métaphore de la "main invisible", c'est pour mieux montrer son désaccord : pour lui, la recherche de l'intérêt particulier ne peut pas permettre d'aboutir naturellement à la satisfaction de l'intérêt général.

Moment important de l'histoire de la pauvreté, l'émergence de l'économie politique à la fin du XVIIIème siècle peut donc être retranscrite en prenant le point de vue qui nous importe : la discussion de la question sociale. Nous voulons reprendre des thèmes qui garderont une pertinence au XIXème siècle, notamment pour les économistes libéraux français. Ainsi, Smith, Malthus et Ricardo sont importants à plus d'un titre. Les deux derniers sont fondamentaux pour notre travail, car ils prennent position par rapport à la loi sur les pauvres qui existait alors en Angleterre. Ces auteurs, qui interviennent au moment où la pensée réformée s'oriente de plus en plus vers un idéal de réussite matérielle individuelle, forment la base de l'éthique libérale : celle-là même qui est mise en œuvre en France, d'une manière durable après 1789, dans l'ordre économique. Ce n'est sûrement pas le fait du hasard si l'économie politique "classique" se constitue entièrement avant 1820... date à laquelle débute le débat autour du paupérisme[43].

---

[43] Nous aurions pu également y insérer le chef de file des physiocrates, Quesnay (1694-1774) qui, auteur du *Tableau Économique* (1758-59), a été une source d'inspiration pour Smith. Ses conceptions physiocrates fondent d'une certaine manière le libéralisme à la française. La liberté économique doit être protégée par un "despotisme légal" : tout en restant absolu, l'Etat se désengage du fonctionnement de l'économie (liberté du commerce, liberté de vendre et de produire) car les physiocrates pensent qu'en matière économique le "laisser-faire, laissez passer" (formule du physiocrate Gournay) représente l'ordre économique naturel. Bastiat reprendra ces thèses en affirmant, au milieu du XIXème siècle, que les lois naturelles et providentielles du marché permettent de réaliser les harmonies économiques. Tocqueville s'y opposera...

Tout d'abord, les précurseurs de l'économie politique participent de la dénonciation du travail forcé qui a lieu au XVIIIème siècle. Il ne s'agit plus de respecter complètement une quelconque morale mais bien de se conformer au but avoué de l'économie politique : par la production, augmenter la richesse du pays. Désormais, l'approche répressive de l'assistance est inutile car elle ne développe pas le volume de la production nationale. Elle est même gênante du fait qu'une part de la population n'est pas placée dans une activité directement productive. Le travail ne vaut désormais que par son insertion effective dans la production. Il n'est plus question de son apport moralisateur. Les économistes "classiques" sont en rupture avec le savoir qui les précède car il sont favorables à la liquidation de toute assistance au nom de la liberté et de la rationalité. La misère doit être "utilisée comme ressort à l'élan productif et comme menace à l'encontre de ceux qui refusent la nouvelle éthique productive et les sacrifices qu'elle impose"[44].

Ensuite, l'économie politique s'interroge sur la persistante cohabitation des riches et des pauvres. Ainsi, Adam Smith présente dans *La Théorie des sentiments moraux* (1759), la première occurrence de la "main invisible" comme une justification des inégalités sociales. Mais ici il fait œuvre de philosophe moral et politique. Il pense alors dans un cadre intellectuel déjà établi. En effet, contre l'éthos religieux, les théoriciens du droit naturel affirment que faire uniquement le "bien" peut amener le "mal" : par exemple, ne pas emprunter peut conduire à des maux beaucoup plus importants tels que la misère, le viol ou la guerre. Mandeville va alors prolonger ces constats en plaçant le débat au niveau d'un enjeu économique : la querelle du luxe. La question est de savoir si les dépenses des riches sont utiles et nécessaires ou au contraire si elles desservent la société? Grâce à un sophisme de composition, qui fera date en économie, Mandeville fournit dans sa *Fable des abeilles* (1705) le chaînon intermédiaire entre les théories du droit naturel et l'économie politique classique : le luxe et

[44] Giovanna Procacci, *Gouverner la misère. La question sociale en France (1789-1848)*, collection UH, Seuil, Paris, 1993, p.116.

l'enrichissement des uns est nécessaire au maintien de l'activité des autres. Il montre même comment une volonté de vertu entraîne la partie la plus riche de la communauté à renoncer au luxe et conduit à la dégradation de la condition des plus pauvres, par arrêt de certaines industries. Ainsi, pour Mandeville, le vice privé est nécessaire pour le bienfait de tous. Cette question "d'un petit mal pour un grand bien", a fait naître un lien indissociable entre la philosophie morale et la théorie sociale.

Dans son ouvrage de 1759, Smith élargit cette problématique en s'interrogeant sur les fondements d'un ordre social propice au bien de l'homme : il pense qu'un ordre approprié à ses besoins peut s'établir de lui-même, de par la nature de l'homme, sans qu'il soit nécessaire de faire appel à la vertu (position médiévale) ou à l'intervention de l'Etat (approche mercantiliste).

S'emparant du problème posé par Mandeville, Smith affirme que les pauvres doivent s'en remettre au goût du luxe et aux "caprices" des riches propriétaires fonciers pour obtenir ce qui leur est nécessaire pour vivre. En aucun cas, à leur "humanité" ou à leur esprit de justice. Ces maîtres seigneuriaux "sont conduits par une main invisible à faire presque la même distribution des nécessités de la vie, que celle qui aurait été faite, si la terre avait été partagée en portions égales entre tous ses habitants, et ainsi sans en avoir l'intention, sans le savoir, ils font avancer l'intérêt de la société, et permettent la multiplication de l'espèce"[45]. Le propriétaire qui espère une grande récolte, l'imagine uniquement pour lui, alors qu'il va être obligé d'en distribuer à ses ouvriers et à ses domestiques. Afin d'assouvir ses propres désirs, il doit rétrocéder une partie de ce qu'il obtient. Pourtant, ce sont sa "rapacité" et son "égoïsme naturel" qui le conduisent à l'entretien de tous. Les riches, sous l'empire de la "main invisible", ne cessent pas de céder à leurs penchants naturels, mais sans en avoir l'intention,

[45] Adam Smith, *La Théorie des sentiments moraux* (1759), Oxford, Clarendon Press,1979, IV, p.183-184.

ils permettent ainsi à l'intérêt général de se réaliser. Ils amassent au delà de ce qui suffirait à leur existence. Cette inconséquence n'est pas sans finalité car elle est au fond une contribution à l'ordre social. En fait, la "main invisible" met en relief une relation de dépendance que la nature impose. Elle existe dans toutes les sociétés que les hommes forment.

Mais Smith développe également une théorie de l'égalisation relative des intérêts et des besoins. La "main invisible" permet de rendre compatibles les égalités naturelles et les inégalités sociales. Alors, elle assure la stabilité du corps social. Smith utilise la notion, répandue à l'époque, de frugalité qui apparaît d'emblée comme un élément de modération des passions, voire de régulation de la vie sociale. La convoitise qui dilate la pupille du riche, ne parvient pas à augmenter à sa mesure immodérée la taille uniforme que la nature a impartie à l'estomac humain. Le riche peut seulement consommer des choses meilleures et plus rares mais il ne peut pas consommer une plus grande quantité que le pauvre.

Ainsi, Smith défend bien une position libérale en soutenant que les inégalités sociales engendrées par la liberté économique, ne sont peut-être pas aussi considérables et inacceptables qu'on pourrait l'imaginer au premier abord, car les individus reçoivent à peu près les mêmes satisfactions. Dès lors, l'inégalité sociale est un facteur positif, source de dynamique économique et sociale. Smith légitime cet ordre social par le fait que même si les hommes sont égaux, l'inégalité matérielle est efficace et profite à tous. Les individus sont mieux lotis dans une société inégalitaire qu'égalitaire. En effet, pour produire des biens de luxe, on doit donner du travail aux pauvres, donc produire des biens nécessaires. L'inégalité est une source de prospérité pour les plus défavorisés. Les inégalités sont naturelles et nécessaires : les fondements de la philosophie libérale sont posés. Pour Smith, les inégalités sont profitables à tous...

La Richesse des Nations (1776) élargit et développe l'intuition de l'ouvrage de 1759[46]. Mais cette fois-ci, le cadre conceptuel est celui de l'économie moderne. Ce ne sont plus les propriétaires fonciers mais les entrepreneurs qui sont sous l'emprise de la "main invisible"[47]. A la recherche de leur "propre sécurité" et surtout du développement de leur "propre gain", "les individus qui emploient leur capital" contribuent, à leur insu, au bienfait de tous. Les bases du libéralisme économique se mettent en place puisque l'appât du gain et l'aiguillon de la concurrence apparaissent comme les meilleurs principes d'organisation envisageables. Les individus mûs exclusivement par leur intérêt personnel, se comportent sur un marché concurrentiel dans un sens conforme à la prospérité générale. En orientant leur activité économique de manière à ce que leur produit ait le plus de valeur possible, ils recherchent uniquement leur profit. Pourtant, cela conduit à l'allocation la plus appropriée du capital, soit à une accumulation qui profite à tous en général, et à l'industrie générale en particulier. Mais ces bienfaits ne peuvent se réaliser pleinement que si l'économie est soumise à un régime de libre concurrence : c'est l'entrepreneur, celui qui emploie immédiatement le capital, et non l'Etat, qui est le mieux à même de discerner les emplois les plus productifs pour son capital : son intérêt individuel le presse de trouver son emploi. Le marché est le vrai régulateur

---

[46] Il y a une continuité entre les arguments de1759 et ce passage célèbre de 1776 : "Ce n'est pas de la bienveillance du boucher, du marchand de bière ou du boulanger que nous attendons notre dîner, mais bien du soin qu'ils apportent à leurs intérêts. Nous ne nous adressons pas à leur humanité, mais à leur égoïsme; et ce n'est jamais de nos besoins que nous parlons, c'est toujours de leur avantage." (*Recherche sur la Nature et les causes de la Richesse des Nations* (1776), Oxford, Clarendon Press, 1976, p.27).

[47] L'individu qui emploie son capital "en dirigeant cette activité d'une façon telle que son produit puisse être de la plus grande valeur, (il) ne vise que son propre gain, et il est en ceci, comme en beaucoup d'autres cas, conduit par une main invisible pour avancer une fin qui n'entrait point dans son attention. Et ce n'est pas toujours le pire pour la société qu'elle n'y entrât point. En poursuivant son propre intérêt il avance souvent celui de la société plus efficacement que s'il y visait réellement." (A. Smith, *La Richesse des Nations*, ibid., p.456).

de la société. Par conséquent, l'Etat se doit d'assurer principalement ses fonctions régaliennes. Mais l'Etat-gendarme est également un État minimal dans le sens où il doit intervenir afin de lutter contre les abus et pour maintenir la libre-concurrence.

Un autre économiste "classique" a réfléchi sur les problèmes liés à la misère. Il s'agit de Malthus qui s'oppose énergiquement à la loi sur les pauvres, mise en application en Angleterre depuis 1601. A l'époque du démantèlement des monastères (qui entraîne la disparition des moyens d'assistance traditionnels) et des premières enclosures (qui chassent la petite paysannerie de la terre), une sévère crise agraire provoque en Angleterre un large mouvement de révolte. Pour y mettre fin, Elisabeth Ier décide d'établir les "poor laws", qui confèrent un droit à l'assistance à tout habitant d'une paroisse. Cette charité légale établit que chaque paroisse devait se taxer pour secourir, en argent, les pauvres invalides et, en travail, les indigents valides (à domicile, ou plus souvent dans les workhouses, sortes d'ateliers collectifs). L'assisté refusant d'exécuter le travail proposé relève alors de la police, donnant ainsi tout son sens à l'expression de "travail forcé". L'overseer of the poor[48], chargé dans chaque paroisse de distribuer ces secours, peut également décider de mettre en apprentissage les enfants non secourus. D'une façon générale, l'objectif est de répondre à l'insuffisance de la charité privée, face au nombre croissant de pauvres et de vagabonds, par une organisation publique des secours. Mais cette taxe est peu à peu devenue très lourde. Les économistes "classiques" la trouvent coûteuse et inefficace. Malthus et Ricardo la croient plus propre à étendre la pauvreté qu'à la diminuer. Ils l'accusent de tous les maux, et notamment de démoraliser le peuple, favoriser la paresse, soutenir l'irresponsabilité et appauvrir la nation.

Ces critiques étaient d'autant plus violentes qu'elles venaient après un jugement qui étendait le système de 1601. En 1795,

[48] L'overseer of the poor travaille sous l'autorité et le contrôle des juges de paix qui peuvent confirmer ou non ses décisions.

des magistrats du Berkshire (le parlement de Speenhamland) cherchent à corriger la loi sur les pauvres. Mais ils ne le font pas dans un sens qui aurait pu satisfaire les libéraux. Leur but est d'étendre l'assistance indépendamment du travail imposé. Si bien qu'ils reconnaissent le droit de tout homme à un minimum de subsistance : s'il ne pouvait en gagner qu'une partie par son travail, c'est la commune qui devait lui en fournir le complément. Cette première ébauche de revenu minimal garanti fixait une échelle des secours proportionnée au prix du blé (c'est-à-dire du pain) et au nombre d'enfants. Ces "Speenhamland acts"[49] sont ensuite généralisés en 1796, dans un contexte de crise économique, par les autorités qui prennent peur devant les masses affamées. Là encore, il s'agit d'entretenir les pauvres mais également de neutraliser les déviants, c'est-à-dire de protéger la société contre les conséquences de la marginalité : vagabondage, prostitution et crime.

La taxe est principalement supportée par les grands propriétaires fonciers, dont il est généralement prétendu qu'ils acceptent de payer cet impôt très lourd de par leur volonté de maintenir la paix sociale. Ils se préoccuperaient de la survie des pauvres qui feraient partie intégrante de leur environnement[50]. En fait, plus sûrement, ils s'occupent uniquement de leur propre intérêt, car cette conception de l'assistance permet de laisser le prix du blé monter sans conséquence sociale néfaste immédiate. La conscience tranquille, les propriétaires fonciers font ainsi d'amples bénéfices. Cette pratique de l'assistance permet de soulager les plus pauvres, tout en permettant un abaissement généralisé des salaires : comme il y a compensation, les patrons ont tendance à se décharger sur la collectivité. Les libéraux anglais de la fin du XVIIIème siècle, principalement ancrés dans le monde industriel, s'opposent vigoureusement à un tel état de fait qui entrave le

[49] En France, le seul ouvrage qui se réfère directement aux textes de 1795 est la remarquable étude de Karl Polanyi, *La Grande Transformation : aux origines politiques et économiques de notre temps*, Gallimard, Paris, 1983.
[50] Voir par exemple, Proccacci, ibid., p.118.

développement manufacturier. Ils militent d'ailleurs en faveur d'une baisse du prix du blé.

Mais les lois sur les pauvres sont d'autant plus gênantes qu'elles accordent un statut légal à la misère. Elles établissent un droit à être et rester pauvre. Or, pour les économistes "classiques", il faut culpabiliser la misère et exalter le travail, afin que les pauvres soient poussés à entrer dans la dynamique productive du pays. Mais aussi pour qu'ils comprennent que leur intérêt réside dans un contrôle de leur effectif...

Dans son ouvrage, *Essai sur le principe de population* (1798) Malthus est sûrement celui qui condamne le plus radicalement ces lois sur les pauvres. Contrairement à Smith, dans un contexte général de rareté des biens et des ressources, il ne pense pas que l'augmentation de la population soit un facteur de prospérité. Pourtant, la taxe sur les pauvres permet l'accroissement de la population sans entraîner celle des subsistances, ne pouvant qu'aggraver leur situation en leur donnant des moyens supplémentaires de se reproduire. De la sorte, elle favorise un excès d'offre de travail par rapport à la demande. De plus, elle conduit à donner, sans contrepartie, une part des ressources disponibles, diminuant fatalement la part de ceux qui travaillent et qui épargnent. Pour Malthus, aider les pauvres n'est pas efficace économiquement, ni même juste moralement. Cela renforce la tendance, naturelle et funeste, de l'espèce humaine à se multiplier plus vite que ses moyens d'existence. En fait, Malthus démontre l'éternité de la misère : si aucun obstacle ne l'arrête, la croissance de la population est conforme à une suite géométrique, quand celle des subsistances arrive difficilement à suivre une progression arithmétique. Cette croissance arithmétique vient de la mise en culture de terres de moins en moins fertiles, à mesure que la population et les besoins alimentaires augmentent.

De cette tendance à la surpopulation découle la misère des classes inférieures. La métaphore du "banquet de la nature" illustre parfaitement cette conclusion. "Un homme qui naît dans un monde déjà occupé, si sa famille n'a pas les moyens de le nourrir ou si la société n'a pas besoin de son travail, cet homme n'a pas le moindre droit à réclamer une portion quelconque de nourriture, et il est réellement de trop sur la terre. Au grand banquet de la nature, il n'y a point de couvert mis pour lui. La nature lui commande de s'en aller et elle ne tarde pas à mettre elle- même cet ordre à exécution"[51]. Dès lors, la seule façon de lutter contre la pauvreté est, selon l'auteur, d'imposer aux classes inférieures une "contrainte morale". Celle-ci consiste à favoriser le mariage tardif et la chasteté jusqu'au mariage. L'objectif est clair : lutter contre la natalité. La restriction des naissances devient donc une condition nécessaire pour assurer aux populations une situation acceptable quant à leur niveau de vie. La quantité de nourriture disponible doit dicter à la population son rythme de progression. Ce sont d'abord les progrès de la morale qui doivent limiter les désastreux effets de la natalité débordante sur le niveau de vie de la nation. Mais c'est également le rôle de la misère elle-même. Elle apparaît alors comme le meilleur des stimulants. D'abord, elle doit pousser les pauvres à limiter eux-mêmes leur fécondité. Ensuite, elle est nécessaire pour que tous pratiquent le travail et les vertus chrétiennes. La misère est utile car elle indique la situation sociale à laquelle le pauvre doit échapper. Le pauvre doit tout mettre en œuvre pour échapper aux vices qui accompagnent cette condition. Au contraire, selon Malthus, les lois sur les pauvres ont des effets inverses. Elles favorisent l'"imprudence" et rendent moins attractif le travail. Avec la charité légale, le pauvre s'installe dans sa condition d'assisté : travailler devient moins vital car il a de quoi assurer la satisfaction de ses besoins primaires.

Tous les économistes "classiques" dénonçaient ces lois avec les mêmes arguments. Ainsi, Ricardo fait même explicitement

---

[51] Malthus, *Essai sur le principe de population* (1798), cité par Blanqui, *Histoire de l'économie politique en Europe depuis les Anciens jusqu'à nos jours*, Guillaumin, Paris, 1838, p.162. L'auteur a repris une dernière fois ce passage étourdissant dans sa préface de l'édition de 1803 mais le retira des éditions suivantes. Pourtant représentatives de sa pensée, ces phrases avaient fait scandale.

référence à Malthus[52]. Mais de façon plus explicite encore, il perçoit la pauvreté comme un rouage fondamental de la société. Comme tous les biens, le travail a un prix d'équilibre (salaire) qui doit se fixer librement sur le marché. Lorsque l'offre de travail est relativement rare par rapport à la demande, les salaires ("prix de marché") ont tendance à s'élever au-dessus du niveau qui correspond au minimum vital ("prix naturel"). Les travailleurs vivent dans la prospérité et se procurent un grand nombre de biens. Ils voient leur niveau de vie augmenter, ce qui les amène à se multiplier. Dès lors, le nombre de travailleur augmente, provoquant une baisse des salaires dont le niveau peut même se situer au-dessous du minimum vital. Dans ce cas, les travailleurs, en surnombre, vivent dans des conditions déplorables. Une grande partie d'entre-eux tombent dans une pauvreté extrême et meurent de faim. La mortalité, importante, engendre la baisse de l'offre de travail. Les salaires peuvent alors se rétablir et tendre vers le minimum vital. La misère et la mort apparaissent donc comme les éléments de la régulation du niveau des salaires et, par voie de conséquence, de celui des effectifs des classes inférieures. Dans ce cadre, l'hostilité de Ricardo pour la loi sur les pauvres est parfaitement compréhensible[53].

Mais avec Ricardo, nous est révélé un phénomène fondamental pour appréhender la montée de la pauvreté de masse tout au long du XIXème siècle : les salaires sont réglés par la loi de l'offre et de la demande. Les salaires peuvent, à présent, se maintenir à un niveau qui plonge l'ouvrier dans la misère. Le pauvre du XIXème siècle est celui qui reste enfermé dans le cercle restreint de la satisfaction de ses besoins primaires. C'est

---

[52] Dans son ouvrage *Des principes de l'économie politique et de l'impôt* (1817) Ricardo écrit dans son chapitre V intitulé "Des salaires" : "Depuis qu'elle a été pleinement développée dans les excellents travaux de M. Malthus, la tendance pernicieuse de ces lois n'est plus un mystère; et chaque ami des pauvres devrait souhaiter ardemment leur abolition." (Flammarion, Paris, 1992, p.126).

[53] "Aucun projet d'amendement des lois sur les pauvres ne mérite la moindre attention s'il ne vise, à terme, leur abolition". (ibid., p.127).

sous l'aiguillon du besoin que l'homme travaille. Or, les lois sur les pauvres faussent ce jeu de la concurrence[54]. En effet, une loi de 1662 (Act of Settlement) oblige les assistés à résider dans leur paroisse, contraignant celle-ci à les prendre en charge. Encore une fois, en cherchant à lutter contre l'extension du vagabondage, la domiciliation de secours empêche la libre circulation des travailleurs. Si bien que pour les classiques, la charité légale est une entrave au libre jeu de la concurrence.

Le libéralisme en matière économique consiste également à ne rien faire en matière sociale. Les calculs qui imposent la liberté du salariat prévoient comme l'indice même de leur rationalité, le dénuement matériel des travailleurs et le refus de secourir la pauvreté. Cette négation de toute politique sociale permet de comprendre le grand débat qui partagera le XIXème siècle sur le paupérisme. Dès lors, la conclusion essentielle des classiques reste, pour longtemps, gravée dans les mémoires : la misère est nécessaire. Par exemple, il existe une partie de la mouvance libérale française qui se déclare directement héritière de ce libéralisme anglais. Il s'agit des économistes libéraux comme Dunoyer et Bastiat qui ont une certaine influence au XIXème siècle. Ils se nourrissent des thèses "classiques", sans intégrer dans leurs réflexions la précocité et la violence de la révolution industrielle anglaise par rapport à celle qui se développe péniblement en France. Pour eux, l'essentiel est avant tout d'assurer le bon fonctionnement du dispositif productif et du système économique.

Certes, l'optimisme de ces économistes libéraux fait d'eux avant tout d'eux les disciples de Jean-Baptiste Say (dont nous examinerons les thèses plus loin). Mais ils sont également les continuateurs directs de Smith, Malthus et Ricardo. Les économistes libéraux français sont les tenants d'un individualisme économique qui érige l'intérêt particulier en

[54] "(Les lois sur les pauvres) ont rendu toute retenue superflue, et favorisé l'imprudence en accordant au pauvre une part des salaires acquis par la prudence et l'effort au travail.", ibid., p.127.

vertu. De plus, ils considèrent que le travail est une marchandise comme les autres dont le prix (le salaire) doit se fixer grâce au libre jeu de l'offre et de la demande. D'une certaine façon, ils s'emparent du combat que Smith menait pour l'instauration d'un État libéral. Ce n'est donc pas un hasard si sur la question de la pauvreté, ils adoptent des attitudes en tout point semblables aux économistes classiques. Pour Dunoyer ou Bastiat les inégalités sont naturelles, utiles et même nécessaires : lutter contre la misère est dénoncé comme étant pire que le mal. Nous reviendrons plus longuement sur ces positions, car Tocqueville n'y adhère pas. Nous verrons que son attitude face à la pauvreté est tout autre...

3-*La "question sociale" du XIXème siècle : le paupérisme*

Avec l'économie politique, la question de la pauvreté quitte le champ du religieux pour entrer dans celui du politique. Ce basculement s'explique par la compréhension du changement des structures économiques. Par l'intermédiaire du paupérisme (le succès du terme en fait foi), la misère se pense dorénavant en terme politique. Comme, dorénavant, le pauvre travaille, il devient un objet pour le politique. En plus d'être le plus sûr moyen d'assurer son salut, le travail devient une marchandise. Depuis la libéralisation du marché du travail, le pauvre improductif a encore moins de raisons de se plaindre de son sort. Ainsi, à nouveau, le travail est la valeur discrétionnaire qui permet à bon compte de distinguer le bon et le mauvais pauvre. Par conséquent, la morale et la religion restent très présentes dans les réflexions des élites du XIXème siècle. Le Baron Gustave de Gérando, écrit même dans son *Traité de la bienfaisance publique*, que "la religion concourt puissamment à entretenir l'ordre dans la société"[55].

Nous verrons que l'approche du paupérisme de Tocqueville est avant tout politique. Il ne pense pas dans les vieilles catégories de pensée imprégnées par la religion. Il a compris le

[55] *Traité de la bienfaisance publique*, par le Baron de Gérando, Jules Renouard, Paris, 1839, t. III, p.459.

changement de régime discursif de la question de la misère. Mieux, il l'incarne. Tocqueville a toujours recherché les formulations politiques. Mais, en même temps, conformément à son temps, ses réflexions restent éminemment morales. C'est, d'ailleurs, cette absence de continuum d'attitude qui rend la position de Tocqueville si intéressante à étudier sur ce sujet...

La Révolution de 1789 a imposé de façon déterminante dans l'ordre économique, une conception libérale qui trouve sa justification théorique dans la domination de l'économie politique. Nous avons vu les réponses que les "classiques" veulent imposer sur la question de la pauvreté : les hommes doivent faire des efforts uniquement en vue de produire et les indigents doivent être abandonnés à leur sort. Mais après 1820, le constat s'inverse : la pauvreté est trop importante. La société en est malade. Cette "épidémie sociale" porte un nouveau nom : le paupérisme... Comment expliquer cette indigence massive et permanente?

Dès le début du XIXème siècle, la société anglaise est urbaine et industrielle. La mutation de la structure productive est beaucoup plus lente en France qui reste longtemps un pays agricole (en 1870, 70 % de sa population active est encore rurale). De plus, les effectifs paysans continuent de s'accroître. Certes, la médiocrité du niveau de vie entretient un fort taux de mortalité (notamment à cause de déficiences alimentaires). Mais la croissance démographique reste importante dans les campagnes : on parle de "congestion rurale". Cette surcharge peut constituer une explication du début des migrations, vers la ville, d'une population paysanne qui voit ses revenus progresser moins vite que les revenus industriels. Car même si le revenu moyen des paysans progresse tout au long du XIXème siècle, globalement, le niveau de vie des ruraux est bas. Dans les années 1815-1850, le revenu agricole commence à être inférieur à la moyenne nationale[56]. Les métayers (une part

---

[56] *La France du XIXème siècle 1815-1914*, par Pierre Albertini, Hachette livres, Paris, 1995, p.30.

importante de la population active rurale) sont les moins bien lotis : ils doivent céder au propriétaire une grande partie de la récolte.

Cette société rurale est une économie de subsistance : les paysans se nourrissent avec les biens agricoles qui servent également à payer leur travail. Très peu d'argent, donc, circule dans les campagnes. Le chômage frappe la paysannerie française qui vient progressivement mourir dans les grandes villes à cause des maladies et des grandes famines (la population de Paris triplera entre 1815 et 1848). Ce n'est pas encore d'un véritable exode dont il s'agit, mais d'un exode de la misère. Ce début de migration peut également s'expliquer par la reprise, après l'échec révolutionnaire, de la conception répressive en matière d'assistance. En effet, les dépôts de mendicité sont réactivés. Par peur d'y être enfermés, les paysans appauvris viennent chercher du travail en ville. Ils se coupent alors volontairement de la société agricole et de tout ce qui pouvait encore les intégrer, pour rejoindre, dans les faubourgs urbains, les rangs des pauvres hérités du nouvel âge industriel. Le paupérisme est un "décrochage" collectif qui se traduit par une "désaffiliation" de masse. En effet, les paysans, poussés vers la ville, décrochent des réseaux traditionnels d'appartenance et cessent d'être pris dans les régulations de la sociabilité primaire. Ils sont en rupture avec les "protections rapprochées"[57] (famille, charité chrétienne...) qui existaient dans la société rurale. Une fois en ville, s'il se retrouve sans emploi, le pauvre ne peut plus compter sur ces protections privées. Ces paysans appauvris font alors figure de vagabonds de l'ère moderne et industrielle.

La France, alors, ne veut pas d'une industrialisation rapide car elle se dessine un destin "agricole". Le poids excessif de l'agriculture dans cette économie imprègne profondément les mentalités, y compris celles des intellectuels qui croient, pour la plupart, à cette vocation "agricole" de la France. Les colonies

---

[57] Cette expression est le titre du premier chapitre de *La métamorphose de la question sociale*, ibid., p.33.

agricoles constituent, à ce titre, l'un des remèdes longtemps discuté pour mettre fin au paupérisme et qui démontre l'emprise de cette vision. Nous reviendrons sur ce thème auquel a réfléchi Tocqueville, esprit pourtant ouvert à la modernité. La position de la France est donc celle d'un pays agricole (et qui le restera au moins jusqu'au début du XXème siècle), dont les structures sociales et les représentations demeurent ancrées dans ce monde rural traditionnel, confronté néanmoins à un horizon nouveau qui surgit avec la montée en puissance de l'ouvrier, de l'usine et du mode de vie urbain.

En effet, même si c'est d'une façon moins décisive qu'en Angleterre, la croissance industrielle française s'accélère progressivement tout au long du XIXème siècle. Ainsi, avec un rythme moins élevé qu'outre-Manche, la France connaît un essor des techniques nouvelles, une introduction croissante de machines dans le système productif et une généralisation de l'utilisation des énergie (houilles, charbon..). D'autre part, pour assurer un certain niveau de production, les "industriels" ont besoin d'une main-d'œuvre toujours plus nombreuse, si bien que les populations ouvrières se concentrent aussi près que possible des villes ou des matières premières. Ainsi, si la croissance urbaine est relativement lente, du moins jusqu'à la décennie 1840, Paris et surtout les centres industriels (Lyon, Saint-Etienne, Roubaix, Tourcoing, Mulhouse) font exception. Un début d'exode rural les alimente...

La nouvelle population ouvrière est alimentée par d'anciens travailleurs ruraux qui, se coupant de leurs attaches, permettent aux patrons de faire jouer la concurrence à plein. Ignorants de la cherté de la vie en ville, les immigrés ruraux acceptent de travailler pour un plus bas revenu que les ouvriers déjà établis. Ainsi, ils permettent aux "industriels" de baisser le niveau général des salaires. Simiand et d'autres économistes reconnaissent, effectivement, la chute absolue des salaires entre 1817 et 1850[58]. Celui qui n'accepte pas les conditions de

[58] *Les débuts du catholicisme social en France (1822-1870)*, par J.B. Duroselle, P.U.F., Paris, 1951, p.6.

l'entrepreneur, est menacé de rejoindre "l'armée de réserve industrielle". Cette concurrence entre les ouvriers pour constituer la main-d'œuvre entraîne à la fois la baisse des salaires et le chômage. Rapidement, le statut de l'ouvrier peut-être assimilé à celui du pauvre, tandis qu'une nouvelle catégorie se généralise : celle d'ouvriers qui ont du mal à assurer la satisfaction de leurs besoins fondamentaux, les "travailleurs pauvres".

Cette association de termes est d'autant plus facile à réaliser que les conditions sociales de la révolution industrielle sont très dures, voire inhumaines. Aussi bien les conditions de travail que les conditions de vie des ouvriers sont extrêmement pénibles et difficilement descriptibles. Bien évidemment, le changement de l'organisation productive a des effets sur le mode de vie des travailleurs. Toutefois, le machinisme a non seulement modifié la répartition des ouvriers dans l'espace, mais il a aussi changé sa composition interne. Ce début d'industrialisation précipite les femmes et les enfants dans les fabriques. En effet, la force physique n'est plus la qualité impérative des ouvriers. Certains travaux demandent une grande habileté, ce qui conduit à l'embauche des femmes. Les enfants étaient employés pour des travaux spécifiques, notamment ceux qui demandent une force musculaire moyenne. Ainsi, une des figures qui va traverser la question sociale du XIXème siècle, lisible dans une certaine littérature, comme celle de Dickens, est celle de l'enfant. Telle est, là, une question essentielle, bien qu'inscrite en filigrane, celle des représentations et des peurs du XIXème siècle, dont l'enjeu est l'évolution de la structure sociale traditionnelle. Plongées dans la misère, les familles se disloquent et le père-ouvrier ne peut plus assumer son rôle de chef de famille. Les ruptures familiales ajoutent aux détresses morales. C'est tout l'équilibre mental de la société qui s'en voit menacé.

De plus, jusqu'au milieu du XIXème siècle, la longueur de la journée de travail est excessive. En effet, sous l'Ancien Régime, la lumière du jour était une limite naturelle à la durée du travail. Avec l'éclairage au gaz, celle-ci tend à se prolonger au delà de la soirée. L'ouvrier adulte[59], ne connaît aucune limitation légale de la durée du travail, sinon les interruptions, pour des motifs religieux, le dimanche et les jours de fête. Ainsi, les journées de quatorze ou quinze heures ne sont-elles pas exceptionnelles. Celles de treize heures, très courantes. Avant 1848, la journée de douze heures est considérée comme trop courte...

Ces journées, si longues, sont rendues encore plus pénibles par les impératifs de la concurrence qui ne permet aucun temps mort. L'introduction de la machine à vapeur exige, pour des raisons de rentabilité, une utilisation continue. Le travail discontinu du moteur hydraulique n'est plus, en effet, qu'un lointain souvenir. Les installations, coûteuses, entraînant l'immobilisation de capitaux considérables, doivent sans cesse produire des richesse. Sous l'Ancien Régime, quand l'ouvrier agricole interrompait son travail, il laissait improductif un outillage d'une bien moindre valeur. “De plus le travail s'accomplit dans des conditions très insatisfaisantes au point de vue hygiénique, dans des locaux surchauffés où l'air est plein de poussière, de différents miasmes et empoisonné d'émanations humaines. Il y règne la plupart du temps un bruit de machine insupportable”[60].

Ces horribles conditions de travail (et c'est un euphémisme!) sont d'autant plus dures à supporter que le niveau de vie des ouvriers, également lié au mouvement des prix, est limité par

[59] Villermé avait observé que les conditions de travail d'un enfant étaient trop terribles pour être tolérables. Ses conclusions créent les conditions de la promulgation de la loi de 1841. Avec celle-ci, le travail des enfants est réglementé. L'âge de son admission ne peut se situer en dessous de... huit ans. Ensuite, entre huit et douze ans, le travail de l'enfant ne peut plus excéder huit heures et des plages de repos doivent lui être ménagées. Enfin, entre douze et seize ans, le maximum passe à 12 heures avec des repos.

[60] *L'économie et la morale aux débuts du capitalisme industriel en France et en Grande-Bretagne* par Léon Epsztein, Études et mémoires 62 de l'Ecole Pratique des Hautes Études, VI ème section, Centre d'Etudes Économiques, Armand Colin, Paris, 1966, p.73.

un salaire en dessous du “minimum de subsistance”. Or, Geremek nous apprend que l’historien polonais Witold Kula a démontré que les prix des produits de première nécessité (essentiellement comestibles) montent beaucoup plus vite que ceux des articles moins indispensables. De plus, facteur aggravant, les périodes de hausse des prix sont beaucoup plus longues que celles de baisse[61].

En grande partie consécutives à l’insuffisance des salaires et à l’inflation, les conditions terribles dans lesquelles s’accomplit le travail, seront forcément accompagnées d’une existence misérable en dehors de l’usine. Les loyers, en ville ou à proximité, sont à des niveaux inabordables pour l’ouvrier. Cela l’oblige à habiter les caves et les greniers, cependant que la croissance démographique urbaine rend même ces taudis rares. Les familles ouvrières se voient alors contraintes d’habiter très loin de leur lieu de travail. Par tous les temps, elles sont dans l’obligation de faire de longs et exténuants trajets. Villermé, avec la prudence d’un rapporteur officiel, résume la situation : “Ainsi, à la fatigue d’une journée démesurément longue, puisqu’elle est au moins de quinze heures, vient se joindre pour ces malheureux, celle de ces aller et retour si fréquents, si pénibles. Il en résulte que le soir ils arrivent chez eux accablés par le besoin de dormir, et que le lendemain, ils en sortent avant d’être complètement reposés, pour se retrouver à l’heure de l’ouverture”[62]. Cette ponctualité est d’autant plus nécessaire que tout retard est sanctionné par une amende. Or, les logements des ouvriers sont loin des zones industrielles et leurs conditions d’habitat précaires[63]. En fait, chaque jour, les

[61] *La potence ou la pitié* par Bronislaw Geremek, ibid., p.296.

[62] *Tableau de l’état physique et moral des ouvriers employés dans les manufactures de coton, de laine et de soie* (1840) par Louis-René Villermé, études et documentation internationales, Paris, 1989, p.101. Villermé avait été chargé par l’Académie des Sciences morales et politiques d’étudier les conditions de travail dans les manufactures...

[63] Sur cette question des logements, voir *Les populations ouvrières et les industries de la France dans le mouvement social du XIXème siècle*, par A. Audiganne, 2 tomes, Capelles, Paris, 1854, II, p.302.

travailleurs quittent les "fabriques de satan" ("satanic mills" comme on le disait couramment à l'époque en Angleterre) pour rejoindre un autre enfer, celui de leurs conditions de vie.

Travaillant dur, mal logés, mal nourris, épuisés physiquement et nerveusement, sans espoir d'améliorer leur situation, les ouvriers sont rapidement identifiés aux miséreux. En outre, ils sont perçus comme dangereux par la bourgeoisie; travailleurs-pauvres, ils apparaissent menaçants pour l'ordre social et politique. Les privations, les difficultés semblent entraîner des conséquences néfastes sur le comportement de l'ouvrier en dehors des heures de travail. Sous une autre forme, c'est une question sociale qui se formule explicitement vers 1830.

Sous les traits du paupérisme, la misère ne peut plus être conçue comme un accident individuel, mais comme la condition forcée d'une grande partie des membres de la société. Phénomène collectif, le paupérisme ne permet pas d'envisager de préserver la cohésion sociale. La question sociale traduit ici la métamorphose de la pauvreté en même temps que la peur de l'explosion sociale. Son paradigme, le paupérisme, exprime la conception d'une misère perçue comme un phénomène social global. "Le terme de paupérisme emprunté à l'Angleterre embrasse l'ensemble des phénomènes de la pauvreté; ce mot anglais signifiera donc pour nous la misère en tant que fléau social, la misère publique"[64].

"Si au XIXème siècle, le paupérisme, (...), est devenu la construction sociale paradigmatique de la question sociale dans la société pré-industrielle, c'est, par delà sa pertinence, qu'il traduisait la nostalgie française d'une nation paysanne dont on pressentait la fin"[65]. En effet, devant ce qu'il considère comme les excès de l'industrialisation et pour tenter de maintenir la paix sociale, l'Etat encourage l'agriculture. C'est surtout la

[64] *De la misère des classes laborieuses en Angleterre et en France*, par Eugène Buret, 2 tomes, chez Paulin, Paris, 1840, t. 1, p.108.

[65] Joël Jégouzo, "L'exclusion comme conscience collective" in *Qu'attendre du travail social*, éditions intelligere, Paris, mars 1997, p.17.

peur des troubles urbains qui permet la mise en place d'un "ruralisme" d'Etat. La France reste un pays rural où toutes les représentations sont ancrées dans cette tradition à laquelle non seulement elle ne veut pas mais elle ne peut pas renoncer. Le monde urbain, qui incarne la fin du terroir, culturellement, idéologiquement, politiquement, est diabolisé, car il brise cette représentation d'une nation solidaire plutôt que concurrente.

En effet, c'est la révolution de 1830, faite par le peuple de Paris qui, par la peur qu'elle provoque, marque le début d'une profonde réflexion sur le paupérisme pour les notables. Elle est animée par la révolte des Canuts en novembre 1831 : la principale revendication des ouvriers lyonnais du textile et de la soie porte sur une hausse des salaires. Ils sont repoussés par les armes. Pourtant, ces insoumis, sécrétés par la nouvelle société industrielle, n'ont guère d'autre recours que ces mouvements de rebellion[66]. En effet, la destruction de l'ancien édifice d'assistance de l'Eglise n'a pas été compensée par la mise en place de nouvelles institutions au nom même du nouvel ordre libéral et individualiste. Les pauvres ne sont plus individuellement dangereux, comme sous l'Ancien Régime, mais apparaissent collectivement comme une menace pour la cohésion sociale. Bien que la concentration en usine soit loin d'atteindre celle qui existe en Angleterre, c'est elle qui focalise l'attention. Pour une grande partie de l'élite intellectuelle, il ne s'agit pas de retranscrire une réalité mais de trouver les arguments qui permettent de mieux repousser le mode de

[66] Des aspirations sociales sont nées avec la Monarchie de Juillet. Les ouvriers croient alors que le nouveau régime s'occupera, "sans tarder, des besoins économiques des travailleurs". Louis-Philippe pense avoir noyé ces revendications dans les crises industrielles et commerciales. En fait, non seulement elles restent bien présentes mais en plus elles se nourrissent par ce qui se traduit par des crises de subsistance. Ainsi, en plus des agitations lyonnaises de 1831, de nombreuses émeutes ouvrières se produisent dans tous le pays à cette période (par exemple, en octobre et en novembre 1833). Voir "Le mouvement ouvrier au début de la Monarchie de Juillet (1830-1834)" par Octave Festy, in *Bibliothèque d'histoire moderne*, II, p.367 (Conély et Cie, Paris, 1908).

développement britannique et notamment de refuser le modèle Manchestérien.

Ainsi, les élites bourgeoises perçoivent-elles les ouvriers comme formant une "classe" sociale, qui s'opposent de plus en plus aux nouveaux industriels dotés de pouvoirs redoutables. Après la révolte des Canuts, une toute puissante ligue des patrons pour le maintien des bas salaires est même constituée. Le libéralisme économique du XIXème siècle provoque-t-il alors des contrastes violents entre le monde ouvrier et les détenteurs de capitaux. Les "industriels" déclarent volontiers qu'ils le sont pour devenir riches et non pas pour se montrer philanthropes, mais comme il n'est pas toujours bon de paraître indifférent ou insensible ouvertement à l'égard du sort de son prochain, ils tâchent de présenter les choses de façon à dégager autant que possible leur propre responsabilité. De ce fait, ils ne nourrissent aucun problème de conscience car ils renvoient sur les ouvriers la responsabilité de leurs conditions : ils déclarent que l'amélioration de l'existence de l'ouvrier dépend surtout de lui-même. Ce sont ses habitudes, ses mœurs, ses vices et ses pratiques qui seraient à l'origine de son état de misère. Les patrons rejettent la faute sur les travailleurs en leur reprochant systématiquement un certain nombre de travers : paresse, ivrognerie, débauche, imprévoyance et insouciance du lendemain, immodération des désirs, volonté de sortir de leur condition... Ils s'appuient sur la doctrine libérale qui martèle l'idée que l'individu est responsable de tout, y compris du paupérisme. Mais ils sont également relayés et confortés par toute la littérature sur le paupérisme qui intègre le fait que l'ouvrier-pauvre est, en partie, responsable de sa condition notamment à cause de sa dégradation morale.

Cette conception n'est pas si surprenante si l'on tient compte du fait que l'idée du paupérisme qui se propage est l'idée que les riches se font du paupérisme. Il s'agit d'une construction sociale élaborée par les puissants et les bourgeois. En effet, pendant très longtemps, le pauvre de l'industrialisation n'écrit pas et reste socialement aphasique. Nous sommes donc condamnés à n'explorer que la conscience des notables. Par conséquent, la perception de la condition ouvrière est le fruit d'un regard extérieur. Cela peut expliquer les limites de cette vision de la première partie du XIXème siècle. D'ailleurs, Tocqueville ne peut échapper à cette critique.

Ces classes supérieures utilisent un vocabulaire particulièrement explicite : ils qualifient "d'invasion des barbares" toute tentative de s'opposer au capitalisme et aux règles libérales pures qu'ils entendent maintenir pour la régulation du marché du travail. Louis Chevalier cite *Le journal des débats* du 10 juillet 1832 qui applique le terme de "barbares" "à une classe d'hommes que son défaut d'instruction et sa vie précaire tiennent en effet dans un état d'hostilité dangereux pour la société"[67]. Les pauvres sont des "barbares" en ce sens précis qu'ils vivent à l'écart des gens civilisés. Les indigents-ouvriers ne sont plus observés comme des individus, mais comme formant des "classes dangereuses". C'est ce phénomène collectif qui prend le nom de paupérisme[68].

Pour Louis Chevalier, la pression démographique des grandes villes transforme une partie des classes laborieuses en classes dangereuses. La vieille association entre misère, crime et associalité est toujours présente. La démoralisation apparaît très présente dans les rangs des pauvres. Pour les enquêteurs sociaux de l'époque, leurs modes de vie les poussent à sortir du cadre légal : vol, abandon d'enfant, prostitution, etc... "On a pu observer des coïncidences éclairantes entre les périodes de bas salaires, de crise de chômage et le nombre des délits et de poursuites"[69]. Par exemple, les romans d'Eugène Sue sont

[67] *Classes laborieuses et Classes dangereuses, à Paris, pendant la première moitié du XIXème siècle*, par Louis Chevalier, hachette, Pluriel, 1984, p.597 (1ère édition chez Plon, Paris, 1958).

[68] Ces nouveaux pauvres viennent également grossir les rangs des pauvres issus de l'Ancien Régime, pour lesquels aucune solution assistancielle n'a pu être trouvée. Les ouvriers-indigents rejoignent les anciens pauvres : malades, vieillards, enfants trouvés et mendiants.

[69] *Histoire économique et sociale de la France* dirigée par Fernand Braudel et Ernest Labrousse, P.U.F., 1976, in Tome III, p.792.

l'illustration de la perception de la misère comme un facteur criminogène.

Les philanthropes du XIXème siècle qui se penchent sur la "question sociale" tiennent compte de cette observation pour affirmer que les régulations morales sont insuffisantes. Plus encore, ils se rendent compte que les régulations purement économiques produisent un grand nombre d'effets pervers. En effet, le paupérisme apparaît comme une forme de misère qui s'accroît parallèlement aux progrès de la société. La philosophie libérale élaborée au siècle dernier est caduque. On ne peut plus affirmer qu'un homme est pauvre parce qu'il ne travaille pas. Or, le paupérisme est le résultat de l'industrialisation. Paradoxe qui frappe de stupeur tous les penseurs de la première moitié du XIXème siècle : on peut à la fois travailler et être pauvre. Comme le dit une boutade britannique : "Une manufacture est une invention pour fabriquer deux articles : du coton et des pauvres"[70]. A l'inverse des vagabonds de l'Ancien Régime, le paupérisme laisse place à des désaffiliés[71] qui ne peuvent être appréhendés comme étant en marge du monde de la production. Ils sont consécutifs à l'appareil productif capitaliste.

Inhérents au processus même de la production des richesses, les indigents du paupérisme vont pourtant, à nouveau, être rangés dans de vieilles catégories. Toutes les formes d'intervention sociale qui se développent au XIXème siècle reprennent l'antique dichotomie valide/invalide comme perspective. Encore en 1882, Baron reprend cette logique séculière. Il distingue les causes internes et les causes externes de la misère. Les premières sont "celles qui se rattachent à la volonté et au libre arbitre de l'homme, elles tiennent à lui-même et disparaîtraient, s'il le voulait" et les secondes sont "celles qui agissent en dehors de lui, au-dessus de lui et l'écrasent de leur

---

[70] Cité par Emile Laurent, *Le paupérisme et les Associations de prévoyance*, 2 tomes, Guillaumin, Paris, 1865, t. I, p.7.

[71] Même si de nouveaux modes d'affiliation sont apportés par les associations qui émergent dans le monde ouvrier.

poids"[72]. Il ajoute que les causes internes les plus redoutables sont la paresse, l'inconduite et l'alcoolisme. Réapparaît ici le moralisme qui n'est jamais bien loin lorsqu'il s'agit d'évoquer les raisons de la pauvreté. Quant aux causes externes : la maladie, les accidents graves, la vieillesse et la mort figurent en bonne place. Certes, la pensée a quelque peu évolué en cette fin de XIXème siècle, car l'auteur y place également l'ignorance, l'organisation du travail, le chômage industriel, les crises économiques et la guerre. Cependant, quelques pages plus loin, Baron nous renvoie au passé en affirmant qu'aucune institution ne peut venir à bout des causes internes. Plus encore: "Quand même on parviendrait à effacer les traces de toutes les autres causes de misère, celles-ci, qui viennent des vices de l'homme, demeureraient"[73].

L'idée que les pauvres sont responsables de leur condition reste très présente tout au long du XIXème siècle. Sortir de la misère impose toujours de pouvoir et surtout de vouloir travailler. Cela dirige les penseurs du XIXème siècle vers un nouvel effort de catégorisation. Il convient avant toute chose de distinguer les pauvres qui méritent une aide de ceux qui cherchent à vivre au crochet de la société. Cette clarification est essentielle, car, comme sous l'Ancien Régime, rien ne serait plus dangereux pour la société et l'économie, que la prise en charge de tous ceux qui se déclarent malheureux. Pierre Rosanvallon pense qu'il existe une continuité totale en matière d'assistance entre le XVIIIème et le XIXème siècle[74]. Au contraire, Procacci suggère que la question sociale du XIXème siècle "exprime précisément une conception de la misère qui

[72] *Le paupérisme. Ses causes et ses remèdes*, par A. Baron, Sandoz et Thuilier, Paris, 1882, p.7. Baron fut docteur en droit, avocat à la cour de Paris et Préfet intérimaire du Nord.

[73] Baron, *Le paupérisme. Ses causes et ses remèdes*, ibid., p.9.

[74] *L'Etat en France de 1789 à nos jours*, par Pierre Rosanvallon, "points-histoire", H172, Seuil, Paris, 1992, (1ère éd. en 1990), p.149-150. L'auteur parle même d'une "inertie du XIXème siècle en matière de prise en charge de l'indigence" (p.150).

rompt avec l'univers de la mendicité et la charité"[75]. En fait, nous ne sommes en accord ni avec l'un, ni avec l'autre. Nous pensons que la continuité entre les deux siècles n'est pas totale puisque les figures de la pauvreté changent : même si elles incarnent toutes une forme de "désaffiliation sociale", l'indigent-ouvrier du paupérisme n'a plus rien à voir avec le mendiant-vagabond. Dès lors, cette nouvelle forme de pauvreté (et son "imprévoyance" supposée) va créer les conditions de l'innovation sociale : caisse d'épargne, sociétés de secours mutuels... et plus tard, l'assurance. Pour autant, la rupture n'est pas radicale non plus car la charité reste au cœur des réflexions sociales tout au long du XIXème siècle. Les cadres intellectuels ne permettent pas de comprendre ce qui se joue dans la société industrielle car les représentations restent ancrés dans un monde rural que l'on ne veut pas voir disparaître. Il y a une sorte de rupture entre les faits et leur compréhension : la peur d'infecter par un traitement inapproprié la plaie qu'il faut guérir reste une préoccupation essentielle.

La charité demeure une vertu puisqu'elle est "source de jouissances pour les familles aisées, une source de bienfaits et de consolations pour les familles pauvres"[76]. Mais elle doit être donnée à bon escient : "Toute assistance donnée sans examen est une aumône. Toute assistance donnée en connaissance de cause est un secours"[77]. Il faut revenir à la vieille distinction entre le bon et le mauvais pauvre que la prise de conscience de l'existence de travailleurs pauvres ne suffit pas à remettre en cause. La littérature sur le paupérisme réactive cette distinction en affirmant que le bon pauvre est celui qui n'ose pas demander. Au contraire, le mauvais pauvre est celui qui préfère l'aumône au travail. La société du XIXème siècle se livre à la condamnation morale d'une figure dont c'est le retour, celle du mauvais pauvre.

---

[75] Procacci, *Gouverner la misère*, ibid., p.30.

[76] *De l'indigence et des secours*, par F. Marbeau, Guillaumin, Paris, 1850, p.13.

[77] *De l'indigence et des secours*, par F. Marbeau, ibid, p.13.

La discussion pour savoir s'il faut seulement développer la charité privée, ou plutôt lui adjoindre une charité légale[78] fait rage. Il s'agit d'un thème majeur de la première partie du XIXème siècle. S'appuyant sur la conception anglaise de l'assistance, les libéraux dénoncent toute forme de charité légale, car ils refusent que le pauvre puisse bénéficier d'un droit sur l'Etat. C'est presque l'ensemble de la littérature sur le paupérisme (Duchâtel[79], Morogues[80], Gérando[81], Thiers[82],...)- nous y reviendrons- qui ne veut pas reconnaître au pauvre un droit légal à l'assistance. Thiers pense que le droit des pauvres est contraire à "l'ordre naturel des choses"[83]. S'appuyant souvent sur la religion, les auteurs de l'époque dénoncent la possibilité d'établir une charité légale. Dans leur esprit, cette dernière n'a que des inconvénients : elle est une prime à l'oisiveté et à la paresse. Elle encourage les tendances vicieuses de l'homme. A nouveau, la question sociale est posée car le pauvre qui est sûr de compter sur un secours devient inéluctablement menaçant pour l'ordre social. De plus, la charité légale contribue à augmenter la haine entre le riche et le pauvre. Duchâtel résume très bien un sentiment très répandu à l'époque : "Du côté du riche, plus de don, mais un impôt; du

[78] Il existe trois formes de bienfaisance : la charité privée, la charité légale (c'est-à-dire l'établissement d'un droit au secours et au travail, comme c'est le cas en Angleterre avec la loi sur les pauvres) et la charité publique. Cette dernière reste plus difficile à définir, car si elle est assurée par l'Etat, elle se contente de donner un droit à l'assistance aux pauvres, sans garantir le droit au travail. Elle semble donc plus relever d'une vertu nécessaire ou d'une morale étatique.

[79] *Considérations d'économie politique sur la bienfaisance ou De la charité dans ses rapports avec l'état moral et le bien-être des classes inférieures de la société*, par Tanneguy Duchâtel, Mesnier, Paris, 1829.

[80] Bigot de Morogues, *Du paupérisme, de la mendicité et des moyens d'en prévenir les funestes effets*, P. Dondé-Dupré, Paris, 1834.

[81] Baron de Gérando, *De la bienfaisance publique*, ibid.

[82] Adolphe Thiers, *De l'Assistance et de la prévoyance publiques*, Méline, Cans et Cie, Bruxelles, 1850.

[83] Adolphe Thiers, *De l'assistance et de la prévoyance publiques*, ibid, p.161.

côté du pauvre, plus de prière mais la réclamation d'un droit. Le riche, qui ne regarde plus la bienfaisance que comme une charge, cherche à en alléger le poids (...). Il devient dur, cruel, avare. Le pauvre, fort des droits que lui attribue la loi, devient farouche, violent, haineux"[84]. En effet, avec la charité légale, aux yeux du pauvre, le riche ne donne plus volontairement, mais rembourse une "dette", ce qui anéantit toute forme de reconnaissance du premier pour le second. Enfin, l'expérience anglaise d'assistance automatique (les poor laws), permet d'affirmer que la charité légale non seulement n'élimine pas la misère mais l'accroît. Tandis que "le pauvre, assuré d'une aide permanente, ne juge plus utile de faire des économies et même de travailler"[85], la condamnation morale du pauvre peut reprendre. Pour Gérando, "avec le droit positif attribué à l'indigence d'obtenir des secours déterminés, commence l'abus"[86].

Nous l'avons vu, il ne s'agit pas d'une remise en cause complète de la charité. Il existe même une véritable foi dans l'efficacité de la charité pour vaincre la misère, mais celle-ci doit rester privée. En effet, par rapport à la charité légale, la charité privée présente la qualité d'être aléatoire. L'aumône est alors à la fois efficace et moralisante. Pour la plupart des penseurs du social de cette première moitié du XIXème siècle, le don doit être libre. Il faut que le pauvre intègre la crainte de ne pas recevoir, ce qui le pousserait à vouloir sortir de sa condition. Plus que tout, il ne doit pas accepter son état de misère.

La littérature sur la charité prend une grande ampleur dans le champ politique du XIXème siècle. Recourant à la religion, elle continue de présenter la charité comme une vertu. Or, le salut

---

[84] Duchâtel, *Considérations d'économie politique sur la bienfaisance ou De la charité dans ses rapports avec l'état moral et le bien-être des classes inférieures de la société*, ibid., p.187.

[85] Charles de Rémusat, *Du paupérisme et de la charité légale*, Paris, J. Renouard, 1840, p.25.

[86] Baron de Gérando, *De la bienfaisance publique*, t. I, p.447.

n'est plus la fonction principale de la charité : il s'agit plutôt d'un moyen politique pour abolir la misère, facteur de désordre, et de préserver la force de travail. De plus, fondamentalement, elle assure également le lien social entre les riches et les pauvres. "Qu'est-ce que la charité? Une relation de bienfaisance d'un côté, de reconnaissance de l'autre"[87]. Une sorte d'unanimité règne pour défendre l'idée que la charité privée est nécessaire[88]. Mais est-elle (pour autant) suffisante? En effet, Buret affirme que "sans doute , il est bien de donner à ceux qui ont faim et soif, de vêtir ceux qui sont nus; mais cela ne suffit pas (...). L'accomplissement de ce devoir (...) ne sauverait pas le monde des ravages de la misère"[89].

La charité privée n'est pas suffisante car les pauvres sont également des travailleurs. Cependant, la constatation d'un nombre important d'ouvriers-indigents ne remet pas en cause leur condamnation morale. En outre, la révolution française ayant détruit les rigidités du marché du travail, si le pauvre ne travaille pas, c'est qu'il ne le veut pas. Pour l'économie sociale, sa mauvaise moralité le pousse à l'inactivité : oisiveté, paresse, imprévoyance, débauche, alcoolisme...[90] Ce que les auteurs perçoivent comme les vices de l'homme deviennent les facteurs explicatifs de leur pauvreté, alors qu'en fait ce sont les comportements consécutifs à leurs conditions.

[87] Duchâtel, *Considérations d'économie politique sur la bienfaisance ou De la charité dans ses rapports avec l'état moral et le bien-être des classes inférieures de la société*, ibid., p.187.

[88] Certains en font même une science. Par exemple, Firmin Marbeau, qui, dans son ouvrage *Du paupérisme en France et des moyens d'y remédier, ou principes d'économie charitable*, Comptoir des Imprimeurs unis, Paris, 1847, p.87, s'évertue à montrer, tout au long d'un chapitre, que la charité obéit aux canons d'une science rigoureuse.

[89] Eugène Buret, *De la misère des classes laborieuses en Angleterre et en France*, ibid, t. I, p.81.

[90] Pourtant le XIXème siècle est traversé par de longues périodes de "chômage". Les crises économiques, particulièrement aiguës pendant les années 1830-1840, provoquent de brusques chutes de l'emploi nourrissant un chômage structurel.

Ce renversement causal peut se comprendre : ceux qui prennent la parole sur le paupérisme ne sont pas des économistes. Ils appartiennent davantage au secteur de l'économie sociale qui regroupe, sous ce terme, une grande hétérogénéité de participants. La plupart d'entre eux, néanmoins, se positionnent par rapport à la rationalité dominante du XIXème siècle : le libéralisme. D'aucuns se déclarent contre, comme les légitimistes à l'instar de Villeneuve-Bargemont[91] ou, au contraire, l'approuvent comme Naville (1836)[92]. Ainsi entre 1820 et 1850, la théorie économique ne progresse plus, étouffée par un hégémonisme "classique". Certains de ceux qui tentent de donner une explication économique du paupérisme reprennent même les grands thèmes de la pensée libérale du siècle dernier. L'idée, par exemple, que les industries ne sont pas assez orientées vers la production de biens de luxe est relancée[93].

Cette remarque ne s'applique pas à l'économiste genevois, Sismonde de Sismondi (1773-1842), qui est difficilement classable : il veut corriger l'économie politique uniquement préoccupée par la production des richesses par une économie sociale qui garde le souci de promouvoir le bonheur du plus grand nombre. Il reste celui qui a dégagé le plus clairement une opposition au libéralisme. Il rejette la "main invisible" et veut combattre les méfaits du développement sans entrave de l'économie. Il est l'un des premiers à avoir fait le constat des deux faces du mode de développement anglais : la grande opulence et la misère extrême. Ainsi, l'auteur des *Nouveaux principes d'économie politique ou de la richesse dans ses*

---

[91] *Économie politique chrétienne, ou Recherches sur la nature et les causes du paupérisme en France et en Europe, et sur les moyens de le soulager et de le prévenir*, par le Vicomte Alban de Villeneuve-Bargemont, chez Paulin, Paris, 1834, 3 vol.

[92] François Naville, *De la charité légale, de ses effets, de ses causes*, Dufart, Paris, 1836, 2 volumes.

[93] Par exemple, "Du luxe considéré comme conséquence nécessaire des progrès de la civilisation et de l'industrie", par le Baron de Morogues, extrait du *Journal du Loiret*, n°26, 29 et 31 avril 1832.

rapports avec la population (1819), formule l'idée que la société industrielle tend à séparer les riches et les pauvres : elle conduit à l'instauration de deux classes aux intérêts divergents, c'est-à-dire à renforcer “la disproportion entre le sort de ceux qui travaillent et celui de ceux qui en jouissent”[94].

Sismondi voit donc la racine du mal dans la séparation entre le capital et le travail. Cette distinction entre ceux qui travaillent et ceux qui possèdent est renforcée par une vive concurrence qu'il dénonce. En effet, selon lui, l'introduction toujours plus importante des machines tend à réduire la demande de travail, si bien que les ouvriers se retrouvent en trop grand nombre, ce qui les oblige à se contenter du premier salaire pour pouvoir survivre, contre leur propre intérêt et celui de leur classe toute entière. La misère des ouvriers provient bien de leur concurrence qui amène la baisse des salaires. Pour y remédier, Sismondi prône l'intervention de l'Etat pour contenir le déchaînement de la production et pour enrayer la multiplication trop rapide des inventions nouvelles. Il s'agit avant tout de lutter contre le machinisme. Il ne voit pas de solution économique au problème de la misère de masse : pour lui, il faut sortir du cadre analytique de l'économie politique “classique”, pour penser correctement la “question sociale”. Sismondi pense que l'objet de l'économie politique doit être le “bonheur national”, aussi fonde-t-il l'économie sociale, qui s'empare de cette mission. Presque toute l'abondante littérature sur le paupérisme qui se développe au XIXème siècle va se reconnaître dans cette nouvelle “science”. Sismondi n'a pas réussi à résoudre le problème (il ne présente pas de programme pratique) mais il a au moins eu l'immense mérite d'ouvrir les yeux du monde et ainsi de créer les conditions de la réflexion sociale.

A l'exception notable de Sismondi, ce sont surtout des administrateurs, des notables, des médecins qui, en s'appuyant

---

[94] *Nouveaux principes d'économie politique ou de la richesse dans ses rapports avec la population* (1819) par Sismondi, Premier volume, 1, Calmann-Lévy, Paris, 1971, p.106.

sur l'enquête, discutent de la question sociale. La pauvreté devient objet de connaissance empirique. Il se développe alors des sociétés savantes, au premier rang desquelles, l'Académie des sciences morales et politiques. Celle-ci joue un rôle essentiel, sous la forme de commandes directement adressées à des savants : c'est le cas, par exemple, de l'ouvrage de Villermé. Mais elle provoque également la réflexion en mettant à concours des questions qui portent sur le paupérisme : la rédaction des réponses nous donne des livres représentatifs de cette période : ceux de Naville, Frégier[95] (1840), Buret (1840), Moreau-Chritophe[96]... Tocqueville[97] fut un membre éminent de cette institution d'Etat. Avec ces enquêtes, la pauvreté est devenue une évidence à discuter et non plus une tare régulatrice à négliger.

La société se livre à une expérience réflexive. Elle se retourne sur elle-même, mettant ainsi à jour la brûlure du paupérisme au milieu d'un ordre fondé sur le marché. Mais la brûlure est aussi "civilisationnelle" car la question sociale du XIXème siècle charrie avec elle l'horizon d'une société construite sur des bases nouvelles qui effraient. L'expérience réflexive traduit également de fortes résistances au changement dans les lieux mêmes des plus grands changements dont la capitale est l'exemple le plus percutant. Un changement de civilisation s'opère, pas de mentalités. Les transformations affectent les anciennes catégories de pensée, mais elles sont perçues, pour une bonne part, à travers ces anciennes catégories, d'où la multiplication des malentendus et des fausses compréhensions.

---

[95] *Des classes dangereuses de la population dans les grandes villes, et des moyens de les rendre meilleures* par H. A. Frégier, ouvrage récompensé en 1838 par l'Institut de France, J.B. Baillière, Paris, 1840.

[96] Louis Moreau Christophe, *Du problème de la misère et de sa solution chez les peuples anciens et modernes*, Guillaumin, Paris, 1851.

[97] Pour Françoise Mélonio, "durant tout le XIXème siècle, l'Académie des Sciences Morales et Politiques sera le relais privilégié de sa pensée", in *Tocqueville et les Français*, ibid., p.49. Tocqueville fut élu à la section morale de l'Académie des Sciences Morales et Politiques en 1838, à 33 ans, grâce au succès de la première Démocratie (1835).

C'est donc avec un prisme particulier que l'empressement savant autour des populations pauvres fait pénétrer dans le cadre feutré de l'Académie des sciences Morales et Politiques, les existences pénibles et miséreuses. D'ailleurs, les enquêteurs ne se contentent pas de faire un constat. Ils tentent d'apporter des solutions au problème. L'enquête brute, excessivement rare car orientée à des fins pratiques, contient une partie normative. Chaque observateur semble se doubler d'un thérapeute scrutant la nature du mal afin d'en trouver les remèdes. D'où ces innombrables traités de "pathologie sociale" tentant d'établir à la fois les causes de la misère et les moyens d'y remédier[98].

Les termes "pathologie", maladie, fléau, plaie, épidémie, brûlure... qui qualifient généralement le paupérisme ne sont pas utilisés au hasard. En effet, des médecins ont joué un rôle de premier plan dans les recherches sur le paupérisme (Villermé, Parent-Duchatelet, Quételet...). Les méthodes de cette exploration sociale sont largement puisées dans la pratique médicale : la visite, l'interrogation, le questionnaire, l'observation directe,... puis la statistique. Ainsi, entre en scène au début du XIXème siècle, ce que l'on appelle une problématique hygiéniste.

Si les médecins jouent un rôle pilote dans le développement de l'enquête privée, des juristes, des hommes d'Etat, des économistes, ou encore des notables s'emparent également de la question sociale. Ils tentent en fait de répondre à une interrogation essentielle pour le devenir des sociétés modernes : "comment concilier les exigences de la société industrielle et la

[98] Michelle Perrot, *Enquêtes sur la condition ouvrière en France au XIXème siècle*, études, bibliographie, index, Micro-éditions Hachette, Paris, 1972, p.9. D'ailleurs, le *Mémoire sur le paupérisme* de Tocqueville est structuré de la même manière : d'abord, une première partie qui décrit l'origine et les causes du paupérisme et, ensuite, une seconde partie qui analyse les moyens de lutter contre le paupérisme. Son second Mémoire sur le paupérisme poursuit cette logique puisqu'il rend compte des techniques permettant de prévenir le paupérisme.

liberté?"[99]. Il eut été fort étonnant qu'un ardent défenseur de la liberté comme Tocqueville n'intervînt pas...

Notons, pour synthétiser, que les commentateurs du paupérisme utilisent souvent, pour le désigner, la métaphore de la gangrène. Cette désignation illustre assez bien la façon dont la plupart des penseurs du XIXème siècle perçoivent ce phénomène social. Avec cette nouvelle forme de pauvreté, l'indigent ne menace plus la société du dehors (comme le vagabond de l'Ancien-Régime), il mine la société de l'intérieur. L'image de la gangrène fait donc référence à un mal qui pourrit, corrompt et s'étend au sein même de la société. C'est une infection, une putréfaction qui envahit tous les tissus sociaux. Le risque d'un pourrissement de la société est, pour cette raison, très fortement ressenti à cette époque. Ce ne sont plus ses marges qui sont contaminées, mais son cœur même car la pauvreté provient de la mauvaise organisation du travail de la société industrielle. C'est dans ce sens que doit s'entendre la "métamorphose de la question sociale" (pour faire droit à la formule de Robert Castel) : ne se pose plus seulement la question du non-travail (comme avec les vagabonds et les mendiants) mais celle du travail. Contrairement à ce qu'il pensait, le libéralisme n'a pas trouvé la solution en libéralisant le marché du travail. En effet, si dans leur grande majorité, les individus sont entrés dans le monde du travail, de nouveaux problèmes ont surgi : les ouvriers ne sont pas socialisés (misère de masse, désordre social). Le paupérisme, qui ne trouve pas son origine dans l'absence de travail mais dans le travail industriel lui même, représente ce que l'on pourrait appeler un défi au libéralisme. Nous voudrions montrer que Tocqueville l'a relevé...

[99] Michelle Perrot, *Enquêtes sur la condition ouvrière en France au XIXème siècle*, ibid., p.42.

II.
Tocqueville et le paupérisme

Tocqueville (Charles Alexis CLÉREL DE), *Paris 1805-Cannes 1859*, homme politique et écrivain français. Magistrat, il étudia aux Etats-Unis le système pénitentiaire et en revint avec un ouvrage politique capital, *De la démocratie en Amérique* (1835-1840). Il fut ministre des Affaires étrangères du 2 Juin au 30 Octobre 1849. En 1856, il publia l'Ancien Régime et la Révolution. /Acad. fr./

PAUPÉRISME, n. m. Econ. (1822, mot angl, pauperisme, /poperism/, lat. *pauper*, pauvre). État endémique de très grande indigence d'une population, d'un groupe humain, d'une classe sociale.

II-Tocqueville et le paupérisme

Tocqueville a, par rapport aux approches économiques, toujours privilégié les approches politiques. Même ses analyses économiques laissent apparaître une prise en compte des exigences politiques. Ainsi, l'examen du fonds bibliothécaire du Château de Tocqueville indique que l'auteur de *De la Démocratie en Amérique* a manifesté le souci constant d'assurer sa formation en philosophie politique à travers la lecture de Machiavel, Grotius, Pufendorf, Locke, Montesquieu, Pascal, Descartes, Rousseau et Voltaire. Bien sûr, Tocqueville possède également les ouvrages de certains de ses contemporains comme Chateaubriand (qui est un parent), Guizot (dans sa jeunesse, il assiste à ses cours donnés à la Sorbonne), Lacordaire (dont il suit attentivement les conférence à Notre-Dame de Paris) et Lamenais. Tocqueville manifeste ainsi sa volonté de se construire un appareil intellectuel pour penser le politique. Cet aspect de sa formation intellectuelle ne va pas, néanmoins, nous retenir plus longtemps, car c'est plutôt son apprentissage de la question de la pauvreté et de l'économie que nous voudrions évoquer. Il ne s'agit pas pour nous de donner une vision d'ensemble du contenu de sa bibliothèque, mais davantage de comprendre comment Tocqueville a pu forger ses réflexions sur la question du paupérisme...

Essayons, avant tout, d'examiner la façon dont Tocqueville cherche à se confectionner une culture : nous savons déjà qu'il n'a pas effectué de lectures systématiques puisqu'il affectionne les résumés. Tocqueville se concentre également sur les ouvrages les plus répandus de son époque. Même si ses nombreux voyages manifestent sa volonté de ne pas se contenter d'un savoir livresque, notre auteur croit en une rhétorique de formulation. Afin de se constituer rapidement un appareil conceptuel, Tocqueville cherche donc, par le biais d'abrégés ou des livres qui connaissent un certain succès, à s'informer sur les idées qui ont cours et qui trouvent un certain écho auprès des élites.

1-*Les lectures de Tocqueville*

Il s'agit pour nous de comprendre comment Tocqueville a façonné ses positions sur la question économique et sociale et de déterminer, dans ce domaine, à la fois son héritage intellectuel et les directions de recherche qu'il se donne. Ses principales ressources conceptuelles viennent d'abord des livres dont nous sommes sûrs que Tocqueville les a lus. Par exemple, ceux qu'il a achetés lui-même. La question est de savoir s'ils ont influencé ou non la pensée de notre auteur, ce qui, dans les deux cas, sera significatif pour notre travail. Nous pouvons, ensuite, enrichir notre vision de la formation de Tocqueville, dans sa dimension sui generis, en y intégrant les lectures probables : des ouvrages acquis par son père, par exemple.

Il n'en reste pas moins difficile de se faire une idée définitive du savoir de Tocqueville sur les problèmes qui nous intéressent. En effet, l'auteur de *L'Ancien Régime et la Révolution* a pu consulter des livres en bibliothèque sans forcément les acquérir par la suite. Néanmoins, notre principal matériau pour ce développement aura été la liste des ouvrages de la bibliothèque de Tocqueville, recensés dans son château en Normandie[100].

Dans le domaine économique, nous avons vu que Tocqueville obtient ses principales connaissances théoriques à travers la lecture de deux abrégés. Or, il ne s'agit pas de ses toutes premières réflexions en économie. En effet, à l'âge de 23 ans, Tocqueville entreprend la lecture de Jean-Baptiste Say (1767-1832). Il étudie alors un auteur qui domine l'économie politique française. Cependant, il ne se lance pas dans l'analyse du *Traité d'économie politique* (Deterville, Paris, 1803), ouvrage majeur de Say, mais dans celle du *Cours complet d'économie politique pratique*[101] que l'économiste libéral publie

[100] Ces informations m'ont été transmises par Madame Françoise Mélonio.

[101] Rapilly, Paris, 1828. Vous trouverez le titre complet de l'ouvrage de Say en bibliographie.

en 1828. Tocqueville pourrait avoir acquis ce livre dès sa parution, puisqu'il en commence l'étude, avec son ami Gustave de Beaumont, dès 1828[102]. Bien sûr, ce fait donne un sens différent à celui qu'aurait pu avoir un achat bien ultérieur à la publication. Mais quel sens? Dans un premier temps, sans doute Tocqueville a-t-il été attiré par cet auteur particulièrement important pour le courant libéral français. D'ailleurs, en Avril-Mai 1831, il renouvelle ses travaux sur ce texte, toujours avec Beaumont, sur Le Havre, le bateau qui les mène en Amérique. Cela dit, Tocqueville s'éloigne très rapidement des thèses de Say...

L'importance que l'on doit accorder à cette lecture de Tocqueville apparaît plus certaine. Tout d'abord, il semble bien que ce soit dans cet ouvrage que notre auteur rencontre pour la première fois le terme de paupérisme[103]. Ensuite, Tocqueville prend des notes sur le premier des sept tomes de ce livre d'économie politique[104]. Toutefois, il n'en prend aucune sur la première partie de ce premier tome, intitulée "Considérations générales", où Say traite notamment de l'objet et des méthodes des sciences économiques[105]. De plus, de cette première partie, Tocqueville n'enregistre pas les quelques réflexions de Say sur l'industrie et sur la pauvreté. Say affirme notamment que l'économie politique, à travers "l'industrie qu'elle protège (...) inspire le désir d'acquérir des richesses par des bons moyens seulement"[106]. L'économiste libéral se penche également sur les règles qui doivent régir le marché du travail : pour lui, l'ouvrier

[102] Lettre de Tocqueville à Gustave de Beaumont du 7 décembre 1828, O.C., VIII, 1, p.72.

[103] Drescher écrit dans *Dilemnas of Democracy*, (ibid, p.103) que "Tocqueville a probablement obtenu ses premières informations sur le concept du paupérisme de Say qui crédita les Anglais d'avoir inventé le terme ".

[104] "Notes sur l'économie politique, Jean-Baptiste Say" rédigée en 1828 (et 1829?) , O.C., XVI, p.425-435.

[105] *Cours complet d'économie politique*, ibid, p.1-131.

[106] *Cours complet d'économie politique*, ibid, p.102-103.

comprend que l'accumulation et la concentration du capital représentent son intérêt. Non seulement, ce type d'affirmation ne retient pas l'attention de Tocqueville, mais l'ensemble de ses écrits sur le paupérisme montre qu'il ne la partage pas.

L'auteur des *Souvenirs* prend des notes sur la seconde partie du premier tome consacrée à l'analyse économique. Tocqueville semble surtout intéressé par le mécanisme de la formation de la valeur. Malgré tout, une des notes sur les "Richesses" semble l'avoir durablement marqué : "Le mot de richesses est corrélatif du mot besoins. (...) ainsi les richesses en augmentant chez un peuple font naître de nouveaux besoins, et les besoins d'un autre côté en se développant forcent l'esprit humain de se créer de nouvelles richesses"[107]. En effet, Tocqueville reprend cette explication dans son *Mémoire sur le paupérisme* mais aboutit à une conclusion radicalement différente : la multiplication des besoins provoque une production toujours plus importante de biens artificiels dont la consommation est aléatoire. Par conséquent, la catégorie de travailleurs qui est chargée de cette production, les ouvriers, est de plus en plus exposée.

Finalement, c'est peut-être plus dans l'absence de notes que cette lecture de Say est éclairante pour notre travail. En effet, dans son *Cours complet d'économie politique* l'économiste libéral reprend les grands thèmes de son fameux *Traité d'économie politique*. Par exemple, il tente de démontrer que l'introduction de la machine permet à la fois d'augmenter le nombre des travailleurs et les salaires. L'auteur prend l'exemple de la machine à filer qui, en Angleterre, aurait permis d'augmenter la production du coton. "De plus les machines, au lieu de réduire le salaire des ouvriers, les avaient au contraire fait monter." Et si "le prix de la main d'œuvre est tombé encore plus bas dernièrement", c'est "par des motifs étrangers à notre sujet : par l'invasion en Angleterre des ouvriers d'Irlande"[108]. Il semble bien que Tocqueville n'ait pas été convaincu puisqu'il

[107] O.C., XVI, p.431.

[108] *Cours complet d'économie politique*, ibid, p.405-406.

défendra des thèses exactement contraires aussi bien dans ses *Mémoires sur le paupérisme* que dans ses *Notes de voyage en Angleterre et en Irlande*.

Dans aucun de ses travaux Tocqueville ne semble partager le libéralisme économique de l'auteur du *Traité d'économie politique*. Toutes ses réflexions sur le paupérisme montrent qu'il n'a pas été persuadé par la fameuse loi des débouchés de Say qui proclame que "l'offre crée sa propre demande". Pour lui, cette égalité entre offre et demande s'explique par le fait que les produits s'échangent contre des produits. La monnaie n'est alors plus qu'un simple intermédiaire. Une telle croyance rend les crises générales de surproduction impossibles. Ricardo a d'ailleurs reconnu les mérites de cette acception en écrivant que Say a très bien montré que la demande n'est limitée que par la production. C'est une certitude de vente qui permet de ne plus se trouver confronté à des problèmes de débouchés. Ainsi, le plein-emploi est assuré. Par là, Say caractérise la spécificité de l'école française d'économie politique : "l'optimisme". Cette loi des débouchés reste tout au long du XIXème siècle un des articles du credo libéral français. Elle permet également aux économistes libéraux, qui prennent la suite de Say comme Dunoyer ou Bastiat, de ne pas donner une attention particulière aux crises. Pour eux ce sont des phénomènes passagers qu'il ne faut pas dramatiser.

Au contraire, Tocqueville montre dans ses travaux sur le paupérisme qu'il ne fait pas confiance aux fluctuations naturelles du marché. Il règne dans ses écrits sociaux une sorte de pessimisme qui heurte de plein fouet l'optimisme des économistes libéraux. Non seulement il ne nie pas la possibilité de crises mais il les croit même "endémiques". Par conséquent, comme son constat diffère de celui des économistes libéraux, ses solutions prennent des directions opposées. D'une façon générale, notre auteur préconise la solidarité devant l'individualisme économique. Conformément aux positions de Smith, c'est cet individualisme économique que Say réclame. D'ailleurs, tout en essayant de redéfinir certains points de vue de Smith, Say ne renie en rien la volonté de limiter autant qu'il est possible de le faire le rôle de l'Etat dans la société. Nous voudrions montrer que Tocqueville ne suit pas cette recommandation...

Il est à peu près certain que Tocqueville n'a pas subi l'influence de Say au moment où il formule ses premiers jugements économiques. Il montre alors qu'il n'est pas sensible au libéralisme économique. La rédaction de ses deux *Mémoire sur le paupérisme* indique assez qu'il se laisse impressionner par un écrit d'une tout autre tonalité. Il s'agit du traité d'*Économie politique chrétienne* de Villeneuve Bargemont[109]. En effet, sur la question du paupérisme, c'est indéniablement cette étude qui a le plus d'influence sur la pensée de Tocqueville. Cet ouvrage est publié en 1834. Il est vraisemblable que Tocqueville l'ait acquis dès sa sortie, car il s'en sert pour rédiger son premier *Mémoire* qui intervient dans la première moitié de l'année 1835. Tocqueville aurait donc directement dirigé ses recherches vers ce livre qui intervient de façon cruciale dans le débat sur la pauvreté de masse.

Nous allons longuement rendre compte de cet ouvrage car il a influencé durablement la pensée de Tocqueville sur la question sociale. Certes, Tocqueville n'est pas à proprement parler un disciple de Villeneuve-Bargemont, mais certaines de leurs réflexions apparaissent très proches. D'ailleurs, Tocqueville cite Villeneuve-Bargemont et utilise ses statistiques. Il le qualifie "d'écrivain consciencieux" pour aussitôt préciser qu'il est "loin du reste d'approuver toutes les théories"[110] du rédacteur de l'*Economie politique chrétienne*. En effet, il subsiste tout de même des divergences de pensée entre les deux auteurs...

Si nous allons détailler l'approche du paupérisme de

---

[109] *Économie politique chrétienne, ou Recherches sur la nature et les causes du paupérisme en France et en Europe, et sur les moyens de le soulager et de le prévenir* par le Vicomte Alban de Villeneuve-Bargemont, chez Paulin, Paris, 1834, 3 vol.

[110] *Mémoire sur le paupérisme*, O.C., XVI, p.118.

Villeneuve-Bargemont, c'est également parce qu'il s'agit d'un ouvrage de référence sur le thème du paupérisme. En effet, l'ensemble des vingt-huit candidats au concours de l'Académie des Sciences Morales et Politiques sur la question de la misère entre 1834 et 1839 se réfère à cette enquête : "l'ouvrage de Villeneuve-Bargemont est essentiel aux yeux des concurrents"[111]. Ce livre est d'ailleurs assez représentatif de la littérature sur le paupérisme qui abonde dans ce premier XIXème siècle. Son architecture suit une logique précise : tout d'abord, il s'agit de poser le constat de la pauvreté de masse; la détermination des causes constitue l'étape suivante, préalable à la discussion des solutions qui pourraient permettre d'éradiquer la pauvreté généralisée. Cet ouvrage est également intéressant à étudier car il véhicule bon nombre des préjugés de son époque.

Villeneuve-Bargemont se propose de réfléchir la question du paupérisme : "si l'indigence, sous le nom nouveau et tristement énergique de paupérisme, envahit des classes entières de la population, si elle tend à s'accroître progressivement en raison même de la production industrielle, si elle n'est plus un accident mais la condition forcée d'une grande partie des membres de la société, alors on ne peut méconnaître dans de tels symptômes de souffrance généralisée un vice profond survenu dans l'état de la constitution sociale et l'indice prochain des plus graves et de plus funestes perturbations"[112]. Ce projet intellectuel est construit à travers le prisme du catholicisme social et du légitimisme. L'auteur est un ancien préfet. C'est d'ailleurs en assumant cette fonction, dans le

---

[111] *De l'observation sociale à l'observation de soi* : analyse des mémoires envoyés à l'Académie des Sciences Morales et Politiques lors du premier prix Beaujour sur la misère, 1834-1839, Thèse de doctorat d'Etat, Paris I, par Catherine Fauchet, 1995, p.38. Pour comparaison, on y apprend également qu'un seul des 28 concurrents utilise le *Mémoire sur le paupérisme* de Tocqueville.

[112] *Économie politique chrétienne, ou Recherches sur la nature et les causes du paupérisme en France et en Europe, et sur les moyens de le soulager et de le prévenir*, par le Vicomte Alban de Villeneuve-Bargemont, chez Paulin, Paris, 1834, 3 vol., tome I, p.28.

Nord en 1828, qu'il est profondément impressionné par le contraste entre la ville industrielle et misérable où il arrive (Lille) et les régions rurales moins éprouvées par l'indigence qu'il a connues naguère. Il est d'autant plus frappé par l'immense étendue du paupérisme que cette région est communément classée parmi les régions les plus riches de France[113]. Aussi, sa réflexion le conduit-elle à remettre en cause l'industrialisation croissante puisqu'elle est directement liée au développement de la misère.

De plus, le procès de l'industrialisation doit être entrepris car l'auteur y perçoit l'installation d'une "féodalité nouvelle" plus dure et plus despotique que l'ancienne féodalité fondée sur l'aristocratie foncière. Selon l'auteur, la classe industrielle prend la forme d'une "aristocratie industrielle" dont la prospérité semble se nourrir directement de la misère de ses ouvriers : "L'on a donc pu établir cet axiome, qui malgré son apparence paradoxale n'en est pas moins vrai, que plus un pays possède d'entrepreneurs d'industrie riches, plus il renferme d'ouvriers pauvres"[114]. Mais il va encore plus loin lorsqu'il affirme : "Quant aux vassaux de cette féodalité moderne, rien ne saurait exprimer suffisamment l'état de servage, d'abjection et de souffrance où on les a fait descendre"[115]. Tocqueville utilisera exactement la même rhétorique dans un chapitre de la seconde Démocratie pour expliquer que l'industrie peut faire surgir l'aristocratie au sein de la démocratie...

Chez Villeneuve-Bargemont, le procès de l'industrie est, du reste, en même temps, un procès contre l'Angleterre et contre l'économie politique "classique". Il constate que le paupérisme a pris naissance en Angleterre, patrie de Smith et de Ricardo. Radicalement, il oppose la civilisation anglaise telle qu'il la perçoit (concentration des capitaux, du commerce, des terres,

[113] Comme le fait Dupin dans son enquête intitulée *Forces productives et commerciales de la France*, Bachelier, Paris, 1827, 2 volumes.

[114] *Économie politique chrétienne*, ibid, t. I, p.379.

[115] *Économie politique chrétienne*, ibid, t. I, p.387.

de l'industrie, production indéfinie, concurrence universelle, remplacement du travail humain par les machines, réduction des salaires, excitation perpétuelle des besoins, dégradation morale de l'homme) au système français tel qu'il le voudrait (juste et sage distribution des produits de l'industrie, équitable rémunération du travail, développement de l'agriculture, industrie appliquée au produit du sol, régénération religieuse de l'homme, et enfin généralisation du grand principe de la charité). Pour lui l'Angleterre paiera tôt ou tard sa dureté et son aveuglement : "Ainsi l'Angleterre est destinée à périr par les causes qui ont engendré le paupérisme et peut-être par le paupérisme lui-même"[116]. Et si l'on retrouve ici un vieux lieu commun de l'économie politique à la française, il est essentiel pour notre travail de remarquer que Tocqueville a plutôt suivi la voie de Villeneuve-Bargemont que celle de Say.

Son livre est le prototype de la dénonciation du mode de production capitaliste à l'anglaise. Par conséquent, Villeneuve-Bargemont rejette le modèle théorique à l'origine du système anglais. Tout d'abord, il reproche aux représentants de l'école "classique" de trop circonscrire l'objet de leurs recherches : l'économie politique, qu'il appelle anglaise, a révélé l'art de s'enrichir mais n'a pas résolu le problème d'une équitable distribution. A l'inverse de Sismondi qui préfère penser au bonheur du plus grand nombre, les tenants de l'économie politique "classique" ne se soucient que des intérêts particuliers. Dès lors, "en plaçant la destinée de l'homme dans la sphère étroite et grossière des sens et des jouissances physiques, elle pouvait bien exciter la cupidité, les besoins et le travail, mais elle détruisait tous les liens qui doivent unir les riches et les pauvres"[117]. Pour autant, l'auteur rejoint les "classiques" dans leur dénonciation des poor laws. Il est bon de noter que Tocqueville s'oppose également à cette charité légale.

Cependant, pour Villeneuve-Bargemont, les inégalités sont

[116] *Économie politique chrétienne*, ibid, t. I, p.24.

[117] *Économie politique chrétienne*, ibid, t. III, p.582.

naturelles. Il s'agit là d'une importante divergence d'analyse avec Tocqueville qui, notamment dans son *Mémoire sur le paupérisme*, montre clairement que les inégalités sont le résultat d'une longue évolution historique. Malgré ses sévères critiques, Villeneuve-Bargemont reconnaît qu'à l'origine la principale explication du paupérisme est autre : il voit la source de tous les maux dans le fait que la société humaine s'est trouvée hors des voies que lui a tracées la Providence[118]. L'homme est tombé dans la nature d'une condition imparfaite, d'où dérivent toutes les misères[119]. A la suite de l'extension indéfinie de l'industrie, les maux partiels produits de tout temps par l'égoïsme se sont étendus et généralisés; ils ont trouvé les moyens les plus rapides et les plus assurés d'exercer leur désastreuse influence[120]. Mais au delà, le paupérisme représente la colère divine (une sorte de justice divine) devant les déchéances morales et religieuses de l'homme.

Promoteur important du catholicisme social, Villeneuve-Bargemont développe le sentiment d'une profonde injustice sociale que ses idées chrétiennes lui inspirent. Si bien que pour lui, c'est l'introduction du christianisme qui pourrait le mieux apaiser les souffrances humaines. La religion est le plus sûr, si ce n'est le seul moyen de prévenir la misère publique, car elle écarte ses principales causes (la démoralisation), mais en plus elle multiplie les moyens de la secourir, notamment à travers la charité. Sa conclusion est logique : le manque de pratique religieuse explique principalement l'indigence de masse. Le paupérisme doit être interprété comme un véritable châtiment proportionnel aux fautes religieuses des hommes (une sorte de nouveau déluge). En tant que catholique social, Villeneuve-Bargemont tente d'étudier au plus juste la condition humaine. Il est cependant tiraillé entre valeurs individualistes et valeurs holistes. Nous n'avons pas le temps de livrer l'analyse sociologique, qui seule peut permettre de comprendre les conséquences sociales d'un manque de pratique religieuse.

[118] *Économie politique chrétienne*, ibid, t. I, p.54-56.

[119] *Économie politique chrétienne*, ibid, t. I, p.101.

[120] *Économie politique chrétienne*, ibid, t. III, p.583.

Nous pouvons simplement ajouter que l'auteur de l'*Economie politique chrétienne* participe de la grande tension philosophique qui déchire le catholicisme social : celle qui oppose terme à terme la liberté à la vérité. La liberté telle qu'elle se dessine dans les positions anglaises, est une valeur en elle-même sans autre finalité, ni sans autre transcendance : on n'est pas **libre pour** mais **libre de**. La conséquence en est le refus de définir le contenu de la liberté. Or, l'Église ne peut renoncer à l'exigence de la vérité : la vie humaine a un sens, la liberté est donc une flèche tirée vers cette vérité qui la transcende. Comment concilier les nouveaux contenus de la liberté avec cette exigence de vérité?

Justement les valeurs religieuses sont très présentes dans l'ouvrage de Villeneuve-Bargemont : puisque la misère est une punition divine, le pauvre ne peut sortir de sa condition qu'en recherchant son salut à travers le travail et le respect des vertus chrétiennes. Il doit combattre sa démoralisation par un retour vers la religion, qui seule peut lui permettre de sauver son âme. Ainsi, Villeneuve-Bargemont prône l'instauration d'une société véritablement chrétienne. Un élément fondamental de cette société religieuse reste la charité (car il y a une vérité de l'existence) : il la distingue de l'aumône qui, selon lui, est donnée à mauvais escient ce qui favorise la paresse. La charité doit se concentrer sur les pauvres qui ne peuvent pas travailler, les invalides : vieillards, enfants, malades, infirmes, orphelins, enfants trouvés et abandonnés, aliénés, aveugles, sourds-muets... Il recommande aux riches d'être charitables et aux ouvriers-pauvres d'entreprendre une régénération morale qui doit leur permettre de prendre conscience de la nécessité de l'inégalité sociale. Ce n'est qu'ainsi qu'une lutte perpétuelle et destructrice de l'ordre social pourra être évitée.

Par opposition à l'économie politique anglaise, Villeneuve-Bargemont propose de définir une économie politique chrétienne qui doit s'appuyer sur le renforcement de la religion (favorisant l'abstinence et le célibat religieux), la charité, le travail, l'instruction, la modération des besoins... Ce dernier aspect est essentiel car l'auteur reproche à l'économie politique "classique" de créer des besoins et des jouissances, sans donner aux ouvriers les moyens de les satisfaire ou de les assouvir. Il présente cette constatation comme un paradoxe : à cause de leurs bas salaires justifiés pour augmenter le profit de l'entrepreneur, les ouvriers ne peuvent acquérir ces nouveaux produits qu'ils contribuent à mettre sur le marché. Le paradoxe s'accroît lorsqu'on souligne que la classe ouvrière est la plus nombreuse. Aussi, Villeneuve-Bargemont pense que le salaire des ouvriers est trop bas, car ceux-ci ont tout juste de quoi survivre. Il parle de leur donner "un salaire un peu plus que suffisant pour vivre"[121]. L'Etat doit garantir une sorte de salaire minimum qui permettrait aux ouvriers d'avoir la possibilité d'épargner. Il ne comprend pas le reproche couramment adressé aux ouvriers de ne pas épargner : comment le pourraient-ils alors que leurs maigres ressources sont entièrement consacrées à la satisfaction de leurs besoins de première nécessité? Pour Villeneuve-Bargemont, l'égoïsme et l'avidité ont rompu un équilibre que la charité et la morale doivent rétablir. En effet, la diffusion de la religion, des lumières de l'instruction et des principes moraux permet de "substituer à l'exploitation de l'intérêt l'impulsion plus noble et plus douce de la charité et avertir(ont) enfin les ouvriers des bienfaits de l'instruction, des bonnes mœurs, du travail et de la prévoyance"[122].

L'*Economie politique chrétienne* est un livre très long, coupé par de nombreuses citations, bourré de chiffres dont on ignore souvent les sources, et où la morale a un rôle essentiel dans le système mis en place. D'ailleurs, pour faire bonne mesure, dès la première page, l'auteur avait mis en exergue une citation de Burke qui indique d'emblée quelles sont ses propositions pour tenter de remédier au fléau du paupérisme : "Il faut recommander la patience, la frugalité, le travail, la sobriété et la religion. Le reste n'est que fraude et mensonge." Le moralisme ne peut pas être plus présent que cela. Ainsi, comme tous les penseurs qui interviennent dans ce débat, il déplore la

[121] *Économie politique chrétienne*, ibid, t. I, p.281.

[122] *Économie politique chrétienne*, ibid, t. III, p.370.

dégradation morale des ouvriers, ce qui le conduit à utiliser un modèle rhétorique de stigmatisation du pauvre qui reprend des thèmes très répandus à l'époque : ignorance, mauvaises mœurs, alcoolisme, paresse, imprévoyance... Le relâchement des principes moraux et religieux apparaît comme très explicatif du paupérisme. Par exemple, il dénonce violemment le goût des ouvriers pour la boisson forte qui peut les conduire à vendre leurs effets ou à utiliser la charité pour le satisfaire. Pour lutter contre cette tendance dévastatrice de l'homme, il propose l'instauration de sociétés de tempérance. Ou encore, conformément aux idées en cours dans ce premier XIXème siècle, il pense que le refus du travail est le fruit de la fainéantise et de l'immoralité. Alors que dans la réalité, le chômage jette périodiquement dans l'indigence totale une population importante, il n'en tient pratiquement pas compte. Il se dégage, là aussi, une grosse différence d'appréciation de la situation par rapport à Tocqueville. Certes, le moralisme est présent dans les analyses de Tocqueville, mais il ne considère jamais que la déchéance morale de l'ouvrier puisse être à l'origine de sa misère.

Avec Villeneuve-Bargemont, c'est le modèle manchestérien qui frappe, avec fracas, les imaginations des penseurs français. Ce modèle fait peur car la France apparaît irrésistiblement attirée vers cette civilisation anglaise sans vouloir pour autant laisser sur le bord de la route un grand nombre de pauvres. En pleine mutation, la France a peur de l'avenir, ce qui explique la nostalgie de l'auteur de l'*Economie politique chrétienne* et des solutions qu'il préconise... Plus profondément encore, derrière la condamnation morale de Villeneuve-Bargemont, paradoxalement, existe une foi immense, presque démesurée en l'homme et même dans les masses. En effet, par l'exemple et la prédication chrétienne, l'homme parviendra à voir où est son salut et à refuser ce nouvel ordre des choses qu'il lui est proposé : cette société industrielle où il va se perdre, s'avilir, s'anéantir. Cet appel à la miséricorde et au salut, expression d'une foie acculée, témoigne aussi d'une confiance dans le destin historique du peuple chrétien, de sa morale et de son éthique comme force susceptible de cimenter le corps social.

Toutefois, l'ouvrage de Villeneuve-Bargemont véhicule un certain nombre de préjugés à la fois propres à son époque et dus à son orientation intellectuelle légitimiste. Car les opinions (au sens de Bachelard, c'est-à-dire comme obstacles épistémologiques) n'ont, bien sûr, pas besoin d'être appuyés par la réalité : les statistiques et les cartes que produit l'auteur en attestent. Avant de proposer ses moyens de lutte contre le paupérisme, il veut en connaître exactement l'ampleur. Mais ce sont les causes du paupérisme qu'il a bien voulu identifier, qui orientent ses statistiques. Ne tenant compte que des chiffres allant dans son sens, ses tableaux et ses cartes servent seulement sa démonstration. Plusieurs biais statistiques entachent donc son dénombrement des pauvres. Tocqueville ne s'en méfiera pas davantage et reprendra les chiffres, tombant dans le travers dénoncé en ce début de chapitre[123]. Tocqueville montre ici combien il croit en l'adéquation entre les mots (en l'occurrence, les chiffres) et les choses. Cela dit, est aisément compréhensible la méprise de Tocqueville car Villeneuve-Bargemont met en avant une telle précision dans ses chiffres que cela semble être la garantie d'une objectivité sans failles. L'apparente exactitude serait une source de légitimité... Villeneuve-Bargemont propose le recensement suivant : 3 900 000 pauvres (1/6 de la population) en Angleterre. Quant à la France, elle compterait environ 1 586 340 pauvres au 1er janvier 1830 (y compris 198 183 mendiants) soit 1/20 de la population en France, mais il ajoute que le chiffre a dû doubler depuis les événements de Juillet 1830.

Agrarien inconditionnel, Villeneuve-Bargemont ne considère que la pauvreté industrielle et trace d'extraordinaires cartes ombrées de l'Europe; l'Angleterre, y est accablée de noirceur, croulant sous le poids des indigents et des mendiants, et ce à juste titre, alors que la Russie tsariste (encore entièrement agricole) apparaît comme le paradis de l'abondance, ce qui est plus surprenant... de même, l'Espagne catholique et arriérée est-elle relativement préservée, - comme s'il s'agissait d'une terre bénie - alors que l'auteur lui-même, en sa qualité

[123] O.C, XVI, p. 143, note c.

d'administrateur napoléonien, est passé à Barcelone dont il a constaté l'extrême misère locale. Mais sans doute la misère plus ou moins secourue par le clergé catholique n'est-elle plus la misère? En fait, l'auteur offre l'exemple le plus typique des effets désastreux d'une certaine partialité. N'oublions pas que l'enjeu est de taille : l'auteur veut fonder une économie politique chrétienne. Il faut donc convaincre. D'ailleurs, plus que des problèmes de méthode, il semblerait que cette attitude relève de la "malhonnêteté intellectuelle" : les contrastes permettent de justifier les solutions de l'auteur. Son besoin de démontrer et de prescrire conduit à ces effets pervers. La précision est seulement apparente, et loin d'être scientifique, elle est là pour servir un discours et donner du poids à une idéologie. Cette fausse légitimité intellectuelle qu'il tente de se donner doit servir de repoussoir au modèle industriel britannique qui déferle en Europe et risque d'anéantir le monde chrétien. Dès lors, il peut proclamer que seul le retour à une société agricole et fortement imprégnée de valeur religieuse peut permettre de préserver la nation du paupérisme.

Selon un schéma désormais connu, Villeneuve-Bargemont, comme la plupart des penseurs du paupérisme, propose des solutions concrètes pour tenter de l'éradiquer. Tout d'abord, il prône l'intervention de l'Etat[124]. Il souhaite, nous avons vu, l'engagement de l'Etat pour permettre une remise à niveau des salaires, mais il se prononce également en faveur de son intervention pour remettre de l'ordre dans la charité. Au sein des classes ouvrières, ignorance, immoralité et imprévoyance sont des causes immédiates d'indigence. D'où la nécessité de prendre des mesures législatives en vue d'organiser une instruction morale et religieuse, donnée gratuitement avec obligation d'en profiter, pour restituer les sentiments religieux et les habitudes de tempérance. L'Etat doit également établir l'épargne obligatoire et un programme afin de rendre salubres les logements. Pour Villeneuve-Bargemont, seule l'introduction de la charité chrétienne dans la politique, dans les lois, dans les institutions et les mœurs peut préserver l'ordre social des effroyables dangers qui le menacent. Ainsi, il pense

[124] *Économie politique chrétienne*, ibid, t. III, p.170-171.

nécessaire d'obliger les entrepreneurs à verser des cotisations pour le soulagement des ouvriers malades. (Sismondi proposait déjà cette solution). De plus, il faut établir des sortes de corporations ouvrières favorisant l'esprit d'association, fondées sur le principe des secours mutuels[125].

Toutefois, c'est dans l'établissement des colonies agricoles que le gouvernement exercera l'action la plus efficace. Doté d'un esprit pratique, en prenant bien soin d'étudier les aspects législatifs et financiers de la question, Villeneuve-Bargemont propose un système élaboré pour établir des colonies agricoles. Il y voit le grand remède à la misère. Il s'agirait d'affecter des pauvres sur une terre inculte pour la défricher. Assujettis à une sévère discipline, ceux-ci trouveraient dans le produit de leur travail le moyen de subvenir à leurs dépenses. Mais, là encore, il convient de contribuer à la régénération morale du pauvre par le travail. Nous verrons qu'après une brève hésitation, Tocqueville finit par rejeter ce modèle : forcer le pauvre au travail n'est pas, pour lui, une solution.

Villeneuve-Bargemont préconise donc l'installation des indigents sur des terres non cultivées. Passer par l'agriculture constitue, à son sens, le moyen le plus sûr d'obtenir le bien-être des classes inférieures. Duroselle nous apprend que l'influence de l'auteur est certaine sur ce point[126]. Par exemple, Louis-Napoléon Bonaparte, dans son ouvrage *Extinction du paupérisme* (1845), s'inspirant très certainement des travaux de Villeneuve-Bargemont (ou au moins des mêmes sources), se rallie également à cette solution agraire. C'est le cas également de Huerne de Pommeuse, *Des colonies agricoles*, 1832 et du Baron Bigot de Morogues, *Du paupérisme et de la mendicité*, 1836. Mais les résultats concrets furent minces et les applications pratiques peu nombreuses. Dès le début de la seconde moitié du XIXème siècle, les élites intellectuelles commencent à douter du succès des colonies agricoles. Paul de

[125] *Économie politique chrétienne*, ibid, t. III, p.156.

[126] *Les Débuts du catholicisme social*, par Duroselle, P.U.F, Paris, 1951, p.603-604.

Thury écrit dans les *Annales de la Charité* : "Généralement en France, on a fait (...) un grand abus de l'idée de colonies agricoles, et on les a présentées comme devant être un moyen merveilleux de faire disparaître la misère (...). On partait de là pour s'appuyer sur quelques banalités comme celles-ci : l'agriculture manque de bras, l'industrie en regorge, pour proposer des systèmes qui devaient rattacher à la terre les populations qui s'en éloignent...pour transporter dans les champs le trop plein des villes. On devait ainsi faire disparaître le paupérisme"[127]. Après 1860, il n'est pour ainsi dire plus question des colonies agricoles. L'article essentiel du programme de Villeneuve-Bargemont s'est révélé inapplicable.

Si nous devions, d'ores et déjà, évaluer les positions de Tocqueville par rapport à celles de l'*Economie politique chrétienne*, il nous faudrait signaler une intéressante proximité de vue. Sur les trois causes principales d'indigence que Villeneuve-Bargemont dénombre : l'immoralité du peuple (paresse, inconduite...), le développement du monde industriel et la mauvaise politique philanthropique (une charité donnée sans discernement), le rédacteur de *De la Démocratie en Amérique* rejoint complètement le penseur chrétien sur les deux derniers points. Ce livre est donc bien celui qui influence le plus directement la pensée de Tocqueville sur le paupérisme. D'ailleurs, Jean-Claude Lamberti explique également que la méfiance de Tocqueville à l'égard de l'industrie et de ses excès provient de l'étude de Villeneuve-Bargemont. Effectivement, dans son *Mémoire sur le paupérisme*, Tocqueville n'hésite pas à lier misère et industrialisation. Mais Lamberti[128] décèle également une autre convergence de pensée qui se fait jour dans le refus de l'individualisme étroit professé par des économistes libéraux de l'époque, comme Dunoyer ou Bastiat, et, plus encore, un refus de leur vision optimiste de l'homme et de la société.

Pour notre travail, il est significatif que Tocqueville ait préféré

[127] *Les Annales de la charité*, 1851, p.576.

[128] *Tocqueville et les deux révolutions*, par Lamberti, ibid, p.230.

l'influence de Villeneuve-Bargemont à celle de Say. D'ailleurs, nous pouvons rappeler, que Tocqueville ne retient pas la qualification du marché de Say. Il a déjà l'intuition que la régulation spontanée ne peut permettre de résoudre tous les problèmes. Nous verrons qu'il a pu en trouver la confirmation d'abord, en voyageant en Angleterre et, ensuite, en se consacrant à la lecture d'autres ouvrages que celui de Villeneuve-Bargemont. Par exemple, dans son abrégé, Blanqui explique que "l'intérêt privé, libres d'entraves, lui semblait devoir toujours déterminer l'emploi des capitaux le plus favorable à la communauté, puisqu'il était profitable aux entrepreneurs. Cette doctrine qui a prévalu en Angleterre et qui a donné à l'industrie une impulsion extraordinaire, commence néanmoins à porter des fruits amers; elle a créé des richesses immenses, à côté d'une affreuse pauvreté; elle a enrichi la nation, en traitant souvent bien cruellement une partie de ses citoyens"[129]. Il peut également entériner l'idée que l'économie politique prend une orientation différente de l'économie libérale à la lecture de l'étude de Droz intitulé *Économie politique ou principes de la science des richesses* (1829)[130]. Cet ouvrage n'est pas dans la bibliothèque de Tocqueville mais une note des éditions de la pléiade précise que notre auteur l'a sûrement lu. Droz y explique notamment que les économistes libéraux dénaturent le véritable objectif de l'économie politique. Selon lui, il ne faut pas prendre "les richesses pour un but, elles sont un moyen : leur importance résulte du pouvoir qu'elles ont d'apaiser des souffrances, et les plus précieuses sont celles qui

[129] *Histoire de l'économie politique en Europe depuis les Anciens jusqu'à nos jours*, ibid, t. 2, p.145.

[130] Œuvre Complète, Bibliothèque de la Pléiade, Tome I, Gallimard, Paris, 1991, in "Écrits académiques", p.1226. Cette remarque a d'autant plus de chance de se révéler exacte que Tocqueville possédait dans sa bibliothèque un autre livre de cet auteur qu'il a croisé dans les travées de l'Académie des sciences Morales et Politiques : ***Histoire du Règne de Louis XVI pendant les années où l'on pouvait prévenir ou diriger la révolution française***, 3 vol, Paris, 1839 dédicacé de la façon suivante : "Offert à mon honorable et cher confrère, Monsieur de Tocqueville D." Tocqueville a sûrement eu des échanges sur les théories économiques avec Droz

servent au bien-être du plus grand nombre d'hommes"[131].

Outre l'ouvrage très important de Villeneuve-Bargemont, Tocqueville possède dans sa bibliothèque une autre étude qui traite directement de paupérisme. Il s'agit *Des classes dangereuses de la population dans les grandes villes, et des moyens de les rendre meilleures*[132], qui a sûrement contribué à renforcer la méfiance de Tocqueville à l'égard des masses révoltées. En effet, nous verrons, tout au long de notre travail, que notre auteur appréhende négativement les foules. Nous pourrons expliquer de nombreuses réflexions de Tocqueville en gardant en mémoire son hostilité aux mouvements populaires. Il a vraisemblablement trouvé dans le livre de Frégier de nouveaux arguments pour dénoncer le désordre[133].

---

[131] *Économie politique ou principes de la science des richesses*, par Joseph Droz, J. Renouard, Paris, 1829, p.387. D'autre part, notons que Blanqui vantait les mérites de l'étude économique de Droz en ces termes : "il s'agit d'un traité élémentaire le plus clair, le plus élégant et le plus méthodique que nous connaissions. Il a beaucoup contribué à populariser en France l'étude de l'économie politique." (*Histoire de l'économie politique*, ibid., p.448.). Par conséquent, s'il est presque sûr que Tocqueville n'a pas lu ce livre dès sa parution, notre auteur l'a très certainement consulté par la suite.

[132] *Des classes dangereuses de la population dans les grandes villes, et des moyens de les rendre meilleures* par H. A. Frégier, ouvrage récompensé en 1838 par l'Institut de France, J.B. Baillière, Paris, 1840. Tocqueville avait conservé un autre ouvrage de cet ancien chef du bureau de la préfecture de la Seine qui s'intitulait : *Histoire de l'admnistration de la police de Paris de Philippe Auguste jusqu'aux États généraux de 1789, ou Tableau moral et politique de la ville de Paris dans ses rapports avec l'action de la Police*, 2 tomes, Guillaumin, Paris, 1850. Cependant, la date de publication de ce dernier est trop tardive pour avoir pu influencer les prises de position de Tocqueville sur le thème de la pauvreté.

[133] Frégier ne présente pas une thèse originale au XIXème siècle. Par exemple, Pierre Bigot de Morogues utilisait cet argument dans son livre *Du paupérisme, de la mendicité et des moyens d'en prévenir les funestes effets*, ibid, p.55.

Pour Frégier, la pauvreté entraîne une grande partie de la population au crime, et notamment au vol afin d'assurer son existence. L'indigence obligerait à ne pas respecter les normes sociales et deviendrait une explication des comportements déviants. Ainsi, alors que le sujet, au départ de son livre, est l'étude des classes dangereuses, l'auteur ne réussit pas à sortir de l'amalgame avec les classes laborieuses. Le monde criminel n'est plus un monde à part, car selon lui, les classes pauvres sont les "pépinières productives" des classes dangereuses[134]. En fait, conformément à la pensée dominante, Frégier perçoit la population pauvre comme désordonnée et ne respectant pas les valeurs morales. S'emparant d'une rhétorique répandue au XIXème siècle, il lui reproche sa paresse et son oisiveté : "Du moment que le pauvre, livré à de mauvaises passions, cesse de travailler, il se pose comme ennemi de la société, parce qu'il en méconnaît la loi suprême, qu'est le travail."[135] Cependant, il est bien obligé de reconnaître que le travail ne suffit plus à préserver le pauvre de la dégradation morale. Il semblerait même qu'il encourage les tendances vicieuses des ouvriers. Avec stupeur, le siècle libéral est contraint d'observer la coexistence du travail et du vice[136]. Les mœurs du travailleur

---

[134] "Les classes pauvres et vicieuses ont toujours été et seront toujours la pépinière la plus productive de toutes les sortes de malfaiteurs : ce sont elles que nous désignerons plus particulièrement sous le titre de classes dangereuses (...) Lors même que le vice n'est pas accompagné de la perversité, par cela qu'il s'allie à la pauvreté dans le même individu, il est juste un sujet de crainte pour la société, il est dangereux." (*Des classes dangereuses de la population dans les grandes villes, et des moyens de les rendre meilleures*, ibid, t. I, p.7.). On voit combien le XIXème siècle représente une époque empreinte de moralisme. De nombreux clichés idéologiques circulent...

[135] *Des classes dangereuses de la population dans les grandes villes, et des moyens de les rendre meilleures*, ibid, t. I, p.7. Cette rhétorique se veut efficace : dénoncer avec force les comportements condamnables. Mettre en avant la désapprobation sociale afin d'empêcher le développement des conduites répréhensibles.

[136] La théorie libérale, exposée dans la première partie, insiste sur la valeur du travail.

rendraient celui-ci facteur d'instabilité sociale et de désordre[137].

Frégier a écrit son livre pour répondre à une question de l'Académie des Sciences morales et politiques. Comme nous l'avons déjà mentionné, cet organisme officiel a exercé une impulsion décisive dans le développement des connaissances qui se rapportent à la question du paupérisme. Tocqueville devient membre de cette institution en 1838. Sa culture sur la question sociale a dû bénéficier de ce foisonnement d'ouvrages. Ainsi, on peut envisager (d'une façon hypothétique) que Tocqueville a entamé la lecture du livre de Buret, *De la misère des classes laborieuses en Angleterre et en France* qui reçoit la plus haute récompense au concours organisé par cette institution en 1840 sur le thème évocateur suivant : "En quoi consiste la misère, par quels signes elle se manifeste en divers pays, quelles sont ses causes?". Ce livre de Buret est l'un des plus remarquables qui soit paru sur la question de la misère au XIXème siècle. Cette citation particulièrement explicite, peut en être extraite : "Avant de prêcher aux ouvriers la prévoyance, la sagesse et la sobriété, il faut s'occuper de les soustraire aux circonstances économiques au milieu desquelles ils vivent, et qui leur conseillent l'imprévoyance, le libertinage et l'ivrognerie"[138].

[137] Il est intéressant de noter que Tocqueville, comme d'autres auteurs de l'époque tel que Buret, ne se laisse pas prendre par un thème caractéristique de son temps : l'alcoolisme du travailleur. C'est un écueil, parmi d'autres, auquel il échappe, dans une époque aussi empreinte de moralisme. Frégier, par contre, dénonce la "liqueur forte", comme une tentation contre laquelle l'ouvrier a du mal à résister. En buvant, il perd ses forces, sa raison et ses économies. C'est, bien sûr, parce que ses conditions de vie et de travail sont épouvantables que l'ouvrier se plonge dans l'alcool. Ne pas voir comment sa situation pourrait évoluer favorablement finit de le convaincre.

[138] Buret, *De la misère des classes laborieuses en Angleterre et en France*, ibid., t. I, p.251. Notons que le travail de Villermé était également programmé dans le cadre des activités de l'Académie des Sciences Morales et Politiques (*Tableau de l'état physique et moral des ouvriers employés dans les manufactures de coton, de laine et de soie* (1840)).

Plus hypothétique encore est la lecture de Tocqueville du *Projet d'une dîme royale qui supprimait la taille* (1707) de Vauban. Cependant, nous pensons qu'il a dû consulter avec un certain intérêt ce petit travail où son auteur fait des propositions à Louis XIV pour rendre le système fiscal du royaume plus efficace. Tout d'abord, Vauban est un lointain aïeul de Tocqueville. Ce dernier possède, dans son cabinet de travail, au Château de Tocqueville, "dans un médaillon, au-dessus de la cheminée lambrisée de chêne, le portrait de Vauban"[139]. Ensuite, la bibliothèque de Tocqueville contient ce texte important pour l'histoire de la pauvreté. Avant la formation de l'économie politique, Vauban, grand commis et loyal serviteur de l'Etat, utilise un raisonnement quasi économique. Il dénonce la fiscalité traditionnelle (tailles, aides, douanes provinciales...) et suggère au roi de passer outre les privilèges en percevant directement une contribution unique proportionnelle aux revenus. C'est avant tout une démarche de rationalisation et d'efficacité qui conduit Vauban à énoncer le constat de la pauvreté immense existant dans le Royaume : "Il est certain que ce mal est poussé à l'excès et que si l'on n'y remédie, le menu peuple tombera dans une extrémité dont il ne se relèvera jamais; les grands chemins de la campagne et les rues des villes et des bourgs étant pleins de mendiants que la faim et la nudité chassent de chez eux (...) j'ai fort bien remarqué que dans ces derniers temps, près de la dixième partie du peuple est réduite à la mendicité, et mendie effectivement; que des neuf autres parties, il y en a cinq qui ne sont pas en état de faire l'aumône à celle-là, parce qu'eux-mêmes sont réduits, à très peu de chose près, à cette malheureuse condition (...)"[140].

Vauban montre que les ponctions fiscales contribuent à une vulnérabilité de masse. Après des calculs primaires fondés sur une observation qu'il généralise, il se rend compte qu'un

139 *Dans l'intimité de Tocqueville* par Pierre Leberruyer (sans référence, consulté au Centre de recherches politiques Raymond-Aron de l'École des Hautes Études en Sciences Sociales, 105 boulevard Raspail 75006 Paris), p.26.

140 *Projet d'une dîme royale*, Paris, 1707, p.2-3-4.

nombre très important de familles[141] a de grandes difficultés à boucler son budget. Vauban formule pourtant l'hypothèse minimaliste que le poste alimentation ne dépend presque que du pain. La conclusion est alors aussi surprenante que lucide : les impôts sont trop lourds. Aussi, propose-t-il d'alléger le taux d'imposition (un trentième au lieu d'un dixième) aux couches défavorisées de la population, la fiscalité pesant le plus lourdement sur les plus riches. La société a, en effet, besoin du travail de ses pauvres, et il faut éviter qu'ils soient décimés par la misère... Il s'agit d'un problème récurrent en France où il y a un plus grand investissement en travail qu'en capital. Plus que la remise en cause des privilèges, Vauban entre dans une logique d'efficacité économique qui doit conduire à combattre la misère de masse. Sortant de l'approche mercantiliste, alors dominante, il introduit le fait que la science économique ne saurait se limiter à dresser l'inventaire des richesses du pays, elle doit aussi avoir pour objectif d'aider l'Etat à concilier son propre intérêt avec celui des créateurs de richesses sans lesquels il ne pourrait subsister.

Non seulement Tocqueville possède cet ouvrage de Vauban, mais nous avons pu aussi remarquer une connivence de pensée entre les deux auteurs. En effet, en 1847, Tocqueville propose à un groupe parlementaire qui se fait appeler la "jeune gauche", une réforme fiscale favorable aux plus démunis. A l'instar de Vauban, il préconise une fiscalité pesant moins lourdement sur les moins nantis et une taxation proportionnelle aux revenus. Comme Vauban, Tocqueville a un objectif d'efficacité : il désire lutter contre le désordre social, c'est-à-dire contenir les masses laborieuses et inférieures. Nous y reviendrons...

Pour finir, notons aussi que Tocqueville a continué jusqu'à la fin de sa vie à s'intéresser à la question sociale (plus qu'aux problèmes économiques). Nous retrouvons notamment dans sa

141 L'auteur s'intéresse notamment aux deux groupes de travailleurs les plus nombreux qui sont également les plus pauvres : "les simples artisans" et les "manouvriers" (les paysans, sans terre, "n'ayant que leurs bras" qui travaillent à la journée).

bibliothèque le livre de Pashley Robert intitulé *Pauperiam and Poor law* (London, 1852).

2-*Le cadre existentiel et intellectuel de Tocqueville*

L'œuvre d'Alexis de Tocqueville (1805-1859) ne nous apparaît pas intelligible en dehors du cadre intellectuel dans lequel il pense. Il ne s'agit pas de refaire une biographie de notre auteur, mais plutôt d'éclairer les fondements intellectuels de ses réflexions.

Un événement familial mérite, cependant, d'être rapporté, tant il semble avoir influencé bon nombre des positions de cette "conscience du milieu du siècle"[142] : à la fin de 1793, les Tocqueville, vieille famille noble de Normandie, trouve refuge dans le Château de Malesherbes afin de se préserver de l'agitation révolutionnaire. Mais, sous la Terreur, ils sont arrêtés avec Malesherbes. Si ce dernier est exécuté, les parents de Tocqueville échappent à l'échafaud. Après un séjour en prison, ils bénéficient de la chute de Robespierre. Les parents d'Alexis ne réagissent pas de la même façon à cette situation dramatique. Son père continue, malgré cet épisode douloureux, de concevoir la Révolution avec une certaine sympathie et reste un noble aux idées avancées attiré, notamment, par la philosophie des Lumières. Il demeure fidèle à sa conviction que l'Ancien Régime avait péri en raison de son incapacité à lier la Monarchie et "l'esprit du temps", notamment celui de la liberté que la noblesse aurait pu incarner. Par contre, sa mère est fortement ébranlée et ce souvenir familial contribue à augmenter son angoisse devant la modernité et renforce son attachement, déjà profond, à une tradition légitimiste.

Bien que se déroulant avant sa naissance, les biographes de Tocqueville[143] expliquent que cet épisode de la captivité

---

[142] Article "Tocqueville" in *Encyclopédie Universalis*, p.144.

[143] Par exemple, *Tocqueville (1805-1859)* d'André Jardin, Hachette pluriel, Paris, 1984 ou encore, *Tocqueville et les deux démocraties* de Lamberti (ibid).

familiale a une incidence certaine sur la façon dont il a pu apprécier les événements de son temps. Les fréquentes évocations de la terreur révolutionnaire sensibilisent au désordre politique et social l'auteur des *Souvenirs* qui va, désormais, cultiver une crainte des mouvements révolutionnaires. D'ailleurs, la thèse principale de l'*Ancien Régime et la Révolution* : pourrait trouver là son origine : les transformations dues à 1789 auraient pu être acquises sans la Révolution. Pour Tocqueville, l'obtention légitime des résultats fondamentaux de la Révolution était envisageable par une autre méthode; la liberté aurait été conquise plus lentement, mais sans violence[144].

Les biographes de Tocqueville pensent qu'il a reçu de sa mère une certaine propension à l'inquiétude qui se traduit, chez lui, par une hantise des mouvements de foule. Tocqueville nourrit une sorte de haine contre les masses révoltées qui semble avoir conditionné toutes ses réflexions d'homme ou de penseur politique. Dans *De la Démocratie en Amérique*, si la classe moyenne gagne les faveurs de l'auteur, c'est essentiellement parce que cette catégorie sociale est un élément stabilisateur. Elle n'est pas attirée par une Révolution, pour laquelle elle n'a, en outre, aucun intérêt. Nous verrons également que les positions de Tocqueville sur le paupérisme sont fortement influencées par le rejet de l'instinct révolutionnaire. Il faut y voir la volonté constante de maintenir l'ordre et le déchaînement du peuple. De même, nous observerons que ses initiatives parlementaires, notamment en matière sociale, sont souvent guidées par le désir de répondre à sa peur politique.

Nous avons laissé entendre que le père de Tocqueville était un noble "éclairé". Il reste cependant fidèle au loyalisme traditionnel que sa famille vouait à la Couronne. Ancré dans un légitimisme qu'il tente de tempérer, il ne s'ouvre pas

[144] "Tout ce que la révolution a fait se fût fait, je n'en doute pas, sans elle; elle n'a été qu'un procédé violent et rapide à l'aide duquel on a adapté l'état politique à l'état social, les faits aux idées et les lois aux mœurs" in *L'état social et politique de la France avant et depuis 1789*, O.C, II, 1, p.65-66.

complètement aux nouvelles valeurs. C'est dans ce cadre que le jeune Alexis se forge ses premières idées politiques. Son éducation reste principalement attachée à un légitimisme sociologique. Sa rencontre avec les philosophes des Lumières est alors décisive. En effet, à l'âge de seize ans, il consulte les ouvrages de Montesquieu, Rousseau et Voltaire qu'il trouve, à Metz, dans la bibliothèque préfectorale de son père. Sur la fin de sa vie, dans une célèbre lettre à Mme Swetchine, Tocqueville confesse le "doute" qui l'a envahi à la lecture de ces auteurs du XVIIIème siècle. Il formule ainsi la remise en question de son âme : "Alors le doute y entra, ou plutôt s'y précipita avec une violence inouïe, non pas seulement le doute de ceci ou de cela, mais le doute universel"[145]. Tocqueville subit bien sûr une crise religieuse, mais peut-être plus profondément, faut-il également y voir une remise en cause des valeurs passéistes du monde aristocratique, apprises dans son enfance. En tout cas, de ce moment là, il n'a plus de certitude : il se situe entre deux mondes : le monde aristocratique de ses origines familiales et le monde en train de se construire sur des bases démocratiques, que sa raison l'entraîne à adopter.

Tocqueville s'engage donc résolument au-delà des convictions de son père. Il tente cependant le plus longtemps possible de concilier les valeurs héritées de son éducation familiale avec ses nouveaux horizons. Il est alors écartelé entre ses affections familiales et sa perspicacité. Il se rend compte de la difficulté d'une telle entreprise lors du serment de 1830 qu'il doit prononcer en tant que magistrat. Dans ses *Souvenirs*, il explique ne pas avoir pu retenir quelques larmes devant le spectacle de la déchéance de Charles X. Il choisit toutefois de se rallier à Louis-Philippe : "J'avais ressenti jusqu'à la fin pour Charles X un reste d'affection héréditaire. Mais ce roi tombait pour avoir violé des droits qui m'étaient chers, et j'espérais encore que la liberté de mon pays serait plutôt ravivée qu'éteinte par sa chute"[146]. A cette occasion, Tocqueville

[145] Lettre de Tocqueville à Mme Swetchine, 26 février 1857, O.C., XV, 2, p.315.

[146] O.C., XII, p.86.

répudie définitivement son légitimisme. Pourtant, tout en s'éloignant des valeurs aristocratiques, il n'arrive pas à rompre complètement avec son origine : tout au long de sa vie, il restera un homme de condition, une sorte d'aristocrate par les manières[147].

En effet, Tocqueville mène une existence toute seigneuriale dans le Château de Tocqueville en Normandie[148]. Mais son aristocratie se traduit surtout par un sens très vif des responsabilités publiques. Il reçoit de son père le sentiment que le privilège de la naissance s'accompagne d'une exigence envers soi-même mais surtout de devoirs envers les autres. Tocqueville développe alors l'idée que la vie bonne est celle qui permet de s'occuper des autres. Notamment de ceux qui ont une condition inférieure. Dès lors, il considère que sa supériorité sociale, issue d'un héritage, lui confère plus de devoirs que de droits. Nous verrons, un peu plus loin, que Tocqueville s'est toujours efforcé de faire la charité auprès des plus démunis de son village. C'est également sous cet angle qu'il faut concevoir son "paternalisme social". Un savoureux événement conté par Tocqueville dans ses *Souvenirs* illustre notre propos. Il raconte comment l'ensemble de la population de Tocqueville forma spontanément un cortège avant de se rendre à pied au bourg voisin : "Tous ces hommes se mirent à la file deux par deux, suivant l'ordre alphabétique; je voulus marcher au rang que m'assignait mon nom, car je savais que dans les pays et dans les temps démocratiques, il faut se faire mettre à la tête du peuple et non s'y mettre soi-même. (...) Arrivés au haut de la colline qui domine Tocqueville, on s'arrêta un moment; je sus qu'on désirait que je parlasse. Je grimpai donc sur le revers d'un fossé, on fit cercle autour de moi et je dis quelque mots que la circonstance m'inspira. Je

[147] C'est cette situation qui a permis à Rémusat d'écrire de Tocqueville qu'il "dédaignait le légitimisme sans haïr les légitimistes", in *Mémoires de ma vie*, Plon, Paris, 1958-1967, t. IV, p.44-46.

[148] En janvier 1836, suite à un partage des propriétés familiales, dû au décès de sa mère, Alexis reçoit le Château de Tocqueville et le titre de comte qui y est joint. Il refusera toujours de l'utiliser.

rappelai à ces braves gens la gravité et l'importance de l'acte qu'ils allaient faire; je leur recommandai de ne point se laisser accoster ni détourner par ceux qui, à notre arrivée au bourg, pourraient chercher à les tromper; mais de marcher sans se désunir et de rester ensemble, chacun à son rang, jusqu'à qu'on eût voté. "Que personne, dis-je, n'entre dans une maison pour prendre de la nourriture ou pour sécher (il pleuvait ce jour là) avant d'avoir accompli son devoir." Ils crièrent qu'ainsi ils feraient, et ainsi ils firent"[149].

Si Tocqueville se retrouve devant le cortège, c'est parce qu'il suppose que ses concitoyens lui ont demandé de le faire. Cette action reste tout de même paternaliste, mais le fait que Tocqueville ne tente pas d'imposer sa condition doit nous faire percevoir différemment sa noblesse. Il ne met pas en avant sa naissance (et les "privilèges" qui vont avec) mais cherche à se faire voir comme notable. Si, sa supériorité reconnue, il accepte d'en faire usage en prononçant quelques mots, c'est pour se conformer à ses devoirs et répondre à ses obligations. Ce rôle de gentilhomme rural lui donne l'occasion de comprendre que le lien social prend la forme de relations interpersonnelles : il se tisse entre les individus de conditions différentes. La condition pour qu'une telle société puisse se consolider, c'est l'oubli de la société d'ordre. Tocqueville évite soigneusement tout geste qui eût pu être interprété comme un retour des privilèges féodaux[150]. Enfin, il condamne la hiérarchie sociale car elle n'est pas compatible avec la mobilité sociale.

Tout au long de son œuvre, Tocqueville explique que le principe inégalitaire se justifie uniquement par une ascension toujours possible. S'il condamne l'aristocratie française, c'est avant tout pour son enfermement : il lui reproche notamment de ne pas ouvrir ses rangs comme le fait l'aristocratie anglaise. Tocqueville voit tout ce qui sépare ces deux formes d'aristocratie, dans l'opposition entre les termes

[149] *Souvenirs*, deuxième partie, chap IV, p.114.

[150] O.C., I, Pléiade, introduction Jardin, p.XXVII.

gentilhomme et **gentleman**. Le premier caractérise le noble bien né alors qu'il suffi d'être bien élevé et riche pour devenir le second[151]. Tocqueville déplore l'esprit de caste de la noblesse française et admire l'aptitude à s'ouvrir à des nouveaux venus de son équivalente britannique. Les nobles anglais reçoivent parmi eux les individus qui parviennent à s'élever dans l'échelle sociale. Tocqueville, défenseur de la mobilité sociale et de l'égalité des chances, est sensible à cette émulation sociale. Au-delà, traversé par des tendances contradictoires, Tocqueville est un "aristocrate rallié à la démocratie"[152]. En effet, à propos de cette dernière, il n'hésite pas à avouer : "je la crois utile et nécessaire et j'y marche résolument, sans hésitation, sans enthousiasme et j'espère sans faiblesse"[153].

---

[151] Dans un article intitulé "aristocratie", daté du 21 août 1833, issu de ses *Notes de voyage en Angleterre*, Tocqueville est particulièrement explicite : "L'aristocratie anglaise a été habile sous plus d'un rapport. D'abord, elle s'est toujours mêlée des affaires du pays, elle s'est mise en avant pour la garantie de ses droits, elle a beaucoup parlé de liberté. Mais ce qui la distingue surtout de toutes les autres, c'est la facilité avec laquelle elle a ouvert ses rangs.(...) Chacun ayant l'espérance d'arriver au nombre des privilégiés, les privilèges rendaient l'aristocratie non pas odieuse mais au contraire précieuse. (La cause qui a rendu l'aristocratie en France le but de toutes les haines ne provient pas tant de ce que les nobles avaient seuls droit à tout, mais de ce que personne ne pouvait devenir noble)." (p.441, O.C., Pléiade, 1) Tocqueville ajoute que l'aristocratie anglaise n'était "pas fondée sur la naissance, chose inaccessible, mais sur l'argent que chacun peut acquérir" (p.442). En 1835, il ajoute dans ses notes (datées entre le 8 Mai et le 24 Juin) prises pendant son séjour à Londres : "L'esprit français est de ne pas vouloir de supérieur. L'esprit anglais de vouloir des inférieurs. Le Français lève les yeux sans cesse au-dessus de lui avec inquiétude. L'Anglais les baisse au-dessous de lui avec complaisance. (...) Cet effet ne vient-il pas seulement de ce que l'Anglais a été habitué à l'idée qu'il pouvait s'élever, le Français non : l'un, pour être quelque chose, a dû alors détruire ce qui était au-dessus de lui, l'autre a pu chercher à gagner ce niveau élevé?" (p.461).

[152] *Tocqueville et les Français*, Françoise Mélonio, ibid, p.9.

[153] Lettre de Tocqueville à Stuart Mill de juin 1835, O.C., VI, 1, p.294.

Mais de son propre aveu, s'il est né trop tard pour être aristocrate, il est sans doute venu au monde trop tôt pour être un fervent démocrate. S'il ne croit plus vraiment aux valeurs sociales du monde aristocratique, il n'arrive pas tout à fait à provoquer en lui la naissance d'un véritable instinct démocratique. Une lettre écrite à Reeve le 22 mars 1837 par Tocqueville lui-même précise sa situation sociale et politique. Nous avons décidé de la citer longuement : "(...) je n'ai qu'une passion, l'amour de la liberté et de la dignité humaine. Toutes les formes gouvernementales ne sont à mes yeux que des moyens plus ou moins parfaits de satisfaire cette sainte et légitime passion de l'homme. On me donne alternativement des préjugés démocratiques ou aristocratiques; j'aurais peut-être eu des uns ou des autres, si j'étais né dans un autre siècle et dans un autre pays. Mais le hasard de ma naissance m'a rendu fort aisé de me défendre des uns et des autres. Je suis venu au monde à la fin d'une longue Révolution qui, après avoir détruit l'Etat ancien, n'avait rien créé de durable. L'aristocratie était déjà morte quand j'ai commencé à vivre et la démocratie n'existait pas encore; mon instinct ne pouvait donc m'entraîner aveuglément ni vers l'un ni vers l'autre. J'habitais un pays qui pendant quarante ans avait essayé de tout sans s'arrêter définitivement à rien, je n'étais donc pas facile en fait d'illusions politiques. Faisant moi-même partie de l'ancienne aristocratie de ma patrie, je n'avais point de haine ni de jalousie naturelle contre l'aristocratie, et cette aristocratie étant détruite, je n'avais point non plus d'amour naturel pour elle, car on ne s'attache fortement qu'à ce qui vit. J'en étais assez près pour la bien connaître, assez loin pour la bien juger sans passion. J'en dirais autant de l'élément démocratique. Aucun souvenir de famille, aucun intérêt personnel ne me donnait une pente naturelle et nécessaire vers la démocratie. Mais je n'en avais reçu pour ma part aucune injure; je n'avais aucun motif particulier de l'aimer ni de la haïr, indépendamment de ceux que me fournissait ma raison. En un mot, j'étais si bien en équilibre entre le passé et l'avenir que je ne me sentais naturellement et instinctivement attiré ni vers l'une ni vers l'autre, et je n'ai pas eu besoin de grands efforts pour jeter des regards tranquilles des deux côtés"[154].

L'héritage intellectuel de Tocqueville se caractérise par une tension entre les valeurs légitimistes et les idées issues des Lumières. En effet, "sa vie politique et intellectuelle s'est organisée, pour l'essentiel, autour de deux convictions héritées de son enfance et solidement formées dès sa première jeunesse: l'amour de la liberté et la haine des révolutions"[155]. En dépit de cette double formation, à priori contradictoire, Tocqueville opte avec conviction pour la liberté. Ainsi, il s'inscrit résolument dans la mouvance du libéralisme politique à la française[156]. Tout d'abord, Tocqueville accepte de défendre les résultats obtenus par la Révolution[157]. Ainsi, bien que 1789 signifie la fin du monde auquel il appartient, il accepte de considérer cette date comme une étape définitive, à entériner et même à défendre. "Ce qui est fait est fait. Il faut en finir avec le passé; il est temps que le livre sanglant de notre Révolution soit fermé pour jamais. Si la liberté est un bien inestimable, la stabilité en est un

[154] Lettre de Tocqueville à Reeve du 22 mars 1837, O. C., VI, 1, p.37-38.

[155] Lamberti, *Tocqueville et les deux démocraties*, ibid, p.13.

[156] Nous n'étudierons pas le libéralisme politique de Tocqueville qui est, somme toute assez classique (par exemple, comme chez Montesquieu, il implique la sécurité de chacun sous des lois dont l'élaboration concerne tous les citoyens). Cela a déjà été fait, et bien fait, notamment par Lamberti dans son livre *Tocqueville et les deux démocraties*. La conception de la liberté de Tocqueville a également déjà été analysée par Raymond Aron dans son livre *Essai sur les libertés*. Nous ne construirons donc pas de typologie du libéralisme, cependant nous logerons l'œuvre de Tocqueville derrière ce vocable (libéralisme politique, celui de Constant, Mme de Staël ou Montesquieu). Ce que nous tenterons de montrer, c'est plutôt l'absence de libéralisme économique chez Tocqueville. Tocqueville, sans aucun doute libéral sur le plan politique, ne l'est pas sur le plan économique.

[157] Dans ses *Causeries* Guizot écrit de Tocqueville : "Vous êtes un aristocrate vaincu qui accepte sa défaite.", et c'est "cette acceptation de l'inévitable qui donne sa qualité à l'intelligence de Tocqueville". Cité par Maxime Leroy, *Histoire des idées sociales en France*, de Babeuf à Tocqueville, Bibliothèque des idées, Gallimard, 1950, p.521.

autre trop peu prisé peut-être dans le temps où nous vivons"[158]. Tocqueville en profite d'ailleurs pour dénoncer le désordre politique. De plus, son œuvre entière peut également se définir par une défiance à l'égard de toute forme d'absolutisme ou de despotisme. Comme Constant par exemple, il défend l'idée d'une souveraineté limitée. Au-delà de cet héritage révolutionnaire, son libéralisme politique se manifeste également par l'amour qu'il porte à la liberté : un amour d'instinct. En effet, notre auteur défend, sans cesse, toutes les libertés : de presse, d'association, de culte. Il ne manque jamais une occasion de rappeler que la liberté est la première de ses valeurs[159].

Dans une page écrite pour lui même, intitulée "Mon instinct, mes opinions", Tocqueville se résume bien : "J'ai pour les institutions démocratiques, un goût de tête, mais je suis aristocrate par instinct, c'est-à-dire que je méprise et crains la foule. J'aime avec passion la liberté, la légalité, le respect des droits, mais non la démocratie. Voilà le fond de l'âme.
Je hais la démagogie, l'action désordonnée des masses, leur intervention violente et mal éclairée dans les affaires, les passions envieuses des basses classes, les tendances irréligieuses. Voilà le fond de l'âme.
Je ne suis ni du parti révolutionnaire, ni du parti conservateur; mais cependant et après tout, je tiens plus au second qu'au premier. Car je diffère du second plutôt par les moyens que par la fin, tandis que je diffère du premier tout à la fois par les moyens et la fin.
La liberté est la première de mes passions. Voilà ce qui est

[158] O.C., t. XVI, p.68.

[159] "La liberté est en vérité une chose sainte. Il n'y en (a) qu'une autre qui mérite mieux son nom : c'est la vertu. Encore qu'est-ce que la vertu sinon le choix libre de ce qui est bien?" (O.C, pléiade, I, *Notes sur le voyage en Angleterre et en Irlande*, 1991, p.514). "La liberté me paraît tenir dans le monde politique la même place que l'atmosphère dans le monde physique" (p.514). "Il n'y a que la liberté qui soit en état de nous suggérer ces puissantes émotions communes qui portent et soutiennent les âmes au-dessus d'elle-même;" (O.C., Pléiade, I, p. 1211).

vrai"[160].

Tous les traits de la pensée de Tocqueville sur lesquels nous avons voulu insister, se retrouvent dans ce texte : une hésitation entre le goût aristocratique et la raison démocratique, une haine des mouvements populaires, une passion pour la liberté...

3-*Les causes du paupérisme*

Tocqueville identifie un certain nombre de causes du paupérisme avant d'envisager de trouver des remèdes pour prévenir ou lutter contre cette pauvreté généralisée et durable. Nous voulons toutes les recenser et les envisager dans une perspective bien précise : signaler, dès que possible, les recherches de Tocqueville lorsqu'elles l'amènent à des conclusions différentes de celles des économistes libéraux du XIXème comme Say, Dunoyer et Bastiat. Ces derniers pensent que l'harmonie des intérêts peut surgir naturellement si le marché fonctionne sans entrave. Nous verrons que Tocqueville n'estime pas le marché capable de résoudre toutes les difficultés sociales et économiques...

Dès son premier ouvrage, *Du système pénitentiaire aux Etats-Unis et de son application en France* (1833), Tocqueville fait preuve d'une grande lucidité. En cherchant à expliquer le vagabondage et la criminalité, il donne l'une des explications du paupérisme : "(...) les fluctuations de l'industrie appellent, quand elle prospère, un grand nombre d'ouvriers qui, dans ses moments de crise, manquent d'ouvrage"[161]. On sent poindre son scepticisme en ce qui concerne les bienfaits économiques et sociaux d'un marché libre de toute contrainte. Mais il considère que son livre n'a pas pour objet de chercher les moyens de lutter contre la pauvreté de masse. Pour autant, l'auteur lance des pistes intéressantes : "Il n'entre point dans notre plan de

[160] Cité par Antoine Redier, *Comme disait Monsieur de Tocqueville*, Perrin, Paris, 1925, p.46-48.

[161] *Écrits sur le système pénitentiaire*, O. C., IV, 1, p.50-51.

rechercher, comment, (...), on pourrait porter remède au mal en ouvrant à l'industrie des débouchés toujours nouveaux et en multipliant ainsi, pour les bras inoccupés, les chances de travail; nous n'avons pas non plus à rechercher jusqu'à quel point est juste la société qui punit l'homme qui ne travaille pas et qui manque d'ouvrage, et comment elle pourrait lui fournir des moyens d'existence autrement qu'en le mettant en prison"[19]. Ainsi, pour Tocqueville, l'une des raisons de l'indigence de masse est à rechercher dans le manque de débouché des biens industriels. L'auteur prend presque explicitement le contre-pied de la théorie de Say affirmant l'impossibilité d'une crise de surproduction. Tocqueville s'inscrit en faux contre la maxime du fondateur de l'école économique "optimiste" : "l'offre crée sa propre demande". L'auteur de *De la Démocratie en Amérique* ne croit pas qu'il soit possible d'établir un rapport fixe entre la production et la consommation. Il montre ainsi que, s'il a pu hésiter à faire siennes les conclusions de Say en première lecture, il en rejette dorénavant l'une des plus fondamentales. Tocqueville se distingue de l'auteur qui, d'une certaine manière, fonde le libéralisme économique à la française, que des penseurs comme Bastiat et Dunoyer développeront. Nous y reviendrons... De plus, l'auteur *Du système pénitentiaire* perçoit l'une des caractéristiques nouvelles et fondamentales du paupérisme : en dépit de sa volonté de travailler, le pauvre peut très bien rester inactif faute de trouver un emploi. Ce qui est souvent le cas puisque l'industrie est soumise à des crises périodiques privant l' ouvrier de la possibilité d'offrir sa force de travail. Ainsi, dans la pensée de Tocqueville, se fait jour l'idée que la moralité de l'ouvrier n'est pas le seul motif de sa dégradation matérielle.

Lors de son voyage en Amérique, Tocqueville n'a pas visité les grands centres manufacturiers car la question industrielle et sociale ne figure pas encore parmi ses premières préoccupations. C'est tout de même un travail en rapport avec l'Amérique qui lui donne la première occasion de se pencher sur la question du paupérisme. Dans son ouvrage sur les prisons américaines, Tocqueville lui consacre une annexe intitulée : "Appendice n°3 : paupérisme en Amérique"[162]. Il remarque que les Etats-Unis se sont dotés d'un système d'assistance en tout point identique à celui qui existe en Angleterre. "En Amérique, comme en Angleterre, tout homme dans le besoin a un droit ouvert contre l'Etat. La charité est devenue une institution politique"[163]. Tocqueville va alors développer une critique sans concession de la charité légale. Il dénonce notamment les maisons de charité ("alms-houses" ou "poor houses") coupables d'accueillir "tout à la fois des indigents qui ne peuvent pas, et ceux qui ne veulent pas gagner leur vie par un travail honnête." En premier lieu, Tocqueville semble rattrapé par son époque. Peut-être est-ce l'effet de sa mauvaise méthode de lecture? Les abrégés permettent-ils de se confectionner un solide savoir dans tous les domaines? En tout cas, dans un premier temps, Tocqueville paraît être influencé

[162] Les commentateurs de l'œuvre de Tocqueville sont en principe d'accord pour attribuer la rédaction principale *Du système pénitentiaire*, celle du corps de l'ouvrage, à son compagnon de voyage, Gustave de Beaumont. De son côté, Tocqueville se serait chargé des notes et appendices. Michèle Perrot va même jusqu'à affirmer que "Tocqueville se cantonne dans un rôle de documentaliste pour répondre à l'insatiable curiosité de Beaumont." (O. C., t. IV, 1, ibid., introduction, p.20). Tocqueville semble le confirmer : en voulant soutenir la candidature de Beaumont à l'Académie des Sciences Morales et Politiques en 1841, il écrit à Droz et à Mignet que Beaumont est le "rédacteur unique" du livre sur les prisons. Il précise même qu'il n'a fourni que "des observations et quelques notes". (Lettres inédites toutes les deux datées du 26 juin 1841). Nous pensons que Tocqueville grossit volontairement le trait pour aider son camarade à obtenir sa nomination. Toutefois, nous ne sommes pas capable de trancher; mais les parties de l'étude sur les prisons qui nous intéressent prioritairement sont les annexes. Celles-ci ont donc vraisemblablement été rédigées par Tocqueville. Elles sont utiles car elles représentent ses premières prises de position sur la question du paupérisme : "Appendice n°1 : colonies agricoles" (O.C., t. IV, 1, p.309), "Appendice n°2 : de l'instruction publique" (p.313), "Appendice n°3 : paupérisme en Amérique" (p.319), "Appendice n°4 : emprisonnement pour dettes aux Etats-Unis" (p.323) et "Appendice n° 5 : sociétés de tempérance" (p.327).

[163] O. C., IV, 1, p.319.

par la vulgate la plus superficielle, puisqu'il condamne la charité légale sans avoir pu observer son fonctionnement en Angleterre. Ce n'est seulement qu'en 1833 et 1835, lors de ses deux voyages en Angleterre, qu'il pourra véritablement se rendre compte des effets dévastateurs de la loi sur les pauvres sur la condition morale de ces derniers.

Pour le moment, Tocqueville semble céder à la doxa de son temps en reprenant à son compte les nombreuses pensées et préjugés qui flottent, alors, dans l'univers intellectuel. En effet, ses réflexions laissent une grande place au moralisme qui circule au XIXème siècle : "**c'est un principe généralement admis**, qu'en pourvoyant aux besoins des pauvres, l'Etat ne fait avancer un argent que le travail de ceux-ci doit rembourser. Mais on a remarqué, en Amérique comme en Angleterre, qu'il était presque impossible d'arriver dans la pratique à l'application rigoureuse de ce principe. Un grand nombre de pauvres sont incapables d'aucun travail; c'est cette incapacité même qui les met à la charge de l'Etat. Les pauvres valides ont, presque tous, contracté des habitudes de paresse qu'il est difficile de changer"[164]. La condamnation morale et économique de la charité légale de Tocqueville est très sévère alors qu'il n'a pas encore observé les résultats de la loi sur les pauvres[165]. De retour d'Angleterre, dans son *Mémoire sur le paupérisme*, Tocqueville reprend cette dénonciation de la charité légale, mais il ne s'agit plus de fustiger la condition du pauvre. C'est plutôt l'existence d'un droit des pauvres sur

[164] O. C., IV, 1, p.319-320.

[165] "Il nous a paru que les dernières classes du peuple en Amérique se livraient à des habitudes désordonnées, et agissaient avec une imprévoyance qui tenait surtout à la certitude d'être secourues au besoin. L'Irlandais des grandes villes passe l'été dans l'abondance, et l'hiver à la maison des pauvres. La charité publique a perdu pour lui son cachet d'ignominie, parce que des milliers d'hommes y ont journellement recours. (...) les maisons de charité que nous avons eu l'occasion de visiter offrent en général au pauvre un asile non seulement sain, mais agréable; il y trouve un bien-être et des jouissances qu'un honnête travail ne lui procurerait peut-être pas au-dehors" (O. C., IV, 1, p.321).

l'Etat qui explique la mauvaise régulation morale due à l'existence des poor laws : elles imposent la dégradation morale des pauvres. Dans l'étude sur les prisons, la condamnation de la bienfaisance légale pousse l'auteur à signaler les abus, les dépenses inutiles, les dysfonctionnements et le manque d'incitation au travail qu'elle provoque. Mais c'est seulement du bout de la plume qu'il reconnaît le nombre peu élevé de pauvres en Amérique. En effet, avec le *Système pénitentiaire*, une difficulté se fait jour : Tocqueville prend position sur la pauvreté sans l'avoir véritablement rencontrée...

C'est surtout en Angleterre, lors de son premier voyage en 1833[166], que Tocqueville peut véritablement se rendre compte de la détresse générale et croissante des classes inférieures[167].

[166] C'est d'abord pour son futur mariage avec Mary Motley que Tocqueville entreprend ce voyage de cinq semaines en Angleterre. A cette raison d'ordre privée, viennent s'ajouter des enjeux intellectuels. En travaillant sur la première partie de *De la Démocratie en Amérique*, Tocqueville s'aperçoit que l'étude de l'Amérique rend nécessaire l'examen des institutions politiques et sociales de l'Angleterre. Notre auteur se demande, notamment, si l'origine politique et sociale de l'Amérique peut être retrouvée en Angleterre. Très rapidement, c'est-à-dire une semaine après son arrivée à Londres, il écrira à Beaumont : "En somme je ne reconnais en aucun point ici notre Amérique." (O.C. VIII, 1, p.124).

[167] De plus, cette traversée de la Manche donne l'occasion à Tocqueville de pouvoir vérifier une opinion courante à cette époque : à la suite de fortes agitations démocratiques, l'Angleterre serait au bord d'une révolution. Tocqueville se rend compte rapidement qu'il n'en est rien, car l'aristocratie anglaise, au contraire de l'ancienne aristocratie française, reste ouverte. Les classes inférieures peuvent y accéder en s'enrichissant. Ainsi, Tocqueville revient d'Angleterre, la croyant sur le chemin paisible de la démocratie, sans révolution violente à venir. Dans une note de la seconde *Démocratie* (page 161, renvoi page 343, O.C., I, 2), Tocqueville définit l'Angleterre comme une aristocratie d'argent qui favorise le développement du commerce et de l'industrie. Une sorte de modèle socio-politique en transition : entre aristocratie de naissance (car il existe un petit nombre de citoyens privilégiés) et démocratie (car les privilèges peuvent être acquis par tous).

Depuis Malthus, aucun voyageur en Angleterre ne peut apercevoir la richesse extérieure du pays sans penser à l'extrême misère qui s'y propage, à la plaie cachée du paupérisme qui en est le pendant. Tocqueville, qui l'a lu, confirme cette règle : "la portion de l'Angleterre que j'ai parcourue jusqu'à présent n'a rien de pittoresque; mais vous me voyez tout étourdi de l'excessive richesse qu'on y remarque. Ce ne sont que parcs, maisons de campagne, équipages, laquais, chevaux; luxe universel qui bien souvent, dit-on, couvre la misère, mais qui du moins la cache merveilleusement aux yeux de l'étranger"[168]. Un mois plus tard, juste avant son retour pour la France, à Londres, le 7 septembre 1833, Tocqueville écrit dans ses "dernières impressions sur l'Angleterre", que "l'état des pauvres est la plaie la plus profonde de l'Angleterre"[169]. La détresse sociale anglaise fait entrer notre auteur dans un désarroi qui ne le quittera plus.

C'est sûrement cette prise de conscience qui est à l'origine de son *Mémoire sur le paupérisme* (1835). En tout cas, c'est à la suite de son premier voyage en Angleterre, en 1833, que Tocqueville envisage véritablement la question sociale. Avec ce petit texte, il tente de prendre place dans la bibliographie immense du paupérisme du XIXème siècle. Il s'agit d'une commande de la Société Royale académique de Cherbourg qui a placé l'étude de Tocqueville dans son second volume. Tocqueville rédige, vraisemblablement, cet écrit entre Janvier et Avril 1835, c'est-à-dire après la publication de la première partie de *De la Démocratie en Amérique* (Janvier 1835) et avant son départ pour un second voyage en Angleterre, inauguré le

---

168 Lettre inédite de Tocqueville à sa mère, Southampton, 7 août 1833, citée par Lise Queffélec, dans sa "Notice au voyage en Angleterre de 1833" in O.C., Pléiade, I, p.1375. Dans ses notes de voyage, Tocqueville reprend ces idées : "Un Français qui voit pour la première fois l'Angleterre est frappé de l'aspect d'aisance qu'elle présente et il ne saurait concevoir ce qui fait que le peuple se plaint. Sous ce vernis brillant se cachent des misères très profondes." (O.C., Pléiade, I, p.443).

169 O.C., Pléiade, I, p.455.

24 avril 1835. Nous n'avons pas réussi à identifier les raisons qui entraînèrent la société académique de Cherbourg à demander à Tocqueville, alors son membre correspondant le plus récent[170], la rédaction de ce *Mémoire* sur un thème peu porteur dans le département de la Manche[171]. Lord Eric Roll pense que Tocqueville, constamment préoccupé comme il le fut par la question sociale, peut avoir choisi lui-même choisi[172]. Nous ne connaissons pas non plus avec certitude les raisons qui le pousse à rédiger cette étude. Nous pouvons seulement conjoncturer un certain nombre de motifs : peut-être Tocqueville veut-il flatter les notables de la région en vue de sa future candidature à la députation? Peut-être désire-t-il entamer son implantation politique locale? Ou peut-être, à travers cette étude, manifeste-t-il son intérêt pour le département? La question sociale et les émeutes qui accompagnent les premières années de la Monarchie de Juillet sont sûrement aussi à

[170] Tocqueville est élu le 7 novembre 1834 (*Mémoires de la société académique de Cherbourg*, vol XXVI, 1961, p.20).

[171] D'après les statistiques de Villeneuve-Bargemont, le département de la Manche est classé parmi les “départements moyens”, c'est-à-dire parmi ceux qui s'en sortent le mieux (avec 1 indigent pour 26 habitants) : il est alors classé 53 ème sur les 86 départements que la France compte à l'époque. Le plus touché étant le Nord (1 sur 6) et le moins “contaminé”, la Creuse (1 sur 58)(Notes et pièces justificatives D, tableau des indigents existants dans les divers départements de la France, in *Économie politique chrétienne*, ibid, p.637). La Manche est même classée parmi les “départements favorisés”, quant au nombre des mendiant (1 sur 405), à une honorable 78ème place (I, Tableau des mendiants existants dans les divers départements de la France, p.660).

[172] O. C., VI, 2, Préface, p.35-36. Tocqueville n'a pas pu, dans son ouvrage sur l'Amérique, faire état de ses sentiments à l'égard de la loi sur les pauvres et de sa petite enquête menée en Angleterre en 1833 : “Plutôt que d'abandonner un si beau travail, Tocqueville, (...) décida de profiter de la sollicitation de l'Académie de Cherbourg pour rédiger une étude toute nouvelle, et après avoir entretenu ses compatriotes de prisons et de démocratie, il se mit en devoir de les instruire sur l'indigence”. De toute façon, le paupérisme était au cœur des préoccupations des contemporains de Tocqueville.

l'origine de ses réflexions sur le paupérisme. Quoi qu'il en soit, ce texte nous permet, sans que nous connaissions les raisons précises de son élaboration, d'examiner les vues de son auteur sur la pauvreté de masse.

L'Amérique a été le théâtre des réflexions de Tocqueville pour ses deux premiers ouvrages, mais pour le *Mémoire sur le paupérisme*, il s'appuie principalement sur sa rapide enquête menée en Angleterre en 1833. Toutefois, en plus de ses observations anglaises, il se réfère à des écrits : notamment le livre de Villeneuve-Bargemont dont nous avons déjà discuté l'énorme influence sur son travail. Dans la seconde partie de son petit opuscule, l'auteur du Mémoire se sert quelque peu de sa lecture de Blackstone, mais surtout de documents parlementaires que Senior lui a fait parvenir : le rapport des commissaires de l'enquête de 1833 sur l'état des pauvres[173] et le texte des dispositions de l'acte de 1834, qui devait déboucher sur la réforme de l'ancienne loi sur les pauvres. Dans une lettre du 14 Mars 1835, Tocqueville demande ces documents à Senior "Une société savante de ma province vient de me demander un rapport sur le paupérisme. Je l'ai commencé, mais, pour le terminer, je devrais me mettre au courant de ce qui se passe en Angleterre et en particulier de la nouvelle Loi des pauvres qui a été votée l'an dernier, je crois. Vous serait-il possible de m'en envoyer le texte?"[174].

Dans une première partie intitulée "du développement progressif du paupérisme chez les modernes", Tocqueville tente d'examiner les causes du paupérisme. Il ouvre son écrit par une constatation qui marque l'histoire sociale du XIXème siècle, une sorte de paradoxe : "les pays qui paraissent les plus misérables sont ceux qui, en réalité, comptent le moins d'indigents, et chez les peuples dont vous admirez l'opulence, une partie de la population est obligée pour vivre d'avoir

[173]*Extracts from the information received by his majesty's Commissionars as to the administration and operation of the Poor-Laws*. (O.C., t. XVI, p.127).

[174] O. C. ,VI, 2, p.73.

recours aux dons de l'autre"[175]. Ainsi l'Angleterre de la Révolution industrielle, qui voit multiplier ses richesses, connaît un sixième de sa population vivant aux dépens de l'Etat... Plus la société est industrialisée et brillante, plus le paupérisme s'y développe : "vous verrez croître proportionnellement d'une part, le nombre de ceux qui ont recours pour vivre aux dons du public"[176].

Tocqueville développe son propos par une comparaison entre la péninsule ibérique et l'Angleterre. Le Portugal et l'Espagne sont encore des sociétés d'Ancien Régime, ou pré-industrielles, misérables, où existent des terres incultes mais où le nombre des pauvres n'est pas aussi considérable qu'on pourrait le croire. Déjà, Villeneuve-Bargemont, dans son traité d'*Economie politique chrétienne*, pensait que l'Espagne catholique renfermait moins de pauvres que l'Angleterre protestante. Tocqueville s'appuie sur cet ouvrage pour aboutir à cette conclusion, reprenant même la statistique du penseur chrétien : "M. de Villeneuve estime qu'il se trouve dans ce royaume (le Portugal) un pauvre sur vingt-cinq habitants"[177]. En fait, plus justement, Robert Castel précise que la pauvreté y est massive mais qu'elle "est à peine visible parce que c'est une pauvreté intégrée, prise en charge par les réseaux primaires de la sociabilité paysanne ou par des formes frustres d'assistance dont l'Eglise catholique est le maître d'œuvre"[178]. Au contraire, l'Angleterre a connu la Révolution industrielle qui a multiplié ses richesses. Mais à côté de cette opulence, se propage une indigence importante et omniprésente. Ainsi, ce pays si riche connaît le sixième de sa population vivant aux dépens de l'Etat par l'intermédiaire de la loi sur les pauvres. La mise en évidence des situations contrastée entre l'Angleterre et le Portugal permet à Tocqueville de comprendre que la rupture des régulations sociales d'Ancien Régime est responsable d'un

[175] *Mémoire sur le paupérisme* in *Mélanges*, O. C., XVI, p.117.

[176] O.C., XVI, p.118.

[177] O.C., XVI, p.118.

[178] *Les Métamorphoses de la question sociale*, par Robert Castel, ibid, p.219.

grand nombre de problèmes sociaux : la prise en charge de la misère par les réseaux de solidarité traditionnelle s'est considérablement affaiblie. Comme nous l'avons vu, Tocqueville se rend compte, lors de son voyage en Angleterre de 1833, que le miracle économique de ce pays a une face perverse : le paupérisme. Pourtant, lors de ce premier voyage, il n'a aperçu que le sud de l'Angleterre (riche et agricole). Il ne visitera, en effet, les grands centres industriels et urbains de l'Angleterre du nord qu'en 1835.

Un peu plus tard, en 1840, Buret n'écrit pas autre chose que Tocqueville, montrant ainsi que la constatation de départ du *Mémoire* est répandue et admise par les penseurs du social de la première partie du XIXème siècle : "si on consulte la statistique, on voit que les nations occupent à peu près le même rang dans l'échelle de la misère que dans celle de la richesse"[179]. Plus la société est industrialisée et brillante, plus le paupérisme s'y développe. L'Angleterre industrielle connaît une misère difficilement prise en charge car elle est le corollaire de l'accroissement global de richesse. Pour finir, Tocqueville reprend ce schéma pour les différents départements d'un pays. Ainsi, pour la France, avec Villeneuve-Bargemont[180], Tocqueville affirme que le Nord, sa région la plus riche, compte proportionnellement dix fois plus de nécessiteux que sa région la plus pauvre, la Creuse. Mais la Creuse est également "le moins industriel de tous nos départements"[181]. Si bien que Tocqueville, comme Villeneuve-Bargemont, lie paupérisme et industrialisation. Visiblement, notre auteur donne à ses réflexions une orientation différente de celle des économistes libéraux qui affirmeront, au milieu du XIXème siècle, que ce

[179] *De la misère des classes laborieuses en France et en Angleterre*, par Buret, ibid., t. I, p.120.

[180] "La moyenne des indigents en France, suivant les calculs d'un écrivain consciencieux (Villeneuve-Bargemont) dont je suis loin du reste d'approuver toutes les théories, est de un pauvre sur vingt habitants. Mais on remarque entre les différentes parties du royaume d'immenses différences." (O.C., XVI, p.118)

[181] O.C., XVI, p.118.

n'est pas l'industrie qui doit être dénoncé, mais les mœurs du travailleur...

Tout au long de son manuscrit, Tocqueville va tenter d'expliquer et de trouver les véritables causes de ce mouvement de grande ampleur. L'histoire sociale qu'il nous présente alors n'est pas celle d'un mouvement continu d'éradication de la "misère du monde". Au contraire, la pauvreté ne pouvant exister que dans une société riche, et s'y étendant en proportion de l'augmentation, de la diffusion et la diversification de cette richesse, la conclusion est surprenante : plus une société s'enrichit et plus elle produit nécessairement de la pauvreté! Or, peut s'observer un véritable progrès social et économique... Comment expliquer ce paradoxe? L'inégalité est-elle le moteur de l'histoire sociale et économique?

Posant le problème de la montée du paupérisme dans le cadre du développement de la civilisation, Tocqueville part de l'état primitif de la société dans lequel les hommes, sauvages, nomades et chasseurs, se contentent de peu, c'est-à-dire juste de quoi assurer les premiers besoins de leur vie et ceux de leur descendance. "Leur esprit ne va pas au delà de ces biens et s'ils les obtiennent sans peine, ils s'estiment satisfaits de leur sort et s'endorment dans leur oisive aisance"[182]; "bornés dans leurs désirs"[183], n'en éprouvant pas qui soient inaccessibles, ils sont alors en situation d'affiliation sociale. Ainsi, chacun des agents, dans cet état social, dispose du même capital symbolique. "Il n'existait point de signe extérieur qui pût établir de façon durable la supériorité d'un homme et surtout d'une famille sur une autre famille ou sur un autre homme"[184]. La pauvreté ne peut pas exister quand il y a pauvreté des désirs: les inégalités sont alors inexistantes.

Par la suite, l'humanité, passant d'une économie de

[182] O.C., XVI, p.119. Tocqueville prend l'exemple des Indiens vus en Amérique qui, ayant peu de désirs, ne satisfont que des besoins primaires.

[183] O.C., XVI, p.121.

[184] O.C., XVI, p.119.

subsistance à une économie de production grâce à la découverte de l'agriculture et de l'acquisition des sols, va connaître un premier mouvement de différenciation entre les hommes, mouvement qui va produire de l'inégalité sociale. "La propriété foncière est créée et avec elle on voit naître l'élément le plus actif du progrès."[185] Avec son apparition, les individus se fixent sur leur terre, et, "assurés de vivre, ils commencent à entrevoir qu'il se rencontre dans l'existence humaine d'autres sources de jouissances que la satisfaction des premiers et plus impérieux besoins de la vie"[186]. C'est à cet âge des sociétés que Tocqueville place l'origine de l'aristocratie[187] : les propriétaires fonciers dégagent un surplus car ils arrivent à "réunir dans leur mains beaucoup plus de terre qu'il n'en fallait pour se nourrir (...)"[188]. En effet, du superflu apparaît alors comme signe ostentatoire qui distingue les individus et se transmet aux enfants : dès lors, "avec le superflu naît le goût des jouissances autres que la satisfaction des besoins les plus grossiers de la nature physique."[189] La société s'enrichit, mais l'aisance ne se propage pas encore. Ce n'est que par la suite, avec la diversification et la diffusion de cette aisance dans tout le corps social, qu'un sentiment de frustration se fera jour, provoquant l'augmentation du palier de la misère. Des individus vont alors se trouver en situation de possible "désaffiliation sociale" : ils ne sont plus à l'aise dans leur milieu d'origine, car ils voient, à côté de celui-ci, se développer un monde où les jouissances sont plus nombreuses et plus grandes. Ils cherchent à l'atteindre mais ils sont comme retenus par leur "habitus" de classe. Ils sont ainsi "placés entre l'indépendance sauvage qu'ils ne peuvent goûter, et la liberté civile et politique qu'ils ne

[185] O.C., XVI, p.119.

[186] O.C., XVI, p.119.

[187] O.C., XVI, p.120. Tocqueville avait déjà défendu l'idée que l'aristocratie était née avec la propriété foncière : "C'est à la terre que se prend l'aristocratie. C'est au sol qu'elle s'attache et qu'elle s'appuie; ce ne sont point des privilèges qui la constituent, c'est la propriété foncière héréditairement transmise" (O.C., I, 1, 1ère partie, chap.2, p.29).

[188] O.C., XVI, p.120.

[189] O.C., XVI, p.120.

comprennent point encore (...)"[190]. Il s'agit d'une situation existentielle dont on a du mal à sortir, ce qui la rend encore plus difficile à vivre.

Ainsi, comme Rousseau, Tocqueville attribue l'origine des inégalités à l'instauration de la propriété foncière[191]. C'est lorsque les hommes sortirent des bois pour se livrer à l'agriculture qu'apparurent, avec la propriété du sol, les inégalités. La société féodale peut alors s'organiser en deux classes sociales distinctes. Tout d'abord, les propriétaires fonciers, peu nombreux, qui ne travaillent pas puisqu'ils reçoivent une rente qui leur permet de vivre dans le luxe : dans cette classe "se rencontrait avec un loisir héréditaire l'usage habituel et assuré d'un grand superflu"[192], mais pas dans l'aisance[193]. Ensuite, les cultivateurs. Ils travaillent pour un maître (possédant la terre) qui se charge de leur donner suffisamment pour vivre et se reproduire. Ils s'en contentent car ils n'ont pas d'autres désirs. Dans ces siècles moyenâgeux, les propriétaires ont peu de besoins et les serfs en ont presque pas : "La terre suffisait à tous. L'aisance n'était nulle part; partout le vivre"[194].

Après quelque temps, les cultivateurs acquièrent des goûts nouveaux, des besoins supplémentaires à ceux qui répondent à l'appétit car ils ont "entrevu les douceurs de l'aisance et désirent se les procurer"[195]. De leur côté, les propriétaires des terres augmentent aussi le nombre et la variété de leurs désirs : cette "classe qui vit de la terre sans cultiver le sol, étend le

[190] O.C., XVI, p.120.

[191] Michel Bressolette, "Tocqueville et le paupérisme. L'influence de Rousseau", ibid, p.68.

[192] O.C., XVI, p.121.

[193] "L'aisance suppose une classe nombreuse dont tous les membres s'occupent simultanément à rendre la vie plus douce et plus aisée" (O.C., XVI, p.121).

[194] O.C., XVI, p.122.

[195] O.C., XVI, p.122.

cercle de ses jouissances"[196]. C'est par la classe industrielle "qu'une somme immense de biens nouveaux a été introduite dans le monde"[197]. "Le pauvre et le riche, chacun dans sa sphère, conçoit l'idée de jouissances nouvelles qu'ignoraient leurs devanciers. Pour satisfaire ces nouveaux besoins auxquels la culture de la terre ne peut suffire, une portion de la population quitte chaque année les travaux des champs pour s'adonner à l'industrie"[198].

Même si l'explication de Tocqueville de l'exode rural est un peu courte, elle est intéressante car elle éclaire certaines de ses positions sur le problème de la pauvreté : "Un grand nombre d'hommes qui vivaient sur la terre et de la terre, quittent alors les champs et trouvent moyen de pourvoir à leur existence en travaillant à satisfaire ces besoins nouveaux qui se manifestent. La culture qui était l'occupation de tous n'est plus que celle du plus grand nombre. A côté de ceux qui subsistent des produits du sol sans travailler, se place une classe nombreuse qui vit en travaillant de son industrie mais sans cultiver le sol"[199]. Ces déplacements de population sont inéluctables, dès lors que la civilisation fait des progrès[200]. Tocqueville déplore tout de même ce basculement des gisements d'emplois, cet effet de percolation qui se traduit par le transfert des classes agricoles vers l'industrie. Cela représente pour lui un facteur supplémentaire de déséquilibre. Il regrette que les populations soient arrachées des campagnes pour se soumettre sans défense aux aléas du marché. Tocqueville considère que la société agraire est beaucoup plus stable que la société industrielle.

La satisfaction globale est plus importante, les richesses sont plus grandes mais, en même temps, la misère est grandissante car, contrairement à l'état social précédent, pour certains, des besoins devenus pressants ne sont pas satisfaits, créant ainsi

[196] O.C., XVI, p.122.
[197] O.C., XVI, p.123.
[198] O.C., XVI, p.123.
[199] O.C., XVI, p.122.
[200] O.C., XVI, p.123.

une frustration. Raymond Boudon a, dans son livre *La logique du social*[201], donné un nom à ce phénomène : “structure avec effet de frustration”. Mais il s’appuie sur *L’Ancien Régime et la Révolution* où Tocqueville observe que l’augmentation des chances “d’enrichissement” et d’ascension sociale à la veille de la Révolution française paraissaient avoir eu l’effet d’augmenter l’insatisfaction générale, préfigurant la théorie durkheimienne de l’anomie.

Tocqueville prévoit alors, dans son *Mémoire*, l’extension inévitable du paupérisme, car elle est liée à l’augmentation de ceux qui composent la classe industrielle tandis que la population agricole s’amenuise. Cette classe sociale s’accroît d’autant plus qu’elle doit satisfaire aux besoins toujours plus nombreux qui résultent de l’accoutumance au bien-être. La demande d’amélioration du confort est, en effet, continuelle. Mais si la classe industrielle produit plus pour répondre aux nouveaux besoins, elle n’en bénéficie pas elle-même dans une proportion équivalente. Tocqueville élabore ainsi une théorie générale de la paupérisation relative de la classe industrielle dans une société qui s’adonne au bien-être et à la consommation. Il s’agit bien d’une paupérisation relative puisque, d’une part ces besoins ne sont pas, pour ainsi dire, de première nécessité et que, d’autre part, la classe industrielle ne parvient à les satisfaire que dans une proportion inférieure à celle des autres catégories de la société, celle des propriétaires en particulier, les “riches” selon l’auteur.

Or, ceux qui produisent ces biens nouveaux sont aussi les plus exposés car l’ouvrier, à la différence du paysan pour qui l’écoulement de son produit ne pose pas de problème, ne possède pas de ressources propres. La classe industrielle, à qui il incombe de satisfaire “à ses risques et périls”[202] aux besoins de plus en plus diversifiés des autres catégories sociales, fournit les population d’indigents. Ainsi, la pauvreté prend de

[201] *La logique du social* par Raymond Boudon, Pluriel, Hachette, Paris, 1987.

[202] O.C., XVI, p.124.

l'ampleur, et c'est d'ailleurs dans cette société industrialisée, offrant des contrastes plus frappants entre opulence et misère, que la conscience collective ressent davantage la nécessité de secourir celle-ci.

"Chez les peuples très civilisés, le manque d'une multitude de choses cause la misère; dans l'état sauvage, la pauvreté ne consiste qu'à ne pas trouver de quoi manger"[203]. C'est donc au sein des pays riches que le manque, ressenti comme une frustration, peut se rencontrer le plus fréquemment, confirmant ainsi le postulat de départ. Un pays riche contient une misère importante, car le développement de la richesse signifie aussi l'élargissement des besoins, ce qui rend les inégalités importantes. "En Angleterre, la moyenne des jouissances que doit espérer un homme dans la vie est placée plus haut que dans aucun autre pays du monde. Ceci facilite singulièrement l'extension du paupérisme dans ce royaume"[204]. Le paupérisme provient bien d'un sentiment de frustration, car, en fait, en s'accoutumant à la satisfaction de certains biens, "ils ont fini par leur devenir presque aussi nécessaires que la vie elle-même"[205]. "Avec le cercle de ses jouissances, il a agrandi le cercle de ses besoins et il offre une plus large place aux coups de la fortune"[206]. De plus, rapidement, les habitants ne perçoivent plus ce qu'est la véritable misère : au lieu de se préoccuper de secourir la pauvreté absolue (les besoins fondamentaux ne sont pas satisfaits), ils ne s'attachent qu'à réduire une pauvreté relative (définie par rapport à des besoins sociaux), favorisant ainsi l'accroissement inévitable du paupérisme.

Au cours de son premier voyage en Angleterre, en 1833, Tocqueville avait déjà envisagé cette explication capitale du paupérisme : la frustration. Il explique, dans ses notes, que l'aristocratie anglaise doit se méfier des classes populaires qui

---

[203] O.C., XVI, p.124.

[204] O.C., XVI, p.125.

[205] O.C., XVI, p.124.

[206] O.C., XVI, p.125.

ne vont pas longtemps continuer à supporter les inégalités croissantes. Sa seule parade réside dans sa capacité "à donner, comme autrefois la prospérité matérielle aux classes inférieures. Pour que l'homme du peuple se trouve satisfait dans une sphère dont il lui est presque impossible de sortir, il faut qu'il y soit à peu près bien"[207]. Les pauvres vivent à côté d'un monde opulent, sans pouvoir l'atteindre, ce qui leur procure une grande irritation. Selon l'auteur, cette frustration doit être atténuée[208]. A l'opposé des économistes libéraux, Tocqueville pense qu'il est sans effet d'exciter la convoitise des pauvres, pour tenter de remédier à l'indigence de masse. Pour lui, la misère n'est ni utile, ni nécessaire. Au contraire même, le contraste éclatant des niveaux de vie, devenant chaque jour de plus en plus insupportable, pourrait pousser les classes inférieures à une révolte amenant violemment la fin de l'aristocratie[209]. Il vaut mieux essayer de désamorcer les frustrations qui naissent avec les inégalités.

Dans la seconde partie de son ouvrage majeur, *De la*

[207] O.C., Pléiade, I, p.442-443.

[208] Pour Tocqueville, l'industrie anglaise augmente le cercle des besoins superficiels : "pour le peuple anglais le manque de certaines superfluités auxquelles un long usage l'a accoutumé est aussi pénible que le manque de vêtement ou de nourriture pour un Russe. Il crée chez lui un sentiment d'irritation et d'impatience au moins aussi grand." (O.C., Pléiade, I, p.443).

[209] D'ailleurs, contrairement à ce qu'affirme certains commentateurs de l'œuvre de Tocqueville, l'auteur de *De la démocratie en Amérique* a bien perçu le rôle déterminant de la classe ouvrière dans la poussée démocratique que connaît l'Angleterre à cette époque (O.C., Pléiade, p.424-425). Tocqueville voit, en Angleterre, se renforcer son sentiment que le renversement de l'ordre social et politique est possible. C'est d'abord en penseur politique (plus qu'en économiste), qu'il se penche sur la question du paupérisme en Angleterre. L'immense pauvreté des classes inférieures est d'abord un facteur de déséquilibre révolutionnaire. Il s'agit d'un élément important de la pensée de notre auteur : l'étude de son travail "économique" doit toujours être placée dans la perspective de cet argument politique : le désir de ne pas voir surgir le désordre social et la désorganisation politique.

Démocratie en Amérique, il fait de ce thème de la frustration une explication centrale de la société démocratique. Cette dernière se fonde essentiellement sur un principe social de nature objective : l'égalité des conditions. Ce processus dynamique, irréversible, s'appuie lui-même sur un principe moral de nature subjective : l'amour pour l'égalité. "La première et la plus vive des passions que l'égalité des conditions fait naître, je n'ai pas besoin de le dire, c'est l'amour de cette même égalité"[210]. Ainsi, pour Tocqueville, dans l'état social démocratique où chacun se considère comme une partie du corps social, le sentiment dominant est la passion de l'égalité. Les individus se lancent dans une course à l'égalité c'est-à-dire qu'ils se mettent à la recherche d'un bien-être matériel supérieur, afin de satisfaire le maximum de besoins. Mais en se référant toujours à la situation sociale de celui qui se trouve au-dessus d'eux - même si l'écart qui les sépare est minime -, ces individus ne sont jamais satisfaits. Ils en ressentent alors une énorme frustration.

Cette passion égalitaire se trouve à l'origine de ce que nous avons, précédemment, désigné par "frustration relative". En effet, plus l'égalité progresse objectivement, poussée par cette passion égalitaire, et plus l'inégalité résiduelle est ressentie comme insupportable, ce qui appelle en réponse une nouvelle avancée de l'égalité des conditions, etc... La lutte contre les inégalités se poursuit inéluctablement et entraîne mécaniquement le progrès continu de l'égalité. Ce mécanisme de l'égalité agit comme un processus auto-entretenu. Pour Tocqueville, l'ambition de chacun, le désir et les besoins à satisfaire, sont les ressorts de l'activité économique. Les individus s'enrichissent pour tenter de combler les différences et pour essayer de limiter l'avancée de leur frustration. Or, ce faisant, ils renforcent des inégalités sources de nouvelles frustrations. Ces frustrations sont d'autant plus grandes que c'est l'égalité des conditions qui domine l'état social

[210] Chap I, 2 ème partie de la seconde *Démocratie* : "Pourquoi les peuples démocratiques montrent un amour plus ardent et plus durable pour l'égalité", O.C., I, 2, p.101.

démocratique. Plus l'égalité progresse et se développe, plus les inégalités sont insupportables, augmentant ainsi le degré de la frustration[211]. Dès lors, la démocratie doit en permanence rétablir l'équilibre égalitaire. Cette course à l'égalité et au bien-être à laquelle se livrent avec passion les individus de la société démocratique ne les comble pas totalement (la consommation de produits de luxe par exemple révèle cette insatisfaction). Effet de frustration relative : les Américains ne semblent pas heureux au milieu de leur bien-être car "ils songent sans cesse aux biens qu'ils n'ont pas"[212]. Cela ne signifie pas que les autres possèdent ces biens, mais l'homme des temps démocratiques se persuade qu'ils les détiennent.

Leur frustration provient également du fait que le niveau recherché est à portée de vue. Cela renforce aussi leur ardeur, car ils croient sans cesse pouvoir atteindre l'objectif d'égalité. Ils s'approchent assez pour savoir qu'ils voudraient accéder à ce niveau envié, mais jamais assez pour pouvoir en jouir. "Chez les peuples démocratiques, les hommes obtiendront aisément une certaine égalité; ils ne sauraient atteindre celle qu'ils désirent. Celle-ci recule chaque jour devant eux, mais sans jamais se dérober à leurs regards, et en se retirant, elle les attire à sa poursuite. Sans cesse ils croient qu'ils vont la saisir, et elle échappe sans cesse à leurs étreintes. Ils la voient d'assez près pour connaître ses charmes, ils ne l'approchent pas assez pour en jouir, et ils meurent avant d'avoir savouré pleinement ses douceurs"[213]. L'égalité est donc une conquête toujours poursuivie[214]. Ainsi, partant du même point de départ que

[211] "Quand l'inégalité est la loi commune d'une société, les plus fortes inégalités ne frappent point l'œil; quant tout est à peu près de ce niveau, les moindres le blessent. C'est pour cela que le désir de l'égalité devient toujours insatiable à mesure que l'égalité est grande". (O.C., I, 2, p.144)

[212] O.C., I, 2, p.142.

[213] O.C., I, 2, p.144-145.

[214] Ainsi, la recherche de l'égalité, paradigme de la démocratie, devient infinie. Les inégalités paraissent irréductibles car "un peuple a beau faire des efforts, il ne parviendra pas à rendre les conditions parfaitement égales dans son sein" (O.C., I, 2,p.144).

Smith : c'est l'envie qui fonde le désir d'acquisition, Tocqueville en tire une conclusion diamétralement opposée. En effet, si Smith considère que cette course au bien-être comme l'origine de l'harmonie sociale, Tocqueville y voit plutôt la source d'une rupture[215].

En effet, dans son *Mémoire sur le paupérisme*, Tocqueville présente la frustration comme une explication fondamentale de la pauvreté de masse. Pour lui, seule une société industrialisée peut dégager la possibilité du superflu, tel le raffinement de la culture par exemple. Ce faisant, elle introduit dans un monde à différenciation hiérarchique (le Moyen Âge, les temps classiques, etc...), une coupure symbolique : des désirs nouveaux sont créés, qui se diffusent et propagent des valeurs nouvelles dans toute la société, jusque dans les couches qui ne peuvent "assumer", ne serait-ce que le coût psychologique de ces valeurs. La pauvreté s'exprime ici comme un processus de désaffiliation fonctionnelle : les individus n'appartiennent plus symboliquement à leur classe sociale d'origine mais ils restent enfermés dans l'habitus de cette classe d'origine. "Misère de position", dirait Bourdieu, provoquée par une distorsion entre conscience collective et consciente individuelle, qui se matérialise par une fracture au niveau du capital symbolique. L'habitus des classes populaires est défini, selon Bourdieu, par des "goûts de nécessités"; cette idée apparaît chez Tocqueville au niveau de son articulation superflu/nécessité. Son pauvre n'est plus seulement le nécessiteux mais celui qui, ayant mangé et satisfait ses besoins de première nécessité, ne parvient pas à satisfaire les autres, qui sont de l'ordre du superflu. Son indigent est donc celui qui revendique un accès au superflu. La dynamique sociale résulte alors moins des progrès matériels de la civilisation que du désir universel d'égalité. Un ressort toujours actif car la répartition des biens n'est jamais égalitaire et ne peut l'être sans faire violence à la nature. Dans cette couche intermédiaire, l'égalité devient dynamique de l'ascension sociale, du mouvement de transformation du corps social. Ce qui signifie que la fracture n'est pas seulement

[215] D'une façon générale, les économistes libéraux français (comme Say) encouragent cette passion du bien-être. Ce n'est pas le cas de Tocqueville...

sociale : elle est d'abord, surtout, symbolique et se forme dans l'état de la conscience collective.

Or, c'est l'ouvrier qui est le plus exposé car, pour Tocqueville, sa condition est trop aléatoire. "L'ouvrier (...) spécule sur des besoins factices et secondaires que mille causes peuvent restreindre (...)"[216]. Le cultivateur arrivera toujours à écouler sa marchandise car se nourrir est un besoin fondamental que l'on ne peut pas trop réduire. Au contraire, lorsque la situation économique et sociale se dégrade, les individus cherchent à limiter la satisfaction de certaines jouissances liées à la consommation de biens industriels. "Or, c'est le goût et l'usage de ces jouissances sur lesquels l'ouvrier compte pour vivre"[217]. Le fait que la population cherche à restreindre ses besoins est une cause essentielle du paupérisme : il augmente ses frustrations et, en même temps, limite les débouchés. Comme le remarque Drescher, Tocqueville attribue aux besoins une fonction essentielle dans le système économique[218].

La démonstration de Tocqueville nous conduit à examiner un paradoxe. D'un côté, les différenciations sociales produisent des inégalités, qui deviennent insupportables lorsque l'industrialisation permet la transformation de l'économie de subsistance en une économie de luxe. L'introduction du luxe

[216] O.C., XVI, p.123.

[217] O.C., XVI, p.124.

[218] Seymour Drescher, *Dilemnas of Democracy, Tocqueville and modernization*, ibid, p.65-68. Tocqueville écrit également que "chaque année les besoins se multiplient et se diversifient et avec eux croît le nombre des individus qui espèrent se créer une plus grande aisance en travaillant à satisfaire ces besoins nouveaux qu'en restant occupés de l'agriculture, grand sujet de méditation pour les hommes d'état de nos jours! C'est à cette cause qu'il faut principalement attribuer ce qui se passe au sein des sociétés riches, où l'aisance et l'indigence se rencontrent dans de plus grandes proportions qu'ailleurs. La classe industrielle qui fournit aux jouissances du plus grand nombre est exposée elle-même à des misères, qui seraient presque inconnues, si cette classe n'existait pas" (O.C., XVI, p.124)

fragilise alors le système économique et social. Ces biens n'étant pas de première nécessité, leur consommation peut plus facilement être réduite, exposant les économies modernes à des crises conjoncturelles. Mais, d'un autre côté, Tocqueville ne prône pas un retour vers le passé. Il accepte les évolutions et la nécessité d'un progrès matériel. Le progrès social provient également du goût et de l'ambition du superflu. Le thème du progrès par le luxe et la propriété est très présent chez lui. Il ne fait que reprendre à son compte l'inflexion libérale qui part de Mandeville. D'ailleurs, Tocqueville intervient plus directement dans cette "querelle du luxe", en affirmant que la recherche de l'intérêt particulier doit se combiner avec la recherche de l'intérêt général, dans un chapitre de *De la Démocratie en Amérique*, où l'auteur semble se positionner par rapport à la "main invisible" d'Adam Smith. Pour l'auteur écossais, dans *La Richesse des nations*, chacun poursuit son intérêt personnel et sans l'avoir voulu, contribue ainsi à l'intérêt général qui n'est qu'une résultante. Pour l'auteur français, chacun contribue au bien commun car il a l'espoir d'en recueillir des avantages personnels. Dans ce cas, l'intérêt général est un objectif : "l'homme du peuple, aux Etats-Unis, a compris l'influence qu'exerce la prospérité générale sur son bonheur, idée si simple et cependant si peu connue du peuple. De plus il s'est accoutumé à regarder cette prospérité comme son ouvrage. Il voit donc dans la fortune publique la sienne propre, et il travaille non seulement par devoir ou par orgueil, mais j'oserais presque dire par cupidité"[219]. Ainsi, en inversant l'ordre des facteurs, Tocqueville prend-t-il finalement un premier contre-pied avec la théorie libérale qui sera celle des économistes libéraux français du XIXème siècle. Ces derniers n'hésitent pas à citer Smith pour professer la vertu de l'intérêt particulier.

[219] O. C., I, 1, p.247. Tocqueville explique également que les moralistes doivent intervenir pour conseiller les individus. Les actions individuelles produisant l'ordre social n'ont pas lieu spontanément. Il semble manifeste que, dans l'esprit de Tocqueville, le modèle smithien de la régulation spontanée ne présente aucune garantie : il ne suffit pas de laisser le marché fonctionner librement pour aboutir à la satisfaction de l'intérêt général.

Ce recours à une histoire du développement de la civilisation révèle, chez Tocqueville, le souci de montrer que les inégalités ne sont pas le propre d'une nature humaine éternelle mais le résultat d'une lente évolution. Avec cette recherche d'une explication objective, Tocqueville met en place certaines des prémisses de l'attitude sociologique et de l'analyse économique[220] et prend explicitement le contre-pied des économistes libéraux qui affirment qu'il faut "laisser-faire" car les inégalités sont naturelles (et nécessaires).

De plus, Tocqueville présente des causes du paupérisme qui sont assez différentes de celles que recensent les notables de l'époque[221]. Ces derniers ne l'envisagent souvent que d'un point de vue moral. Comme nous l'avons vu, pour eux, l'ouvrier est, certes, victime du progrès industriel, mais l'existence du paupérisme est essentiellement due à son ignorance, sa paresse, son imprévoyance, ou son immoralité. Ainsi, pour eux, le meilleur remède réside-t-il dans la moralisation des classes ouvrières. Tocqueville sort de cette attitude sentimentaliste, ce qui l'amène à "donner une explication raisonnable de ce phénomène."[222] C'est ici que l'auteur français trouve sa spécificité : lorsque, pour expliquer le paupérisme, il met en évidence dans son discours la recherche d'une vision objective. La pauvreté de masse n'est pas la conséquence des égarements moraux des ouvriers ou des pauvres, mais celle de l'accroissement des besoins issus du

[220] Donc, Tocqueville n'a pas une conception uniquement psychologique de la vie économique comme l'affirme Seymour Drescher, *Dilemnas of Democracy* : "Les conceptions de Tocqueville de la genèse et des facteurs causaux sur l'échange économique sont presque exclusivement psychologiques." , ibid, p.65-66.

[221] Voir Tudesq André Jean, *Les Grands Notables en France (1840-1849)*, Imprimerie Delmas à Bordeaux, 1964, tome II, chap 1 : Les Notables et la question sociale, p.566-605, P.U.F., Publications de la faculté des lettres et des sciences humaines de Paris, série "Recherches", tome XXI, issu d'une thèse soutenue en 1964 (Faculté des lettres et des sciences humaines) sous-titre : Étude historique d'une psychologie sociale.

[222] O.C., XVI, p.119.

développement de la civilisation. Sans compter que pour Tocqueville, la principale cause du paupérisme anglais ne provient pas des ravages de la loi sur les pauvres sur la moralité du peuple, mais de l'indivision de la propriété foncière. Au contraire des libéraux du XIXème siècle, qui continuaient à présenter la pauvreté comme une fatalité ou une nécessité, Tocqueville pense que le paupérisme n'est pas le destin de la démocratie. Il semble avoir compris que "le paupérisme est un phénomène difforme qui s'insinue dans les plis de l'ordre naturel fondé par l'économie politique"[223].

Déjà, dans l'énoncé des causes du paupérisme, Tocqueville prend ses distances avec l'inflexion libérale. En effet, comme Villeneuve-Bargemont, il décèle les méfaits de la poussée industrielle dans la création de besoins artificiels, donc fluctuants. Notre auteur ne présente pas le marché comme un régulateur idéal ou unique. Au contraire, il montre les ouvriers exposés aux indéterminations du marché. Comme le note Françoise Mélonio, avec Tocqueville, "on voit alors les manufacturiers s'affronter à une masse inorganisée d'ouvriers, totalement à la merci des aléas du marché"[224]. Les affirmations des économistes libéraux paraissent bien loin. Dès lors, contre ces tenants de la "main invisible" (Dunoyer, Bastiat...), il ne présente pas les pauvres comme étant les responsables uniques de leurs conditions. Et contre le moralisme imposé par l'économie sociale, il semble même vouloir exonérer le travailleur-pauvre de toute responsabilité quant à la précarité de sa situation matérielle. Tocqueville comprend que le paupérisme est un phénomène de grande ampleur qui ne résulte pas de la paresse individuelle mais du travail lui-même. Par conséquent, il renonce à traiter la pauvreté comme une faute. Dans le *Second Mémoire sur le paupérisme* (1837), laissé inachevé, Tocqueville explique que l'ouvrier est sujet à des difficultés sur lesquelles il ne peut intervenir. En effet, la société industrielle est soumise à des crises périodiques : il faut "prévoir que les classes industrielles seront, indépendamment

[223] Giovanna Procacci, *Gouverner la misère*, ibid., p.210.

[224] Notice des écrits académiques, O.C., Pléiade, p.1627.

des causes générales et permanentes de misère qui agissent sur elles, soumises fréquemment à des crises. Il est donc bien nécessaire de pouvoir les garantir tout à la fois et des maux qu'elles s'attirent à elles-mêmes et de ceux sur lesquels elles ne peuvent rien"[225]. Il y a donc des malheurs sur lesquels les ouvriers "ne peuvent rien". La responsabilité du travailleur n'est pas toujours engagée. Ainsi, mettre en avant l'état moral du travailleur pour expliquer sa condition modeste n'est pas un trait dominant de la pensée de Tocqueville sur le paupérisme. Toutefois, Tocqueville tombe également dans un certain moralisme lorsqu'il examine les conséquences de la loi sur les pauvres. Il privilégie alors les effets néfastes de la charité légale sur la condition morale du pauvre, allant même jusqu'à envisager une dépravation morale de l'indigent. Il faut dire que si, notre auteur se soucie moins de savoir quels sont les effets des "poor laws" sur la condition matérielle du pauvre que sur sa condition morale, son attitude n'est pas isolée. Aussi bien les économistes libéraux que des auteurs comme Villeneuve-Bargemont (qui par ailleurs demande l'intervention de l'Etat dans la question sociale) sont radicalement opposés au système mis en place en Angleterre.

Mais contre l'optimisme de Say consistant à nier l'existence de crises, Tocqueville explique que la possibilité de récession est une justification majeure du paupérisme. Contrairement aux paysans, les ouvriers sont exposés à des crises périodiques et "accidentelles". Tocqueville recense deux explications de ce qu'il qualifie de "crises commerciales". Tout d'abord, lorsque la quantité produite ne bouge pas alors que le nombre de travailleurs est en augmentation. L'auteur déplore la conséquence inévitable : les salaires baissent et c'est la crise. Ensuite, si la production entre en récession suite à une diminution des besoins sans que le nombre d'ouvriers varie, une grande partie d'entre eux devient superflue, et c'est encore une crise. Dans la seconde partie de *De la Démocratie en Amérique*, lorsque Tocqueville montre que les Américains se dirigent vers les professions industrielles, il précise que "le

[225] O.C., XVI, p.145

retour des crises industrielles est une maladie endémique chez les nations démocratiques de nos jours. On peut la rendre moins dangereuse, mais non la guérir, parce qu'elle ne tient pas à un accident, mais au tempérament même de ces peuples"[226]. L'inquiétude est alors plus grande car Tocqueville ne croit plus que les crises industrielles soient conjoncturelles. Ce phénomène économique et social néfaste sévit d'une manière permanente. La fragilité dans laquelle l'industrie place l'ensemble de ses travailleurs rend la crise structurelle.

Dans la seconde partie de son *Mémoire sur le paupérisme*, consacrée à l'étude des solutions pour lutter contre l'indigence de masse, Tocqueville revient sur cette cause fondamentale du paupérisme. En envisageant les raisons qui lui paraissent être spécifiques à l'Angleterre, il explique que ce pays est plus sujet aux crises que la France. La nation industrielle est victime de l'immensité de son empire qui l'expose, plus que d'autres, à des crises subites de consommation. L'importance des relations commerciales que l'Angleterre recherche avec le reste du monde peut entraîner sa perte. En effet, si par exemple dans l'une de ses colonies, la consommation d'un produit fabriqué sur le sol anglais baisse, ce sont les ouvriers qui contribuent à la confection de ce bien, qui sont menacés. Si bien que l'Angleterre est dépendante du niveau de ses consommations mais également de celui d'une grande partie de l'humanité. Ainsi, le travailleur anglais est doublement "exposé aux vicissitudes de la fortune"[227]. Dans son *Second Mémoire sur le paupérisme*, Tocqueville reprend cette idée qu'un pays dépendant de son commerce international s'expose à "une révolution industrielle"[228]. Au contraire, un pays comme la France, fondant sa stratégie industrielle et commerciale sur une consommation domestique, peut toujours s'adapter aux modifications intervenant dans la structure des achats. De plus, "ce changement lui-même ne s'opérant que graduellement, il y

[226] O.C., I, 2, p.163.

[227] O.C., XVI, p.127.

[228] O.C., XVI, p.145.

a gêne dans le commerce, mais il y a rarement crise"[229]. Pour autant, la France ne peut échapper totalement aux crises "car il n'y a pas de moyens connus d'équilibrer d'une manière exacte et permanente, même dans l'intérieur d'un royaume, le nombre des ouvriers et le travail, la consommation et la production"[230]. Les crises seront peut-être seulement moins fréquentes en France qu'en Angleterre. Mais, encore une fois, Tocqueville montre son scepticisme à l'égard de la loi de l'offre et de la demande "classique" qui doit permettre d'aboutir à un équilibre (quantité produite, salaire). Pour Tocqueville, le marché ne peut être à l'origine d'une "harmonie" économique et sociale. Mais en même temps que sa défiance au libéralisme économique, l'auteur de *De la Démocratie en Amérique* montre ses limites dans l'analyse économique. C'est, du reste, la perspective économique qui lui échappe, puisqu'il ne fait rien d'autre que décrire et condamner les nouvelles structures de l'économie mondiale qui vont bientôt l'emporter. Tocqueville ne comprend pas le nouvel ordre économique qui se développe à partir de la multiplication des échanges internationaux. Il interprète les transformations économiques au travers d'une vision et d'un schéma mécanistes, sans saisir ce qui change structurellement.

C'est une des raisons qui explique l'attachement de Tocqueville au monde agricole. D'ailleurs, lors de son premier voyage en Angleterre en 1833, il acquiert la conviction que la raison essentielle du développement du paupérisme anglais n'est pas l'instauration de la loi sur les pauvres, mais plutôt la grande concentration des propriétés foncières. Le nombre excessif des indigents au sein de la nation la plus avancée sur le plan économique n'est pas essentiellement dû aux "poor laws" car "la cause première et permanente du mal se trouve, suivant moi, dans l'extrême indivision de la propriété foncière"[231]. Au contraire des économistes libéraux, Tocqueville regrette que l'industrie prenne la place de l'agriculture. Il pense que le

[229] O.C., XVI, p.145.

[230] O.C., XVI, p.145.

[231] O. C., Pléiade, I, p.455.

monde agricole est source de bienfait lorsque la propriété foncière n'est pas agglomérée. Elle est un élément de stabilité politique et d'apaisement social car elle permet de responsabiliser les classes inférieures.

Pour Tocqueville, "la plus dangereuse des inégalités est celle qui résulte de l'indivision de la propriété foncière"[232]. Par conséquent, il dénonce la tendance observée en Angleterre en 1833, c'est-à-dire celle d'une concentration de la propriété foncière. Tocqueville explique, qu'en Angleterre, le paysan est non seulement attiré par les activités de l'industrie, mais il y est poussé par l'extrême "agglomération de la propriété foncière" qui empêche le paysan de se fixer sur une terre. "Car, proportion gardée, il faut infiniment moins de travailleurs pour cultiver un grand domaine qu'un petit champ.La terre lui manque et l'industrie l'appelle"[233]. Et Tocqueville de regretter cet exode rural, qui entraîne les deux tiers des travailleurs anglais[234] à se consacrer au commerce et à l'industrie, c'est-à-dire à des activités beaucoup plus aléatoires que le travail de la terre. Il déplore que les paysans quittent les terres pour embrasser des carrières plus mercantiles mais moins sûres. Ce phénomène, si présent en Angleterre, présente l'énorme

[232] *État social et politique de la France avant et depuis 1789*, O. C., II, 1, p.51.

[233] O.C, XVI, p.128.

[234] Tocqueville précise dans une note qu' "en France la classe industrielle ne forme encore que le quart de la population." (O.C., XVI, p.128). A l'inverse de l'Angleterre, la France n'a pas connu un exode rural massif. Depuis la Révolution Française, les petits propriétaires sont plus nombreux. Ils resteront plus longtemps dans les champs. Ainsi, pendant longtemps, la base rurale reste prépondérante en France. Par contre, les paysans anglais ne peuvent chercher comme les paysans français à augmenter leur petit lopin de terre. La propriété n'est pratiquement pas divisée. Par conséquent, ils préfèrent se diriger vers l'industrie où les profits sont plus substantiels et immédiats. Les revenus industriels sont plus risqués, mais de toute façon les ouvriers anglais ne trouvent plus à s'employer dans les campagnes. Ils vont s'entasser dans les villes industrielles.

désavantage de faire en sorte qu' "en face d'une minorité qui possède, se trouve une immense majorité qui ne possède pas"[235].

Cette tendance de la classe laborieuse anglaise à délaisser les champs, le monde rural et la paysannerie pour investir les "usines" lui est confirmée, lors de son deuxième voyage en Angleterre[236], par un avocat radical, Sharpe, que Tocqueville rencontre le 8 Mai 1835. Par rapport à la France, les revenus issus du commerce ou de l'industrie sont beaucoup plus importants et rapides en Angleterre. Les paysans préfèrent donc naturellement investir dans ces activités plus rentables et lucratives. Mais en plus, Tocqueville apprend dans cette conversation qu'il n'est pas dans les mœurs des individus composant la classe inférieure anglaise de consacrer leur surplus à l'achat de terre. En Angleterre, les petites propriétés n'existent pas, aussi ne vient-il pas à l'idée du paysan anglais de vouloir en acquérir. Il n'en a pas l'habitude ni le réflexe. Un paysan qui, en Angleterre, s'enrichit, ne se tourne pas vers l'achat d'une propriété foncière mais vers des activités liées à l'industrie et le commerce. Même le petit propriétaire préfère se défaire de sa terre pour entrer dans l'industrie. Son interlocuteur lui explique que la propriété est en Angleterre un goût de riche : "Quand on est devenu millionnaire dans le commerce, on achète une grande terre qui rapporte à peine 2%, qui vous oblige à une très grande représentation, mais qui en même temps, vous donne une haute position sociale"[237]. Tocqueville continue tout de même de s'étonner : "Ainsi, lorsque le pauvre voit auprès de lui un propriétaire qui, à lui tout seul, possède la moitié d'un comté, il ne lui vient pas dans l'idée que cette immense propriété, divisée entre tous les habitants du voisinage, pourrait donner à chacun d'eux de l'aisance, et il ne regarde pas ce grand propriétaire comme une

---

[235] Lettre inédite au Comte de Molé, Londres, 19 mai 1835.

[236] Dix huit mois après son premier voyage en Angleterre, Tocqueville s'y rend une seconde fois de mai à septembre 1835.

[237] *Notes sur le voyage en Angleterre en 1835*, Pléiade, p.462.

sorte d'ennemi commun?"[238]. En fait, Tocqueville sent l'aristocratie anglaise en danger, car seuls les riches peuvent accéder à la propriété territoriale. Si Tocqueville porte un tel jugement, un peu hâtif certes, c'est parce que pour lui, la hiérarchie sociale se justifie uniquement lorsque la possibilité d'élévation sociale existe. Avec la concentration foncière, il s'aperçoit qu'elle n'existe pas. En effet, un peu plus loin dans ses notes, il explique que la difficulté à établir des contrats rend la compétence d'un avocat nécessaire si l'on veut acquérir une terre. Mais ce service coûte très cher. En plus des mœurs et des différences de fortune, les lois civiles anglaises empêchent la division de la propriété foncière. "On n'achète donc que de grandes terres et on ne les achète que quand on est déjà très riche. Aussi le pauvre est exclu de la propriété foncière"[239].

Tocqueville entre dans une logique sans issue : selon lui, la pauvreté pourrait en partie être résolue par la division de la propriété foncière, mais de toute façon les pauvres n'ont pas de quoi acheter de petites terres. Il apprend d'ailleurs, que si le propriétaire veut pouvoir faire une bonne affaire financière, il doit éviter de parcelliser son terrain. De toute façon, il ne

[238] *Notes sur le voyage en Angleterre en 1835*, Pléiade, p.462. Résumant cette conversation dans une lettre du 19 mai 1835 à Molé, Tocqueville conclut : "Je ne sais si vous penserez comme moi, Monsieur, qu'un pareil excès du principe aristocratique mène presque aussi certainement à une révolution que chez nous le développement naturel de la démocratie. Déjà l'Angleterre présente ce phénomène, que près des deux tiers de la population a quitté la terre et sont entrés dans les carrières industrielles. Un pareil mouvement, qui date de loin et qui va toujours s'accélérant, ne peut mener qu'à un état contre nature, et dans lequel une société ne saurait, je pense, se maintenir. Il n'y a déjà qu'un cri dans ce pays contre l'excès de la population et le manque d'ouvrage. La population paraît excessive parce qu'elle est mal répartie, et l'ouvrage manque, parce que les travailleurs sont poussés du même coté. En face d'une minorité qui possède, se trouve une immense majorité qui ne possède pas; et nulle part la question n'est posée d'une manière plus redoutable entre ceux qui ont tout et ceux qui n'ont rien." (O.C, Pléiade, I, *notes*, p.1412-1413)

[239] O.C., Pléiade, I, p.480.

trouverait pas d'acheteur pour des petites surfaces. Tocqueville continue de penser dans des catégories dépassées pour l'Angleterre. A cette époque, la France est encore structurellement et idéologiquement paysanne. Par contre l'Angleterre est déjà majoritairement industrielle. D'ailleurs, il est significatif de noter qu'aucun des Anglais rencontré par Tocqueville ne marque le moindre intérêt pour sa réforme agraire. Dans son ouvrage *L'Irlande sociale, politique et religieuse*[240], Beaumont préconise également le partage de la terre entre les paysans comme un des éléments de solution du problème irlandais -on créerait ainsi une classe moyenne, indispensable élément stabilisateur de la société-, sans se faire néanmoins d'illusions sur les dispositions de l'aristocratie anglaise à cet égard.

Cependant, Tocqueville ne se contente pas de présenter ce raisonnement théorique (qui, certes, ouvre la voie à une solution "pratique") sur le paupérisme. Lors de ses voyages, ses nombreuses observations lui permettent d'enrichir ses réflexions. Ainsi, il a pu continuer à se rendre compte des ravages que provoque la misère de masse lors de son second séjour en Angleterre en 1835. Cette enquête est beaucoup plus approfondie que celle de 1833. Tocqueville, qui cette fois-ci voyage avec Gustave de Beaumont, reste d'abord deux mois à Londres où il rencontre des hommes politiques de tendances diverses et participe à des dîners mondains. Mais il passe également du temps à la lecture d'ouvrages, d'enquêtes parlementaires et de statistiques. D'emblée, Tocqueville regrette qu'en Angleterre tout soit gouverné par l'argent[241]. Il conclut : "Les Anglais n'ont laissé aux pauvres que deux droits: celui d'être soumis à la même législation que les riches et de s'égaler à eux en acquérant une richesse égale. Encore ces deux droits sont-ils plus apparents que réels, puisque c'est le riche qui fait la loi et qui crée, à son profit ou à ceux de ses

[240] *L'Irlande sociale, politique et religieuse*, par Gustave de Beaumont, C. Gosselin, Paris, 1839 (dans le second des deux tomes).

[241] Dans un article intitulé "privilèges de la richesse", daté du 8 juin 1835, O.C., Pléiade, I, p.478.

enfants, les principaux moyens d'acquérir la richesse"[242].

Cette fois-ci, Tocqueville décide de visiter les grands centres urbains et industriels anglais. Tout d'abord, il se rend à Birmingham, où il reste du 25 au 30 juin 1835. La situation industrielle de cette ville est particulière : les ouvriers sont souvent spécialisés et qualifiés. Ils travaillent au sein d'une industrie très diversifiée ou dans des entreprises assez petites. L'activité dominante à Birmingham, la métallurgie, ne nécessite pas des investissements trop importants. Ses ouvriers sont restés proches de leurs patrons. Ils reçoivent de bons salaires. Aussi l'union politique et sociale entre classes moyennes et classes populaires s'y fait-elle plus naturellement qu'à Manchester, par exemple[243].

Justement, Tocqueville se rend ensuite à Manchester, la ville du textile. Il est tout de suite frappé par l'extrême concurrence qui règne entre les ouvriers. En effet, les industriels de cette ville se servent de la nombreuse main d'œuvre en provenance de l'Irlande pour faire baisser les salaires des ouvriers anglais. L'Angleterre envisage l'industrie du textile avec des investissements importants, une concentration des capitaux et des entreprises et une main d'œuvre peu spécialisée. Les travailleurs irlandais n'ont aucune formation, et acceptent de se vendre à bas prix. Par là, ils permettent la baisse de l'ensemble des salaires. De plus, avec Manchester, Tocqueville comprend la dimension exceptionnelle que peuvent prendre ces cités industrielles grandissantes où les ouvriers sont parqués à proximité de leur lieu de "travail"[244]. Il lui est permis d'observer les conditions de vie effroyables des ouvriers. Les grandes

[242] 11 mai 1835, O.C., Pléiade, I, p. 479.

[243] Ainsi,dans un entretien avec un avocat, M. Carter, Tocqueville se demande : "Y a-t-il à Birmingham une classe de gens désoccupés?" L'avocat fait alors une réponse qui peut paraître surprenante : "Non. Tout le monde travaille à faire fortune. La fortune faite, on va en jouir ailleurs." (O.C., Pléiade, I, p.491).

[244] "Autour d'elles (les manufactures) ont été semées comme au gré des volontés les chétives demeures du pauvre" (O.C., I, p. 502).

usines sont le signe d'un contraste effrayant entre une minorité de riches patrons et une masse ouvrière très pauvre. Les conditions de travail, terribles, de ce modèle manchestérien ne le laissent pas indifférent : il remarque notamment l'embauche excessive d'enfants et de femmes que les industriels exploitent tant qu'ils peuvent. Nous verrons que Tocqueville tient compte de toute ces observations au moment où il rédige ses formidables pages sur la condition de la vie ouvrière dans le second tome de *De la Démocratie en Amérique*...

Aux yeux de Tocqueville, le contraste entre Manchester et Birmingham est évident[245], il écrit qu'à Manchester on retrouve: "une foule de petits locataires entassés dans la même maison. A Birmingham, presque toutes les maisons occupées par une seule famille; à Manchester, une portion de la population dans des caves humides ou trop chaudes, puantes et malsaines : treize ou quinze individus dans la même. (...) A Manchester, quelques grands capitalistes, des milliers de pauvres ouvriers, peu de classe moyenne. A Birmingham, peu de grandes manufactures, beaucoup de petits industriels. A Manchester, les ouvriers réunis par mille ou trois mille dans les manufactures. A Birmingham, les ouvriers travaillent chez eux ou dans des petits ateliers en compagnie du maître lui-même. A Manchester, on a surtout besoin des femmes et des enfants. A Birmingham, particulièrement des hommes et peu des femmes".

Ainsi, c'est surtout à Manchester, à la fin du mois de Juin, que Tocqueville peut le mieux juger de l'immensité de la pauvreté des classes laborieuses. Il y fait la connaissance du docteur Kay[246], qui lui fait visiter une société de bienfaisance mais aussi un lieu de misère de Manchester, appelé "Petite Irlande", en

245 Dans un article intitulé "Autres différences entre Birmingham et Manchester", O.C., Pléiade, I, p.501.

246 Auteur d'une étude sur l'état moral et politique des classes ouvrières intitulée *The moral and physical condition of the working classes employed in the cotton manufacture in Manchester*, J. Ridgway, London, 1832.

référence à l'extrême indigence qui règne dans ce pays à l'époque. Les notes de voyage de Tocqueville retranscrivent une vision apocalyptique : "Mais qui pourrait décrire l'intérieur de ces quartiers placés à l'écart, réceptacles du vice et de la misère, qui enveloppent et serrent de leurs hideux replis les vastes palais de l'industrie? Sur un terrain plus bas que le niveau du fleuve et dominé de toutes parts par d'immenses ateliers s'étend un terrain marécageux, que des fossés fangeux tracés de loin en loin ne sauraient dessécher et assainir. Là aboutissent de petites rues tortueuses et étroites, que bordent des maisons d'un étage, dont les ais mal joints et les carreaux brisés annoncent de loin comme le dernier asile que puisse occuper l'homme entre la misère et la mort. Cependant les êtres infortunés qui occupent ces réduits excitent encore l'envie de quelques-uns de leurs semblables. Au-dessous de leurs misérables demeures se trouve une rangée de caves à laquelle conduit un corridor demi-souterrain. Dans chacun de ces lieux humides et repoussants sont entassés pêle-mêle douze ou quinze créatures humaines. (...) Levez la tête, et tout autour de cette place, vous verrez s'élever les immenses palais de l'industrie. Vous entendrez le bruit des fourneaux, les sifflements de la vapeur. Ces vastes demeures empêchent l'air et la lumière de pénétrer dans les demeures humaines qu'elles dominent, elles les enveloppent d'un perpétuel brouillard; ici est l'esclave, là le maître. Là, les richesses de quelques-uns; ici, la misère du plus grand nombre. Là les forces organisées d'une multitude produisent, au profit d'un seul, ce que la société n'avait pas encore su donner; ici, la faiblesse individuelle se montre plus débile et plus dépourvue encore qu'au milieu des déserts. Ici les effets, là les causes"[247].

Tocqueville n'est pas du tout aveugle aux inégalités qui lui sont données d'observer. Cette longue description en des termes très réalistes des maisons ouvrières indique sa conscience aiguë de l'écart des conditions dans la société industrielle. Observateur avide des réalités sociales, Tocqueville nous laisse ici un récit horrifié des taudis de Manchester. En effet, l'auteur de *De la Démocratie* nous permet de voir une peinture

[247] O.C., Pléiade, I, p.502-503.

impressionniste d'un nouvel enfer. D'ailleurs, pour bon nombre des commentateurs de l'œuvre de Tocqueville[248], ces pages sur la détresse ouvrière de Manchester sont de la même veine que les analyses de La Bruyère de la condition paysanne du XVII ème siècle[249]. Cette description des quartiers miséreux de la ville industrielle semble même rappeler l'ouvrage, prélude au marxisme, de Friedrich Engels sur la situation de la classe ouvrière en Angleterre[250]. En effet, le débat sur le paupérisme, en imposant une réflexion sur le capital et le travail, crée les conditions intellectuelles et idéologiques du surgissement de la pensée marxiste.

Ainsi, tout au long de son voyage, Tocqueville visite les grands centres industriels anglais, où il observe avec effroi le contraste évident entre les riches et les pauvres, entre les "industriels" et les ouvriers. Il tente alors de comprendre l'urbanisation et l'industrialisation de Manchester. Il veut saisir cette réalité dans son ensemble. Il recherche les motifs qui poussent les paysans à continuer à se rendre dans cet enfer. Pourquoi l'exode rural se poursuit-il? Pour les paysans "les gages, (si) peu élevés qu'ils (soient), leur paraissent encore une amélioration à leur état présent"[251]. De telles réflexions éloignent encore un peu plus Tocqueville des penseurs du libéralisme économique (notamment Say) qui glorifient le modèle civilisationnel et économique anglais.

Toutefois, Tocqueville ne cherche pas à obtenir des informations directement des classes ouvrières. Ses seuls contacts avec la classe moyenne résident dans ses quelques rencontres avec des manufacturiers. Par exemple, il ne souhaite

248 Par exemple, J. P. Mayer, introduction aux deux tomes sur les Voyages de Tocqueville, O.C., V, 1, Gallimard, 1957, p.25.

249 "De l'homme" in *Les Caractères*, Bibliothèque de la Pléiade, Gallimard, Paris, 1953, n°128.

250 *Situation des classes laborieuses en Angleterre, en France et en Allemagne* (1845), A. Costes, Paris, 1933, 2 tomes.

251 Tocqueville le 2 juillet 1835, dans un article intitulé "Manufactures", O.C., Pléiade, p.504.

pas s'entretenir avec les chefs des partis ouvriers anglais, qui pourtant commencent à prendre de l'importance à cette époque. Finalement, Tocqueville préfère évoluer dans son milieu social, en dépit de ses bonnes résolutions de départ : "Nous tenons beaucoup à nous mêler à toutes les classes et à essayer tous les contacts"[252]. Pour autant son jugement sur la société industrielle anglaise est sans nuance. "Dans tous les pays il semble malheureux de n'être pas riche. En Angleterre, ce devint un horrible malheur d'être pauvre"[253]. Ainsi Tocqueville qui, par ailleurs, admirait l'Angleterre au point de la considérer comme sa "seconde patrie intellectuelle"[254], condamne son mode de développement directement issu de la Révolution industrielle. En dépit de son estime pour l'esprit politique anglais, Tocqueville déplore la crise sociale causée par une industrialisation fantastiquement rapide.

Toujours accompagné de Beaumont, Tocqueville se rend en Irlande, où dès les premiers instants, une misère généralisée lui saute aux yeux. La misère irlandaise est aussi frappante que la richesse anglaise. En effet, la situation économique et sociale de l'Irlande est particulièrement désastreuse. La famine y est quasi-permanente. Lorsque la récolte de pommes de terre (l'aliment principal des Irlandais) touche à sa fin et que la moisson suivante n'est pas encore arrivée à terme, c'est-à-dire d'Avril à Août, la disette est générale. Tiraillés par la faim, les Irlandais n'arrivent pas à attendre que les légumes soient mûrs. Dès lors, nombreux sont ceux qui déterrent des pommes de terre encore vertes, pour avoir quelque chose dans le ventre. La faim tue chaque année des milliers d'Irlandais.

Ainsi, en Irlande, la pauvreté est endémique. Les quelques

[252] Lettre inédite de Tocqueville à Mary Motley, du 5 mai 1835, archives Tocqueville citée par Lise Queffélec, dans sa "Notice sur le voyage en Angleterre et en Irlande de 1835" in O.C., Pléiade, I, p.1399.

[253] Tocqueville et Beaumont arrivent à Dublin le 6 juillet 1835, O.C., Pléiade, I, p.512-513.

[254] Lettre du 21 février 1835 à Senior (O.C., VI, 2, p.69) et Lettre du 27 juillet 1851 à Senior (O.C., VI, 2, p.135).

riches habitations de l'aristocratie irlandaise font encore plus ressortir cette indigence qui semble frapper pratiquement tous les habitants du pays. D'ailleurs, Tocqueville déteste l'aristocratie irlandaise qui ne possède pas, à ses yeux, loin s'en faut, les vertus de l'aristocratie anglaise. En fait, il identifie rapidement l'aristocratie irlandaise comme étant à l'origine de bon nombre des malheurs du peuple. Dans un pays agricole comme l'Irlande, l'aristocratie profite tant qu'elle peut de la condition misérable du pauvre. En effet, les grands propriétaires terriens irlandais pressurent le plus possible la population paysanne[255], cherchant à asservir le peuple afin de pouvoir encore mieux le contraindre à accepter des salaires misérables. En outre, pour ne rien arranger, ces "seigneurs" ne résident pas en Irlande car ils préfèrent se mêler à la haute société anglaise. Ils font alors exploiter leurs domaines par des régisseurs sans compassion. Dès lors, les conséquences sont tragiques pour les ouvriers ruraux irlandais car, non seulement les conditions de travail sont terribles, mais en plus les propriétaires dépensent leurs revenus en Angleterre, abandonnant la consommation des produits domestiques[256]. Alors que les deux tiers des travailleurs irlandais sont des paysans, ils ne peuvent profiter des résultats de leurs labeurs car ils sont tout entier destinés au puissant voisin[257].

Tocqueville réalise que l'aristocratie irlandaise cherche à augmenter l'asservissement du peuple, afin de mieux pouvoir

[255] Dialogue avec Murphy (entre le 6 et le 17 juin 1835), O.C., Pléiade, I, p.516. Tocqueville revient sur cette question avec M. Kelly (avocat) et M. Wilson ("Ministre de l'Eglise anglicane") le 11 juillet 1835, O.C., Pléiade, I, p.521-522.

[256] "Les riches propriétaires irlandais tirent de leurs terres tout ce qu'elles peuvent donner, ils profitent de la concurrence que crée la misère, et quand ils ont ainsi réuni d'immenses sommes d'argent, ils vont les dépenser hors du pays." (O.C., Pléiade, I, p.521-522).

[257] "L'Irlandais élève de belles moissons, porte sa récolte au port le plus voisin, l'embarque à bord d'un bâtiment anglais, et revient se nourrir de pommes de terre. Il élève des bœufs, les envoie à Londres et ne mange jamais de viande." (O.C., Pléiade, I, p.522).

le contraindre à tout accepter. Notre auteur propose à nouveau de diviser la propriété foncière afin d'obtenir le démantèlement de cette noblesse peu scrupuleuse. L'aristocratie irlandaise doit disparaître, car, non contente de ne pas chercher à améliorer la situation, elle contribue directement et volontairement à sa détérioration. Si Tocqueville est si définitif à l'égard de l'aristocratie irlandaise, c'est parce qu'elle n'est pas conforme à l'idée qu'il se fait de la hiérarchie sociale. Les grands propriétaires n'ont de cesse d'utiliser leurs droits sans assumer les devoirs qui, pour notre auteur, incombent à toute aristocratie. En effet, il apprend que les "seigneurs" irlandais ne se préoccupent pas de l'état de dénuement dans lequel sont tombés leurs concitoyens. Ce sont les pauvres qui, au prix d'immenses sacrifices, se chargent de soulager la misère des indigents[258]. Puisque la charité privée entre le riche et le pauvre est absente, le lien moral qui les lie est inexistant. Au contraire,

[258] "Le riche regarde le pauvre du haut des murs de son beau parc ou, s'il le rencontre sur son chemin, il répond à ses prières : "je me suis fait un devoir de ne point donner à ceux qui ne travaillaient pas." Et il ne leur fournit pas d'ouvrage. Il a des chiens gros et gras et ses semblables meurent à sa porte. Qui nourrit le pauvre? Le pauvre. Le malheureux qui a 100 boisseaux de pommes de terre pour lui et sa famille en donne annuellement 50 aux hommes plus malheureux encore qui se présentent ayant faim à la porte de sa chaumière. Est-il juste que cet homme porte des habits déchirés, n'envoie pas son fils à l'école, et s'impose les plus dures privations pour soulager des misères aux-quelles le propriétaire reste insensible? (...) (Tant de gens meurent de faim) Parce que les propriétaires trouvent leur intérêt à faire des prairies, et s'ils peuvent obtenir un peu plus d'argent ils se moquent du reste. A l'heure qu'il est, messieurs, l'intérêt des propriétaires d'Irlande est de rendre le peuple aussi misérable que possible, car, plus le cultivateur sera menacé de mourir de faim, plus il sera prêt à se soumettre à toutes conditions qu'on voudra lui imposer. Donnons un intérêt aux propriétaires à ce que le pauvre soit aisé." Tocqueville entend ces puissantes paroles pour la première fois, lors d'un dîner chez l'évêque de Kilkeny, le 26 juillet 1835 (O.C, Pléiade, I, p.550-551.) Elles semblent l'avoir marqué car, deux jours plus tard, il replace pratiquement les mêmes mots dans la bouche d'un curé catholique (O.C, Pléiade, I, p.564-565).

la haine qui se développe entre l'aristocratie et le peuple est profonde. Ainsi, l'aristocratie irlandaise présente uniquement les défauts de sa supériorité sociale. Le moindre n'étant pas de laisser des terres non cultivées alors que des bras sont inoccupés.

Tocqueville perçoit alors en Irlande qu'un indigent qui ne travaille pas n'est pas forcément un "mauvais pauvre". En effet, se déplaçant sur une route irlandaise pour se rendre chez un curé catholique, le voyageur nous conte que "plus loin, j'aperçus cinq ou six hommes pleins de force et de santé couchés nonchalamment sur le bord du ruisseau. Si j'avais moins connu l'Irlande, cette paresse au milieu d'une si grande misère aurait excité mon indignation; mais je connaissais déjà assez ce malheureux pays pour savoir que l'ouvrage manque sans cesse. On ne peut gagner sa vie à la sueur de son front comme l'avait (prescrit) Dieu"[259]. L'importance de l'indigence irlandaise permet à Tocqueville de lever un préjugé typique de cette première moitié du XIXème siècle. La paresse ne peut plus constituer l'explication de la misère, même pour un pauvre valide qui ne travaille pas. Tocqueville comprend que le paupérisme est un phénomène collectif : la pauvreté touche trop de monde pour continuer à être considérée comme le résultat d'une faute individuelle. Avec cette constatation, notre auteur sort des anciennes catégories d'appréciation de l'indigence. L'étude de ses solutions pour lutter contre le paupérisme confirmera cette hypothèse.

Ce voyage de 1835 en Angleterre et en Irlande marque profondément Tocqueville. Il va intégrer ses nombreuses observations de la question sociale dans la seconde partie de *De la Démocratie en Amérique* (1840). Rappelons que la première *Démocratie* (1835)[260], ne fait aucune référence aux grands centres industriels américains naissants. Tocqueville n'a pas pu

---

[259] 28 juillet 1835, O.C., Pléiade, I, p. 560.

[260] Publiée en janvier 1835 c'est-à-dire juste avant la rédaction de son *Mémoire sur le paupérisme* et cinq mois avant son second départ pour l'Angleterre.

ou pas voulu les visiter. A cette époque, il s'agit vraisemblablement d'un aspect qui lui paraît en marge de ses préoccupations. Il n'en a donc pas tenu compte dans ses analyses descriptives. Il faut dire que l'Amérique que Tocqueville visite est surtout rurale, paysanne et prospère. C'est la constatation de l'immense misère industrielle anglaise qui l'amène à considérer de plus près la question industrielle et sociale. Dès lors, dans la seconde *Démocratie*, à travers quelques fameux passages, notre auteur étudie la civilisation industrielle et considère plus attentivement la situation des classes laborieuses. Il commence par s'apercevoir que les sociétés démocratiques se consacrent entièrement au commerce et à l'industrie. Or, depuis son *Mémoire sur le paupérisme*, Tocqueville pense que l'industrialisation est, en partie, responsable du paupérisme. Par conséquent, il déplore que l'agriculture, qui se modernise moins rapidement, soit petit à petit abandonnée. Il faut dire que les résultats que l'on peut en attendre en terme de bien-être sont peu importants et assez longs à obtenir. En fait, elle est réservée "à des riches qui ont déjà un grand superflu, ou à des pauvres qui ne demandent qu'à vivre"[261]. Mais la catégorie sociale américaine dominante est constituée par une classe moyenne qui, par le biais de l'égalité des conditions, a acquis le goût du bien-être matériel et préfère s'adonner aux activités qui lui permettent de le satisfaire rapidement. Ainsi, ces individus choisissent de quitter les champs pour embrasser des carrières industrielles et commerciales car les profits y sont plus rapides et lucratifs bien que plus hasardeux[262]. En effet, cette croissance rapide de l'industrie ne va pas sans risque : chacun "se mêle plus ou moins d'industrie, au moindre choc que les affaires y éprouvent, toutes les affaires particulières trébuchent en même temps et l'Etat chancelle"[263]. Comme nous l'avons déjà signalé, Tocqueville redoute ces crises périodiques qui traversent

[261] O.C., I, 2, p.160.

[262] "La démocratie (...) porte les hommes à un travail plutôt qu'à un autre, et tandis qu'elle les dégoûte de l'agriculture, elle les dirige vers le commerce et l'industrie" (O.C., I, 2, p. 160).

[263] O.C., I, 2, p.163.

l'histoire économique du XIXème siècle. Il ne s'enferme pas dans le schéma théorique optimiste de Say mais, au contraire, en dénonçant les mécanismes produits par le libéralisme économique, fait preuve d'un lucide pessimisme.

Dans un autre chapitre, intitulé "Comment l'Aristocratie pourrait sortir de l'industrie"[264], l'auteur va alors produire une véritable analyse de la condition ouvrière avec une connaissance que l'on a tendance à sous estimer. Tocqueville, sensible au devenir de la classe opprimée, redoute terriblement les effets de l'industrialisation : le spectre d'un retour en arrière hante notre auteur. Comme Villeneuve-Bargemont dénonçant la féodalité nouvelle qui naît avec la multiplication des usines, Tocqueville précise qu'au sein de la Démocratie, l'industrie est "un monstre dans l'ensemble de l'état social"[265] qui prend les traits d'une "aristocratie manufacturière". L'industrie est le seul domaine où, dans un cadre démocratique, peut se constituer cette aristocratie. Ainsi, Tocqueville regrette la toute-puissance des maîtres industriels qui peuvent rétablir en leur faveur une nouvelle féodalité. Par les termes employés, l'auteur montre une remarquable conscience des inégalités engendrées par la société industrielle[266]. Il indique alors combien son libéralisme a su s'adapter à son temps : pour lui les ouvriers ne sont pas

---

[264] O.C., I, 2, p.164.

[265] O.C., I, 2, p.165.

[266] Tocqueville constatait déjà dans son *Second Mémoire sur le paupérisme* que "l'industrie a conservé la forme aristocratique chez les nations modernes, alors que de toutes parts on voyait disparaître les institutions et les mœurs que l'aristocratie avait fait naître. (...) On rencontre donc quelques individus qui possède de grandes richesses et qui font travailler pour leur compte une multitude d'ouvriers qui ne possèdent rien. Tel est le spectacle que présente de nos jours l'industrie française. C'est exactement ce qui se passait chez nous au Moyen-Âge et qu'on voit encore arriver dans une grande partie pour l'industrie agricole." L'ouvrier des temps industriels comme le paysan sous l'Ancien Régime n'a pas de propriété et ne voit pas comment sa condition pourrait s'améliorer. Mais sa situation est rendue plus précaire encore par les crises industrielles plus fréquentes que les crises agraires (O.C., XVI, p.144).

libres. Il attire l'attention avec vigueur sur l'esclavage auquel sont réduites les classes laborieuses. Pour lui, l'indigence des travailleurs industriels crée une dépendance que les possédants n'hésitent pas à exploiter. Tocqueville est un observateur pessimiste de la société industrielle et marchande, car, à ses yeux, son organisation détruit une liberté qu'il défend ardemment. Si la misère est haïssable, c'est parce qu'elle prive une grande partie de la population de cette liberté qui appartient au patrimoine de tout homme. Il méprise ce capitalisme qui représente une nouvelle forme d'asservissement.

Tocqueville dénonce la supériorité et l'influence de cette nouvelle aristocratie qu'il définit de la manière suivante : "Le maître et l'ouvrier n'ont donc ici rien de semblable, et ils diffèrent chaque jour davantage. Ils ne se tiennent que comme les deux anneaux extrêmes d'une longue chaîne. Chacun occupe une place qui est faite pour lui, et dont il ne sort point. L'un est dans une dépendance continuelle, étroite et nécessaire de l'autre, et semble nécessaire de l'autre, et semble né pour obéir, comme celui-ci pour commander. Qu'est-ce ceci sinon de l'aristocratie?"[267]. Le monde industriel reproduit donc la structure du pouvoir typique de l'aristocratie : les ouvriers et les entrepreneurs sont les représentants de deux classes qui diffèrent radicalement mais qui sont attachées. Il se développe une nouvelle stratification de la société entre deux mondes qui s'ignorent et se détestent. Ainsi, Tocqueville ne méconnaît pas les conflits du monde industriel qui réhabilite une hiérarchie. L'ère industrielle provoque la fin de la mobilité sociale et produit des privilégiés qui le resteront. La classe ouvrière forme bien une exception dangereuse au principe d'égalité des conditions qui se répand dans l'état social démocratique. Elle ne peut ni bénéficier de l'égalité des chances, ni de l'égalité imaginaire qui modifie le rapport entre le maître et le serviteur. Nous sentons poindre, chez Tocqueville, l'analyse d'une lutte des classes. L'activité industrielle produit une forme radicale de dépendance, où l'ouvrier, en effet, semble né pour obéir et l'industriel pour commander. Tocqueville dépeint un nouveau climat social où les inégalités traduisent la montée en puissance

[267] O.C., I, 2, p.165.

de deux groupes d'individus : des entrepreneurs cupides minoritaires et une masse croissante d'ouvriers abêtis, les premiers exploitant les seconds.

Tocqueville montre ensuite que le développement industriel permet l'enrichissement des capitalistes. Mais il ne manifeste aucune sympathie pour ces nouveaux riches qui font fortune dans l'industrie, car, en même temps, ils provoquent la paupérisation des ouvriers : "Dans le même temps que la science industrielle abaisse sans cesse la classe des ouvriers, elle élève celle des maîtres. Tandis que l'ouvrier ramène de plus en plus de son intelligence à l'étude d'un seul détail, le maître promène chaque fois ses regards sur un plus vaste ensemble"[268]. Pour satisfaire la demande toujours croissante de jouissances matérielles, l'industrie accroît sa production tout en cherchant à abaisser ses prix afin de vendre davantage. Dans ce but, elle met l'accent sur les gains de productivité, sur la spécialisation par la répartition des tâches et donc sur la division du travail.

Tocqueville se lance alors dans une critique radicale, mettant en cause une application excessive de la division du travail. Pour lui, il s'agit d'une détérioration et non d'une amélioration de la condition ouvrière. Il met en avant le caractère aliénant de la société moderne (et industrielle) puisque le travailleur se concentre sur l'exécution d'un détail, occupe toujours la même place dans la chaîne de production et n'est plus jamais capable de se préoccuper d'une autre activité, car "en lui, l'homme se dégrade à mesure que l'ouvrier se perfectionne"[269]. L'ouvrier ne peut plus s'intéresser au monde qui l'entoure. Sous l'emprise permanente de son labeur, il ne pense pas. Tocqueville semble répondre à l'analyse d'Adam Smith qui voyait un certain nombre d'avantages à la division du travail. Reprenant son exemple de la manufacture d'épingles, il ne tire que les effets négatifs de cette organisation du travail, notamment l'aliénation de l'ouvrier condamné à répéter

[268] O.C., I, 2, p.165.

[269] O.C., I, 2, p.164.

indéfiniment le même geste[270] : “Que doit-on attendre d’un homme qui a employé vingt ans de sa vie à faire des têtes d’épingles? et à quoi peut désormais s’appliquer chez lui cette puissante intelligence humaine, qui a souvent remué le monde, sinon à rechercher le meilleur moyen de faire des têtes d’épingles!”[271]. L’ouvrier qui passe sa vie à faire des têtes d’épingles se dégrade et ne devient bon ouvrier qu’en étant moins homme. En effet, l’intelligence humaine s’atrophie et la réflexion de l’individu est impossible. Ainsi, contrairement aux économistes libéraux, Tocqueville ne voit pas dans le système instauré par la division du travail matière à optimisme. En analysant les effets psychologiques et sociaux de cette forme d’organisation du travail, il craint qu’elle s’étende et empêche, entre autre, les travailleurs d’accomplir leurs obligations de citoyens. Nous verrons plus loin que Tocqueville s’avise également que la division du travail entrave et peut même mettre fin à une caractéristique de la société démocratique : la mobilité sociale.

Tocqueville se montre de la sorte sans concession pour la société industrielle : “je pense qu’à tout prendre, l’aristocratie manufacturière que nous voyons s’élever sous nos yeux est une des plus dures qui aient paru sur la terre”[272]. Par là, il

[270] Tocqueville montre le pouvoir avilissant de la division du travail sur l’ouvrier. Celle-ci étant moins répandue en Amérique, “développer l’intelligence de l’ouvrier” est possible. (O.C., I, p. 421).

[271] O.C., I, 2, p.164. Lors de son second voyage en Angleterre, Tocqueville a pu observer les grandes usines de textile de Manchester, où sont concentrés 1500 ouvriers que l’on fait travailler soixante-neuf heures par semaine : “Quel être tout matériel doit nécessairement devenir un homme qui fait la même chose pendant douze heures environ tous les jours de sa vie, excepté le dimanche? Quelle soif de repos ou de distraction vive il doit avoir le dimanche? Aussi, à Manchester, les ouvriers restent couchés ce jour-là ou passent la journée au cabaret. On ne les voit que peu dans les églises, excepté les catholiques.” (O.C., Pléiade, notes, p.1435) Cela nous apporte d’ailleurs peut-être la preuve que ses notes de 1835 sont bien à l’origine de ces chapitres sur l’industrie.

[272] O.C., I, 2, p.167.

compare l'attitude des maîtres industriels avec celle des anciens maîtres fonciers : à l'inverse des propriétaires fonciers, les chefs d'industrie ne se placent jamais parmi leurs ouvriers, ce qui rend impossible toute forme de lien social entre eux. Tocqueville regrette que les contacts entre les deux classes soient purement matériels. Alors que les maîtres féodaux cherchaient uniquement à gouverner leurs paysans, les industriels veulent en plus exploiter leurs ouvriers. La classe ouvrière ne reçoit pas les secours que sa dépendance à l'égard de ses maîtres aurait rendus obligatoires dans l'état social aristocratique. Ainsi, pour Tocqueville, l'aristocratie industrielle est plus impitoyable que l'aristocratie foncière qui était au cœur d'un dispositif social : "elle prenait en charge le destin collectif"[273]. Notre auteur idéalise quelque peu l'Ancien Régime et la sociabilité d'ordre qui permettait de soulager une grande partie des souffrances des paysans. Pour assurer leur rang, les nobles avaient l'habitude de s'occuper des pauvres qui habitaient sur leur territoire. Tocqueville considère que les nobles avaient le devoir de solidarité. C'est à la dénonciation de la rupture de ce lien social traditionnel dans la société industrielle qu'il se livre.

Tocqueville cherche à appréhender les concentrations industrielles naissantes avec leurs nouveaux riches et leurs nouveaux pauvres, où d'emblée sont exclus ces vieux liens organiques. L'industriel n'a aucune idée des besoins des ouvriers qui sont souvent réduit à une extrême misère. Il n'y a plus le patronage des sociétés traditionnelles. Tocqueville n'approuve pas cet univers social où les ouvriers et les patrons se croisent sur les lieux de production sans avoir rien d'autre en commun. Leurs relations sont exclusivement centrées sur l'échange d'une prestation (travail contre salaire) sans impliquer d'autre obligation : ni protection, ni soutien, ni entraide. D'ailleurs, les entrepreneurs se servent des ouvriers et s'en débarrassent dès que la conjoncture est défavorable : "l'aristocratie manufacturière de nos jours, après avoir

---

[273] Bernard Valade, *Introduction aux sciences sociales*, Paris, P.U.F., collection "Premier Cycle", Paris, 1996, p.279.

appauvri et abruti les hommes dont elle se sert, les livre en temps de crise à la charité publique pour les nourrir"[274]. Tocqueville fustige l'irresponsabilité sociale des manufacturiers qui arrivent à tirer profit du jeu du marché. Il dénonce la société industrielle, car elle est dirigée par une minorité qui exploite une majorité. Cette nouvelle civilisation en train de se mettre en place, intensifie l'isolement des individus et introduit une nouvelle division sociale, entre travailleurs et patrons, qui fait resurgir une haine entre deux classes aux intérêts antagonistes. En effet, pour Tocqueville, nous avons vu que l'industrie donne naissance à une aristocratie d'un nouveau type. Or, il pense qu' "une aristocratie ne succombe d'ordinaire qu'après une lutte prolongée, durant laquelle il s'est allumé entre les différentes classes des haines implacables"[275]. Dès lors, pour lui, il devient urgent de penser les solutions pour combattre la pauvreté industrielle et ainsi tenter de rétablir la cohésion sociale de la nation.

Le paupérisme, issu de l'industrialisation pour Tocqueville, est directement à l'origine d'une désocialisation qui doit être prise en charge. L'"usine" provoque une rupture du lien social qu'il faut empêcher. Il ne peut donc exister, pour Tocqueville, de nation française sans solidarité "morale" entre les riches et les pauvres. La compassion semble être la condition première de cette solidarité, pourvu toutefois qu'elle trouve à s'exprimer dans une société qui sache faire face à ses problèmes. Mais il s'agit également d'une solidarité intéressée "car, il faut bien que les riches comprennent que la Providence les a rendus solidaires des pauvres et qu'il n'y a pas de malheurs entièrement isolés dans ce monde"[276]. C'est pourquoi Tocqueville croit beaucoup dans ce principe de l'association qu'il a observé en Amérique pour resserrer le "lien moral" entre les classes sociales antagonistes : riche et pauvre, maître et serviteur, et bien sûr, entrepreneur et ouvrier. L'association

[274] O.C., I, 2, p.167.

[275] Chap.III : "Comment l'individualisme est plus grand au sortir d'une révolution démocratique qu'à une autre époque" (O.C., I, 2, p.107).

[276] O.C., I, 2, p.160.

permet de multiplier les contacts entre ces individus, qui ont des fortunes différentes et "ils se rencontrent une fois et apprennent à se retrouver toujours"[277]. Tocqueville présente l'association comme modèle politique, moral et social. Elle est d'un intérêt central dans sa réflexion : "Dans les pays démocratiques, la science de l'association est la science mère; le progrès de toutes les autres dépend des progrès de celle-là. Parmi les lois qui régissent les sociétés humaines, il y en a une qui semble plus précise et plus claire que toutes les autres. Pour que les hommes restent civilisés ou le deviennent, il faut que parmi eux l'art de s'associer se développe et se perfectionne dans le même rapport que l'égalité des conditions s'accroît"[278]. Tocqueville présente la démocratie à travers un phénomène sociologique : l'égalité des conditions. Dans les siècles démocratiques, cette tendance en entraîne d'autres comme le matérialisme et l'individualisme... Pour Tocqueville, l'association est le moyen privilégié de lutter contre ces penchants, c'est-à-dire contre la séparation produite par l'égalité des conditions[279] : "Non seulement les riches ne sont pas unis solidement entre eux, mais on peut dire qu'il n'y a

---

[277] O.C., I, 2, p.116-117.

[278] O.C., I, 2, p. 117. Le milieu du XIXème siècle avait un autre chantre de l'association : le Comte de Laborde qui avait publié *De l'esprit d'association dans tous les intérêts de la communauté*, (Gide fils, Paris, 1821).

[279] "L'individualisme est d'origine démocratique, et il menace de se développer à mesure que les conditions s'égalisent" (O.C., I, 2, p.105). Par la suite, Tocqueville regrette que dans les temps démocratiques, les hommes, trop occupés à satisfaire leur intérêt propre, ne soient pas portés à assurer la protection de leurs prochains. Outre l'association, Tocqueville préconise le développement des libertés locales qui doivent conduire les hommes à se préoccuper des affaires communales, et, permettant de "multiplier à l'infini, pour les citoyens, les occasions d'agir ensemble, et de leur faire sentir tous les jours qu'ils dépendent les uns des autres." (O.C., I, 2, p.110). Si Tocqueville garde une certaine foi en l'individu, sa confiance est limitée par rapport à celle que peut avoir la mouvance libérale (prise dans son ensemble) qui place l'individualisme au premier rang de ses valeurs.

pas de lien véritable entre le pauvre et le riche"[280]. Mais en même temps, l'association est un instrument de paix sociale qui atténue les conflits d'intérêts en faisant naître "artificiellement" des normes et des valeurs communes. L'association est utilisée comme une technique de socialisation de la nation mais également comme un outil pour lutter contre le désordre social. L'association est la condition du progrès et du maintien de la civilisation car elle permet un maillage social. Nous trouvons chez Tocqueville les prémisses d'une analyse de la labilité du lien social : les individus vivent les uns à côté des autres, se croisent mais ne se rencontrent pas. Il se rend bien compte que les riches et les pauvres n'ont pas d'intérêt en commun, mais son but reste d'"unir dans un même peuple ces deux nations rivales qui existent depuis le commencement du monde"[281]. Notre auteur recherche une unité sociale qui s'éloigne avec le paupérisme et les inégalités. L'affrontement entre les possédants et les masses exploitées n'est d'ailleurs plus très loin... Tocqueville veut alors lutter contre le paupérisme car il désire contenir le déchaînement des foules revendicatives issues des classes laborieuses. Mais il cherche aussi à prévenir le paupérisme car il a conscience des souffrances sociales de la classe inférieure.

4-*Lutter contre le paupérisme*

Tout d'abord, pour lutter contre le paupérisme, Tocqueville envisage le développement des colonies agricoles. Cette solution est dans l'air du temps. La colonie agricole est un remède auquel tenait beaucoup les légitimistes (comme Villeneuve-Bargemont) qui cultivaient la nostalgie d'une France entièrement rurale. L'industrialisation étant à l'origine de la misère de masse, les raisons idéologiques et culturelles sont toutes trouvées. Tocqueville lui consacre le premier appendice de son travail, *Du système pénitentiaire aux Etats-*

[280] O.C, I, 2, p.166.

[281] O.C., XVI,p.132

Unis et de son application en France[282]. L'exposé de ce système très en vogue à l'époque est illustré de statistiques tirées de l'ouvrage de Huerne de Pommeuse, *Des colonies agricoles et de leurs avantages*, (Huzard, Paris, 1832). Tocqueville explique qu'il existe, dans tous les pays d'Europe, des terres tellement arides qu'elles ne trouvent pas de propriétaires.[283] Ces terres incultes peuvent devenir productives, si des capitaux conséquents et des efforts durables sont investis. "On a compris qu'il était peut-être facile de fixer le pauvre sur ces champs négligés par l'industrie du riche, et qu'on pouvait, en lui avançant l'argent nécessaire et en le soumettant à des règlements utiles, le mettre à même de rendre fertile le sol qu'on lui livrait. Si l'expérience réussissait, on obtenait ainsi un résultat favorable tout à la fois au pauvre, qui échangeait sa misère contre l'aisance du fermier, et à la société tout entière, qui voyait s'augmenter ses ressources et son bien-être sans pour autant s'imposer aucun nouveau sacrifice"[284].

Tocqueville décrit ensuite la forme prise par les colonies agricoles en Hollande. Il s'agirait de la première application de ce modèle. L'auteur présente cette expérience pratique comme un succès inespéré. Dès 1818, une société de bienfaisance, "avec l'approbation mais non sous la direction du gouvernement", rachète des terres avec l'argent des cotisations des membres. Elle les défriche puis les ensemence. Son objectif est de rendre la récolte possible sur ces sols. L'étape suivante consiste à diviser ces terres afin d'y placer un grand nombre de familles pauvres. La société philanthropique fournit alors au pauvre tout ce qui peut lui être nécessaire : matériaux pour cultiver la terre, vêtements, vivres, troupeaux... Elle le fait sous la forme de prêt, jusqu'au moment où la terre devient productive, ce qui permet de ne pas "dégrader" le pauvre. Le colon doit alors "se soumettre à certaines prescriptions

[282] "Appendice n°1 : colonies agricoles" in *Écrits sur le système pénitentiaire*, O.C., IV, 1, p.309.

[283] Tocqueville reprend les chiffres de Huerne de Pommeuse : par exemple, la France possède 7 185 984 hectares de terres dites incultes en 1829.

[284] O.C., IV, 1, p.309.

morales", suivre les directives des administrateurs de l'établissement et rembourser les prêts avec une grande partie de sa récolte. Dès qu'il a pu s'acquitter de toutes ses dettes envers la société (au plus tard en seize ans), le colon retrouve tous ses droits. "Il devient un véritable fermier, et ses rapports avec la colonie ne diffèrent en rien de ceux d'un autre fermier avec son maître." La société utilise ses rentes et les dons pour acheter d'autres terres... son but est donc "purement philanthropique et charitable"[285].

Dans un premier temps, Tocqueville semble favorable au système des colonies agricoles. Plus encore, il tombe dans ce moralisme qui caractérise si bien le XIXème siècle, en approuvant l'établissement des colonies agricoles forcées[286]. Tandis que la société de bienfaisance demande une cotisation annuelle à l'Etat pendant seize ans, pour recevoir des vagabonds et des enfants trouvés. La colonie agricole forcée fonctionne sur des bases différentes : des enfants malheureux et ceux "que le vice plus que l'infortune avait ordinairement conduit dans les dépôts de mendicité"[287] sont réunis dans un emplacement unique et reçoivent un vêtement distinctif qui leur rend la fuite moins facile. Tocqueville nous précise que ces pauvres travaillent sous la surveillance de gardiens et sont soumis à une discipline sévère. Tout cela semble indiquer que Tocqueville est favorable à une conception répressive de l'assistance qui consiste à croire que l'utilisation de la police peut permettre de diminuer le nombre des miséreux. En tout cas, même si sa perspective est préventive, elle est pensée dans un cadre autoritaire typique de la conception française de l'éducation du genre humain. Pour lui, le succès des colonies agricoles forcées était assuré car "il était moins difficile, en effet, de contraindre un détenu au travail que de persuader le

---

[285] O.C., IV, 1, p.310.

[286] Notons que Tocqueville envisage favorablement les colonies agricoles forcées dans une étude où il tente de trouver de nouvelles formes d'incarcération avec, pour ce rapport officiel, la perspective de diminuer les frais engagés par l'Etat...

[287] "Appendice n°1 : colonies agricoles" (O.C., IV, 1, p.311).

colon libre de quitter ses habitudes d'oisiveté et de combattre son ignorance"[288]. Ici, Tocqueville reprend des arguments qui mettent en cause la condition morale du pauvre, dont il attribue l'état à la paresse et à son manque d'instruction. En fait, seule la conclusion de Tocqueville permet de faire apparaître les différences avec le travail forcé : "on ne les traita que comme des ouvriers à la tâche dont une juste indemnité encourageait les efforts, et qui étaient remis dans le sein de la société lorsque leur conduite à la colonie avait fourni à l'Etat des garanties suffisantes."[289] Ces quelques lignes nous éclairent sur la véritable signification qu'il faut donner à cet exposé : Tocqueville se passionne déjà pour les thèmes qui "tournent" autour de la question sociale. Mais, il ne s'est pas encore vraiment interrogé. Cependant, cette pratique de la colonie forcée ne semble présenter que des avantages : "L'Etat avait trouvé dans cette révolution des gages de tranquillité, le trésor public une nouvelle source de revenus et une plus grande encore d'économies : en effet, l'enfant et le mendiant coûtaient une fois moins cher dans la colonie agricole que dans les hôpitaux et dépôts de mendicité; et le gouvernement, en payant pendant seize ans cette somme déjà réduite, acquérait de plus le droit de s'en affranchir à jamais"[290].

Plus loin, Tocqueville nous apprend que l'Etat de New-York a également mis en œuvre ce système des colonies agricoles. L'auteur précise que le modèle américain repose sur des bases quelque peu différentes de celui qui se pratique en Hollande. En Amérique, c'est l'Etat qui est propriétaire des terres qu'il met à la disposition des pauvres pour que ceux-ci puissent vivre de leur travail, et non plus des secours administratifs. En effet, l'existence d'une charité légale aux Etats-Unis rend la solution des colonies agricoles encore plus satisfaisante aux yeux de Tocqueville, car elle permet de diminuer les charges du trésor public nécessaire à l'entretien des pauvres. L'auteur *Du système pénitentiaire* présente, là, ce qu'il considère comme un

[288] O.C., IV, 1, p.311.

[289] O.C., IV, 1, p.311.

[290] "Appendice n°1 : colonies agricoles" (O.C.IV, 1, p.311-312).

avantage pour l'Amérique sur l'Angleterre, qui n'utilisait pas les colonies agricoles.

Ainsi, à première vue, Tocqueville est favorable aux colonies agricoles. Il ne s'interroge pas sur les conséquences néfastes de ce remède au paupérisme : par exemple, le déplacement inévitable de la population concernée qui entraîne forcément de nombreux déracinements familiaux et sociaux. Même s'il n'a pas étudié cette question en profondeur, Tocqueville reprend à son compte une idée en vogue qui peut se résumer par une lutte contre l'exode rural à l'aide de moyens artificiels. Ce qui rend intellectuellement plausibles les colonies agricoles chez Tocqueville, c'est le positionnement économique et idéologique de la France de la première moitié du XIXème siècle : les élites croient au destin agricole d'une France rurale. Toutefois, cette solution paraît signifier un retour vers le passé au regard des positions des tenants de l'industrialisme, certes encore minoritaires à cette époque, comme celles de Saint-Simon et de Comte. Tocqueville veut-il ici entamer un combat contre le progrès? En tout cas, il intègre dans ses réflexions la colonie agricole, remède dans l'air du temps, sans véritablement se questionner sur ses soubassements intellectuels. Peut-être est-ce l'effet de sa mauvaise méthode de lecture? Notre auteur se laisse-t-il emporter par la doxa qui se met en place sur ce point?

Toutefois, le fait qu'il ne fasse plus jamais référence aux colonies agricoles dans ses écrits sur le paupérisme peut également vouloir signifier le peu d'importance réelle qu'il accorde à cette solution. En effet, alors que la source principale de son premier *Mémoire sur le paupérisme* est l'ouvrage de Villeneuve-Bargemont, un des promoteurs les plus influents des colonies agricoles, Tocqueville n'évoque ce remède nulle part dans son texte. De plus, il semble avoir compris l'irréalisme de cette solution, ce qu'il précise dans ses *Notes de voyage en Angleterre et en Irlande en 1835*. W. Murphy, présenté par Tocqueville comme le "catholique le plus riche d'Irlande", propose la réquisition des propriétés que les riches n'utilisent pas afin de donner du travail aux pauvres. " (...) Si l'on pouvait fixer une partie de la population pauvre de l'Irlande sur les terres non encore cultivées, et cultivables, ce serait un grand remède." La réponse de Tocqueville est sans équivoque : "Mais croyez-vous qu'on pût aisément déplacer la population pauvre de l'Irlande et la conduire à volonté sur les points choisis, et que là elle travaillerait utilement? (...) C'est le dernier degré connu du malheur qui puisse forcer une population ignorante et morale à s'expatrier"[291]. Ainsi, Tocqueville ne croit-il pas bien longtemps que la colonie agricole puisse permettre de résoudre l'immense problème du paupérisme. Enfin, avec son *Mémoire sur le paupérisme*, l'auteur revient sur certaines de ses conclusions moralisantes. Par exemple il ne croit pas que le pauvre puisse être soigné par le travail. Notamment, il dénonce le système du travail forcé mis en place en Angleterre autour des workhouses. Les colonies agricoles forcées ont fait long feu....

Tocqueville reprend justement son analyse des moyens qui pourraient permettre de lutter contre la pauvreté collective dans la deuxième partie de son *Mémoire sur le paupérisme*, intitulé "des moyens employés pour (le) combattre le paupérisme"[292]. Il y cherche les "moyens d'atténuer les maux inévitables qu'il est déjà facile de prévoir"[293]. La pensée de notre auteur nous

[291] "Conversation avec M. W. Murphy", (O.C., Pléiade, I, p.515-516). Cet entretien a eu lieu à Dublin, vraisemblablement entre le 6 et le 17 juin 1835.

[292] O.C., XVI, p.117.

[293] O.C., XVI, p.126. Tocqueville ajoute que "à mesure que le mouvement actuel de la civilisation se continuera, on verra croître les jouissances du plus grand nombre; la société deviendra plus perfectionnée, plus savante ; l'existence sera plus aisée, plus douce, plus ornée, plus longue ; mais en même temps sachons le prévoir, le nombre de ceux qui auront besoin de recourir à l'appui de leurs semblables pour recueillir une faible part de tous ces biens, le nombre de ceux-là s'accroîtra sans cesse. On pourra ralentir ce double mouvement; (...) **mais il n'est donné à personne de l'arrêter**." (O.C., XVI, p.126-127). Rien, ni personne ne peut contrer cette pauvreté qui augmente à mesure que la civilisation connaît des progrès. L'essentiel est de le prévoir... Tocqueville fait, ici, définitivement preuve de son pessimisme.

apparaît pénétrée d'un pessimisme lucide qui s'oppose à l'optimisme insupportable de Say. Le terme "atténuer" indique d'ailleurs que Tocqueville ne pense pas à une solution définitive qui réglerait tous les problèmes liés au développement de la pauvreté de masse, mais plutôt à une solution intermédiaire susceptible de soulager les plus démunis. Dans la deuxième et dernière partie de son petit texte, Tocqueville envisage les "moyens lucratifs" d'apaiser les souffrances issues du paupérisme.

Tocqueville commence par considérer les deux sortes de bienfaisance auxquelles songent ses contemporains pour remédier au paupérisme : la charité privée et la charité légale. Il se positionne ainsi dans un débat fondamental du XIXème siècle. La charité doit-elle rester privée, comme elle l'a toujours été, afin de ne pas habituer le pauvre à recevoir sans effort? Ou au contraire, la charité peut-elle devenir légale, comme en Angleterre, et ouvrir ainsi un droit du pauvre à l'égard de la société? L'auteur s'était déjà posé la question dans son ouvrage sur les prisons américaines : "(...) un système régulier de charité publique est-il préjudiciable ou utile?"[294]. Mais, il n'avait pas suffisamment étudié la question pour se prononcer définitivement, même s'il entamait déjà sa dénonciation de la charité légale telle qu'il avait déjà pu l'apercevoir en Amérique.

Dans son *Mémoire* de 1835, Tocqueville envisage d'abord la forme de bienfaisance dont le christianisme a fait une vertu : la charité privée. Cette première forme d'assistance, "aussi vieille que le monde"[295], a plusieurs bienfaits : tout d'abord, elle est aléatoire et n'installe pas le pauvre dans une dépendance à l'égard de l'Etat. L'indigent essaie de sortir de sa condition misérable. Le pauvre est "soutenu par des secours qu'il n'avait pas le droit d'exiger et que peut-être il n'espérait pas obtenir (...)"[296]. De plus, elle permet de renforcer ou de créer un lien social entre le riche et le pauvre. Il s'établit un lien de

---

[294] "Appendice n°3 : paupérisme en Amérique" (O.C., IV, 1, p.320).

[295] O.C., XVI, p.126.

[296] O.C., XVI, p.131.

reconnaissance, un "lien moral" entre les deux classes sociales[297]. Le riche se préoccupe du pauvre par compassion, ou par devoir religieux. "La vertu du riche fait, ici, office de ciment social qui réaffilie ces pauvres des temps modernes démoralisés par leur condition d'existence"[298]. Le pauvre est alors dans l'obligation de se montrer reconnaissant à l'égard du riche car sans sa générosité, il serait dans le dénuement le plus total. Tocqueville ne dit pas autre chose qu'un bon nombre de ses contemporains[299], mais sur ce point ses réflexions ne sont pas uniquement livresques. Cet argument n'est pas sans importance car ses positions sont également le fruit de sa propre expérience. Lui-même pratique cette charité privée parce qu'il considère que sa supériorité sociale et son origine aristocratique lui confèrent des devoirs à l'égard de ses concitoyens. Par là, il assure la continuité de la tradition familiale. De son château, la famille d'Alexis a toujours pratiqué la charité envers les habitants du village de Tocqueville. Nous savons, par exemple, que "le père de Tocqueville faisait faire chaque semaine le pain des indigents et que lui-même visitait les malades"[300]. La mère d'Alexis remplissait également les devoirs du paternalisme seigneurial envers les malades et les pauvres. C'est donc tout naturellement que Tocqueville cherche à se lier avec toutes les classes de son pays comme nous l'indique une sorte de carnet de la charité, où il note consciencieusement les noms, adresses et parentés de chacun des habitants de son pays. Il y ajoute quelques notes sur chacun[301]. Nous pensons d'ailleurs que Tocqueville en a sûrement plus fait dans le domaine de la charité privée que les autres notables. Il lui arrive fréquemment de distribuer des vivres et des vêtements à ses concitoyens. Son éthique aristocratique du lien social le pousse à pratiquer cette charité privée.

---

297 O.C., XVI, p.131.

298 Robert Castel, *Les Métamorphoses de la question sociale*, ibid., p.248.

299 Notamment l'ouvrage déjà cité de Duchâtel.

300 O.C., XVI, notes, p.131-132.

301 *Alexis de Tocqueville, Livre du centenaire, (1859-1959)*, CNRS, 1960, Paris, p.25.

Cette bienfaisance individuelle apparaît donc naturellement utile à Tocqueville qui l'a toujours vu pratiquer. Cependant, il reste lucide quant à sa véritable efficacité. En fait, il la croit même d'un effet très limité face à l'ampleur du paupérisme. Ces réserves nous indiquent encore la position singulière qu'occupe Tocqueville dans la mouvance libérale du XIXème siècle. En effet, cette dernière, dans son ensemble, considère la bienfaisance privée comme étant le remède privilégié, car on discerne mieux, dans une relation individuelle, les besoins à soulager. Pour Tocqueville, la charité privée est insuffisante car il a bien compris, en Angleterre, que la misère liée à l'industrialisation ne peut plus être interprétée comme le fait d'un individu. Pour lui, le paupérisme est une conséquence inéluctable de l'essor de la grande industrie. Cette misère qui frappe toute une classe résulte avant tout du travail lui-même. Par conséquent, cette pauvreté collective ne peut plus être interprétée comme le résultat d'une faute (la paresse par exemple). Tocqueville a bien perçu l'aspect social de ce phénomène contre lequel la charité privée apparaît inadéquate et d'un effet bien faible. Il recherche alors des solutions collectives plus efficaces que l'aumône des particuliers.

Aussi, Tocqueville semble-t-il accorder plus de crédit à "l'association des personnes charitables" qui, "en régularisant les secours, pourrait donner à la bienfaisance individuelle plus d'activité et plus de puissance"[302]. Il est curieux de noter que le mode associatif est préconisé pour annuler l'un des aspects bénéfiques de la charité privée : son caractère aléatoire. Cette incertitude qui le conduit, en dernier ressort, à vouloir régulariser les aides semble indiquer combien Tocqueville a réussi à cerner les effroyables situations matérielles et morales des pauvres. D'ailleurs, il finit même par conclure qu' à l'échelle de l'indigence de masse, ce type d'intervention ne peut être suffisant.

Pourtant, dans un texte qu'il n'a pas été possible de dater, Tocqueville reprend cette idée avec une grande conviction.

---

[302] O.C., XVI, p.137.

Dans une *Lettre sur le paupérisme en Normandie*[303], il prône la constitution d'associations libres qui pourraient se faire appeler "association(s) communale(s) pour l'extinction du vagabondage et de la mendicité"[304]. Ces associations auraient pour objectif de réduire la pauvreté locale à partir des ressources financières locales. Il ne s'agit que d'un nouvel exemple du militantisme de Tocqueville pour le développement des responsabilités locales. De plus, ces associations apolitiques devraient avoir un champ d'action limité : pas plus de deux ou trois communes. "Il serait même à désirer qu'on n'eût à agir que sur une seule"[305].

Ces associations seraient fondées sur le volontariat, c'est-à-dire avec le concours de "tous ceux qui voudraient consacrer chaque année une somme quelconque au soulagement des pauvres de la commune"[306]. L'association mettrait en place une commission administrative qui aurait pour charge de distribuer localement les secours dont la nature est fonction d'un très vieux caractère discriminant : ce serait des aides directes pour les invalides et du travail pour les pauvres valides. Les membres souscripteurs, qui y seraient élus pour un mandat d'un an, devraient justifier l'emploi des fonds à leurs successeurs. Tocqueville pense qu'il faudrait inciter les individus à adhérer à ces associations. Pour cela, il faut qu'ils en retirent directement un intérêt. Il propose que, "si les membres de l'association tombaient dans le besoin pendant le cours de l'année, ils auraient droit au secours avant tous les autres"[307]. Il montre ainsi qu'il ne fait preuve d'aucune naïveté sur la nature humaine. Dans ce cas, il s'agit finalement de capitaliser de l'argent contre les aléas de la vie. Ce sont des

[303] Il s'agit d'un appendice aux deux Mémoires sur le paupérisme. Son destinataire est inconnu. Mais le tutoiement indique qu'il s'agit d'un parent, peut-être le frère de Tocqueville, Hippolyte (O.C., XVI, p.158-161).

[304] O.C., XVI, p.158.

[305] O.C., XVI, p.158.

[306] O.C., XVI, p.158.

[307] O.C., XVI, p.159.

sociétés de secours mutuels auto-organisées qui n'auraient que des avantages, en permettant l'instauration d'un réseau de solidarités locales. Les sociétés de secours mutuels sont alors des associations ouvrières qui sont en plein développement en France. Les ouvriers choisissent de mettre en commun chaque semaine, ou chaque mois, une petite partie de leurs gains pour ceux d'entre eux qui deviennent malades ou infirmes.

Le système de Tocqueville est intéressant car il semble apporter une véritable réponse à l'indigence communale en accordant des secours aux pauvres, tout en éliminant certains des effets négatifs de la loi anglaise sur les pauvres. Tout d'abord, répondant à un souci constant de l'époque, ce système associatif ne devrait pas alimenter la pauvreté. Aucune systématicité dans le don, "puisque nul ne pourrait compter d'avance sur les secours des associés et que ces derniers seraient toujours libre de l'accorder ou de le refuser suivant leur volonté"[308]. Ainsi, d'un côté, le pauvre, qui n'a aucun droit sur les secours, ne saurait subir de dépravation morale. De l'autre, le riche ne verrait pas s'abattre sur lui un impôt destiné à soulager les misères. L'association étant fondée sur la base du volontariat, il peut très bien choisir de ne pas y participer. S'il le fait, cela ne provoquerait pas chez lui ce sentiment de "haine" qu'il pourrait ressentir à l'égard des misérables, quand la charité légale systématique l'oblige à donner. Ici, de lui-même, il aurait vu la nécessité de faire une action solidaire.

Tocqueville cherche à développer ce sentiment de solidarité et d'entraide à l'intérieur du corps social. Cette pratique associative aurait l'immense avantage d'inciter tous les individus à aider leur prochain. La charité ne reposerait pas seulement sur les épaules des plus riches. Sans cette association, celui qui a un faible revenu ne pense pas à pratiquer la charité privée car il perçoit son aide comme trop insuffisante devant l'immensité des misères qui défilent sous ses yeux. Par contre, dans le cas où sa contribution - aussi minime soit-elle - viendrait grossir la somme collectée par

[308] O.C., XVI, p.159.

l'association, il verrait de suite l'intérêt de son geste. Il entrerait volontiers dans cette collectivité d'aides. Tocqueville croit d'autant plus à la réussite d'un tel système pour résorber la pauvreté, que les pauvres eux-mêmes y participeraient et qu'il présenterait le bénéfice essentiel de responsabiliser les indigents. En se montrant prévoyants, ceux-ci œuvreraient activement pour l'amélioration de leurs conditions. Par exemple, ils auraient la possibilité de confier à l'association leurs surplus de l'été pour ensuite pouvoir résister à la rudesse des hivers. En marge de son texte, Tocqueville précise que ce serait une sorte d'assurance mutuelle contre la mendicité[309]. Il espère reproduire un système qui se pratique couramment dans l'industrie : les individus s'associent pour mettre en commun des petits capitaux dans le but de fonder une grande entreprise. Le pauvre, ainsi responsabilisé, le riche pourrait être moins actif sur le plan de la charité privée : "on aurait tout à la fois moins d'aumônes et moins de pauvres"[310].

Mais l'idée que les pauvres rassembleraient leurs économies afin de pouvoir faire face à des difficultés futures, ne doit pas exonérer les riches de toute volonté d'entraide. Les riches se chargeraient de rejoindre les pauvres car leur intérêt serait de se montrer solidaires afin de lutter contre le paupérisme, c'est-à-dire contre "ces misères profondes qui menacent la propriété de l'homme aisé plus encore que l'existence de l'indigent"[311]. Pour Tocqueville, la propriété est un droit fondamental que la Révolution française a conservé : il sera au centre des conflits sociaux. D'ailleurs, si notre auteur dénoncera avec tant de vigueur les théories socialistes, c'est entre autre parce qu'elles

[309] En fait, Tocqueville cherche à étendre aux campagnes les caisses d'épargne qui existent pour les pauvres des villes et tire sûrement son modèle théorique des sociétés de secours mutuels ou des sociétés coopératives ouvrières qui fleurissent un peu partout en France dans cette première partie de XIXème siècle. D'ailleurs, nous verrons un peu plus loin que Tocqueville se déclare favorable aux associations ouvrières de production...

[310] O.C., XVI, p.159.

[311] O.C., XVI, p.160.

remettent en cause ce droit de propriété.

A travers ces associations de lutte contre la mendicité, Tocqueville cherche également à rétablir la paix publique (préoccupation constante tout au long de son œuvre). Avec elles, "il y aurait donc moins de vol, de maraudages et de désordres de toutes espèces dans la commune, parce qu'il s'y trouverait moins de besoins pressants à satisfaire"[312]. Comme d'autres, Tocqueville lie misère et criminalité. Ces associations permettraient de lutter contre certains de ces penchants car elles annuleraient les effets négatifs de la charité privée. Tout d'abord elles auraient toute latitude pour refuser de renouveler leurs aides si elles considéraient qu'elles ont été mal utilisées. Ensuite, comme l'assistance ne saurait accorder qu'aux individus qui acceptent de ne plus mendier, Tocqueville espère supprimer la mendicité de la commune et ainsi ne plus donner un mauvais exemple aux enfants. De plus, selon lui, cela peut permettre d'éviter aux individus de tomber dans le vol il rappelle en note une statistique publiée dans son premier ouvrage, *Du système pénitentiaire*, indiquant que plus de la moitié des voleurs avaient été mendiants dans leur enfance. Avec ces associations, la répression du mendiant serait légitime puisqu'elle signifierait qu'il n'a pas eu le désir de changer sa condition. Enfin, avec ces associations, Tocqueville prône le retour de la domiciliation des secours : les pauvres d'une commune se prenant en main, les autorités de la commune pourraient défendre à d'autres indigents de pénétrer sur son territoire. Elle pourrait et devrait refuser les secours aux pauvres étrangers, "car se chargeant de ses pauvres, elle doit exiger que toutes les autres fassent de même"[313]. Ainsi, si ce système se généralisait, cela autoriserait et justifierait la répression contre les vagabonds. Mais selon Tocqueville, il ne serait pas nécessaire d'arriver à de telles extrémités, car ils n'auraient pas l'idée de venir. Ils n'en verraient pas l'intérêt : "ils savent qu'ils n'ont à espérer aucune aumône et ils ne

[312] O.C., XVI, p.160.

[313] O.C., XVI, p.160. Cette territorialisation communale entre typiquement dans le cadre du refus français du modèle industriel.

viennent pas"[314]. L'auteur ne se contente pas de théoriser. Il donne un exemple pratique : à Mareuil, près de Paris, des propriétaires se sont associés et ont réussi à la fois à éteindre la mendicité au sein de la commune, à repousser toutes les prétentions éventuelles de mendiants étrangers mais également à éliminer le maraudage.

Après l'étude de l'aumône individuelle et des formes qui en découlent, Tocqueville envisage la charité légale. Déjà dans sa courte note sur le paupérisme en Amérique, Tocqueville se livre à une dénonciation sans nuance des secours administratifs: "nous sommes portés à croire que toute loi qui viendra d'une manière régulière et assurée au secours des misères du peuple aura pour résultat presque certain d'en augmenter sans cesse le nombre. Une pareille loi déprave toujours la population qu'elle est appelée à soulager"[315].

Pourtant, dans son *Mémoire sur le paupérisme*, Tocqueville admire qu'une société, "pour garantir l'excès de misère des pauvres, demande aux uns (les riches) une portion de leur superflu pour accorder aux autres le nécessaire. Il y a là un grand spectacle en présence duquel l'esprit s'élève et l'âme ne saurait manquer d'être émue"[316]. Ainsi, dans un premier temps, Tocqueville souligne la plus grande puissance de la charité légale. Son principe généreux semble l'attirer. Aucune autre solution ne peut apparaître aussi "belle" et "grande" que celle qui consiste à faire peser sur la société le soulagement de ses membres les plus démunis. Toutefois, à l'aide de son "expérience" anglaise, l'étude de Tocqueville va surtout s'attacher à montrer les dangers de la bienfaisance légale.

En effet, la loi anglaise sur les pauvres est au centre des critiques de Tocqueville. Selon lui, elle est à l'origine d'un aussi grand nombre d'abus que l'ancien système d'assistance impulsé autrefois par l'Eglise catholique. Il la compare

[314] O.C., XVI, p.160-161.

[315] "Appendice n° 3 : paupérisme en Amérique." (O.C., IV, 1, p.320).

[316] O.C., XVI, p.126.

d'ailleurs au désastreux "système monacal"[317] qui était dominant sous l'Ancien Régime. Au moins des valeurs religieuses et morales venaient-elles s'adjoindre à ce don catastrophique. Au contraire, la loi sur les pauvres entraîne la démoralisation sociale c'est-à-dire l'abaissement moral des pauvres. C'est, ici, dans l'explication des effets pervers consécutifs à la charité légale que l'auteur fait preuve de son plus grand moralisme. Ainsi, Tocqueville explique que l'homme est naturellement oisif. Si, finalement, il se met à travailler, c'est soit pour s'assurer les plus élémentaires besoins de l'existence, soit pour améliorer ses conditions de vie. Le premier motif, le plus stimulant, est rapidement effacé par l'assistance légale et durable qui répond, au moins, aux contraintes du vivre. Dès lors, l'individu qui bénéficie des secours publics n'a plus d'intérêt à sortir de sa condition d'assisté puisque l'essentiel lui est assuré. En fait, il "n'a point d'intérêt au travail, ou s'il travaille, il n'a point d'intérêt à l'épargne; il reste donc oisif ou dépense inconsidérément le fruit précieux de ses labeurs"[318].

La loi sur les pauvres a ainsi le grave inconvénient de ne pouvoir distinguer le malheureux du paresseux et d'être, par là, une prime pour l'oisiveté. Tocqueville reprend alors l'ancestrale dichotomie entre valide et invalide face au travail. Faudra-t-il instituer un corps de "surveillants des pauvres" chargé de distinguer les misères produites par l'infortune de celles causées par le vice, pour décider de l'opportunité de l'aumône? En fait, Tocqueville ne croit pas ce modèle réaliste, car son expérience anglaise l'a éloigné de tout manichéisme. La question sociale résulte d'abord de l'insuffisance du travail salarié, c'est-à-dire que le rythme de l'accumulation du capital

---

[317] O.C., XVI, p.131.

[318] O.C., XVI, p.129. Tocqueville reprend ici des thèses défendues par Malthus par exemple, qui pensait également que la loi sur les pauvres constituait un frein pour le développement d'une épargne reproductible. Puisque le pauvre est assuré de recevoir la charité légale, il n'a aucune utilité à sacrifier sa consommation présente pour préserver celle du futur. Or, la théorie libérale pense que l'épargne doit précéder l'investissement...

est trop lent devant la prolétarisation du peuple. Pour Tocqueville, les pauvres sont chômeurs avant d'être indigents. Ainsi, contrairement à beaucoup de ses contemporains, il met en œuvre un sens des nuances qui démontre toute sa clairvoyance : "Combien de misères sont tout à la fois le résultat (d'un malheur immérité et d'une infortune que le vice a produite)"[319]. Ainsi, Tocqueville ne tombe pas dans l'illusion qui consiste à croire que l'Etat peut distribuer des secours selon les causes qui ont provoqué le besoin[320]. Aucun magistrat ne peut arriver à les dissocier entièrement. De plus, en tant qu'être humain, il a très peu de chance d'arriver à résister à la main tendue par le pauvre. Par conséquent : "la misère étant constatée, les causes de la misère restent incertaines : l'une résulte d'un fait patent, l'autre (est) prouvée par un raisonnement toujours contestable; le secours ne pouvant faire qu'un tort éloigné à la société, le refus du secours un mal instantané aux pauvres et au surveillant lui-même, le choix de ce dernier ne sera pas douteux. Les lois auront déclaré que la misère innocente sera seule secourue, la pratique viendra au secours de toutes les misères"[321].

L'auteur examine ensuite un autre aspect de la loi sur les

[319] O.C., XVI, p.129.

[320] Tocqueville n'a pas toujours manifesté ce sens des nuances, puisque dans son annexe sur le paupérisme en Amérique, il a écrit qu' "il faut distinguer avec soin la pauvreté qui naît d'une incapacité physique et matérielle, de celle qui provient d'autres causes." (O. C., IV,1, p.320). Cela révèle une maturation de la pensée de Tocqueville sur la question sociale. En 1832, il ne fait que reprendre la vieille distinction entre valides et invalides. A ce moment là, pour lui, l'Etat ne peut intervenir que pour soulager la misère des pauvres invalides. En aucun cas les secours publics peuvent être attribués aux indigents valides. Sa plus grande connaissance de la question sociale, notamment grâce à son voyage en Angleterre en 1835 et à la lecture du livre de Villeneuve-Bargemont, l'amèneront à renverser son analyse quant à l'inopportunité de l'intervention de l'Etat dans la vie sociale. L'Etat a bien un rôle décisif à jouer dans la résolution de la question sociale.

[321] O.C., XVI, p.130.

pauvres. Il se demande s'il faut mettre au travail de force les pauvres valides? Tocqueville ne croit pas cette solution plus réaliste. Il précise : "On veut que l'aumône soit le prix du travail. Mais d'abord existe-t-il toujours des travaux publics à faire?" L'auteur se pose plusieurs questions pertinentes : Avons-nous toujours du travail à donner dans chaque segment de l'activité économique où le besoin s'en fait ressentir? Autrement dit, est-ce bien utile d'inventer des emplois qui ne correspondent pas à des manques productifs? A terme, l'absence de rentabilité de ces activités ne va-t-elle pas replacer les pauvres dans une situation plus précaire que celle qu'ils connaissaient à l'origine? Enfin, la distribution géographique du travail se trouve-t-elle toujours en parfaite adéquation avec l'emplacement de la population sans emploi?[322]. Le surveillant possède-t-il les compétences pour fixer le prix de ce travail ? Tocqueville conclut : "Sollicité par les besoins du pauvre, le surveillant imposera un travail fictif ou même, comme cela se pratique le plus souvent en Angleterre donnera le salaire sans exiger de travail"[323]. Ainsi, Tocqueville ne pense pas que forcer le pauvre au travail soit pratiquable[324]. Il fait référence au

[322] Nous verrons un peu plus loin que les lois sur les pauvres restreignent la "liberté locomotive" des pauvres puisque les secours sont accordés uniquement aux habitants de la paroisse. Aussi, retrouvons-nous une vieille contradiction : le pauvre étant celui qui ne trouve pas d'emploi dans sa paroisse, il doit en chercher un à l'extérieur de sa commune, mais la peur de perdre ses secours publics ou d'être arrêté comme vagabond, l'arrête. Ainsi, la loi anglaise sur les pauvres nous replonge dans la problématique de la première question sociale.

[323] O.C., XVI, p.130.

[324] Il l'avait déjà affirmé dans sa note sur le paupérisme en Amérique, dans *Du système pénitentiaire* : "(...) le pauvre qu'on renferme dans une maison de charité se considère comme malheureux, non comme coupable; il conteste à la société le droit de le forcer par la violence à un travail infructueux, et de le retenir contre sa volonté. L'administration, de son côté, se sent désarmée à son égard; le régime d'une maison de charité ne peut pas être celui d'une prison; et lors même que l'homme qui y habite n'est plus libre, on ne saurait cependant le traiter comme un criminel." (O.C., IV, 1, p.319-320).

système des workhouses qu'il condamne fermement car il ne croit pas qu'il soit possible de soigner l'indigent par le travail. Il faut que l'emploi ait des raisons d'être, car sinon le désastre serait plus grand encore pour la nation[325].

Tocqueville perçoit la loi sur les pauvres comme un "germe empoisonné" impossible à détruire et qui réussit fatalement à contaminer la population. Sa critique de la charité légale reprend par un autre de ses inconvénients : celui de placer l'aumône sous le statut de droit, autorisant le pauvre à réclamer ce que l'Etat lui doit : l'indigent contracte l'habitude de recevoir un revenu systématique, presque sans condition, et avec le temps finit par le considérer comme un droit acquis, ce qui achève de lui faire perdre toute dignité. Surtout, il ne comprendrait cette aide puisse lui être retirée. En devenant un "créancier" du pouvoir public, l'indigent met uniquement en avant sa condition. Le droit du pauvre lui est alors "accordé en raison d'une infériorité reconnue." En exhibant les signes de son malheur, il s'enferme dans son statut de bénéficiaire potentiel soumis à l'examen d'une assistance administrative.

[325] "Qui empêche la société, avant d'accorder le secours, de s'enquérir des causes du besoin. Pourquoi la condition du travail ne serait-elle pas imposée à l'indigent valide qui s'adresse à la pitié du public? Je réponds que les lois anglaises ont conçu l'idée de ces palliatifs; mais elles ont échoué, et cela se comprend sans peine." (O.C., XVI, p.129) Son analyse prend donc une certaine distance avec le moralisme du XIXème siècle qui présente le travail comme régénérant. Le pauvre devrait travailler pour ne pas rester sans rien faire et encourager ainsi son oisiveté naturelle. Pour Tocqueville, c'est loin d'être évident. Derrière l'opposition de principe à la réforme de 1834 qui maintient une charité légale, c'est le système des workhouses que Tocqueville dénonce. En 1834, le travail forcé avait été renforcé. La workhouse est l'établissement où l'on procurait du travail aux pauvres sans emploi dans la commune, où ils devaient être préservés de la faim mais sans aucun confort ni liberté dans leur nourriture, leurs vêtements, ou leur vie familiale. En plaçant la workhouse au cœur du système réformé de 1834, les Anglais veulent la rendre encore moins plaisante. Des conditions si sévères devaient y être instaurées, qu'un ouvrier en bonne santé s'efforce de l'éviter autant qu'il le peut et cherche à en échapper une fois qu'il y est.

Tocqueville reproche à la loi de mettre en lumière l'infériorité et la faiblesse du pauvre : "le pauvre qui réclame l'aumône au nom de la loi est dans une position plus humiliante encore que l'indigent qui la demande au nom de celui qui voit d'un même œil et qui soumet à d'égales lois le pauvre et le riche"[326].

En plus d'être perçu comme ruineuse par le riche, la loi sur les pauvres est humiliante pour l'indigent. Elle est destructrice de l'ordre matériel, moral et social. La bienfaisance légale n'a pas la propriété de créer un lien de reconnaissance entre les classes sociales, car le pauvre sollicite ce que la société lui doit. Avec la charité légale, le riche se sent dépouillé d'une partie de son superflu et l'indigent se voit sans cesse renvoyé à son statut. Le premier perçoit le second comme un "avide étranger" et le second ne ressent "aucune gratitude". La société devient alors une structure organisée en deux "nations rivales", selon l'expression de Tocqueville. La charité légale entraîne inéluctablement la disparition de la charité privée (les riches ne se sentant plus dans l'obligation de secourir le pauvre), ce qui détruit la seule possibilité de relation entre le riche et le pauvre. Assurément, les effets de la loi sur les pauvres sont dévastateurs pour le maintien et la nature du lien social.

Mais ses effets néfastes ne s'arrêtent pas là puisqu'elle est également à l'origine de la dégradation de l'état moral du pauvre. En Angleterre, "on déplore l'état de dégradation où sont tombées les classes inférieures de ce grand peuple! le nombre des enfants naturels augmente sans cesse; celui des criminels s'accroît rapidement; la population indigente se développe outre mesure; l'esprit de prévoyance et d'épargne se montre de plus en plus étranger au pauvre"[327]. Tocqueville cède même complètement au moralisme de son temps, soulignant l'inconduite du pauvre anglais, sorte de "barbare" ou de "sauvage" qui trouve très difficilement sa place dans un monde civilisé.

---

[326] O.C., XVI, p. 131.

[327] O.C., XVI, p.133.

Mais la loi sur les pauvres entraîne également le pauvre à subir des restrictions sur sa liberté. Notamment, elle détériore la liberté de se déplacer. En effet, les poor laws fixent la population dans les paroisses car pour obtenir l'aide, il faut être inscrit sur la liste des pauvres de sa paroisse. Ainsi, en l'absence d'une charité privée, le pauvre est condamné à rester dans sa paroisse à attendre la prochaine distribution des secours. Tocqueville fait le parallèle avec des temps plus reculés : "Par leur législation sur les pauvres, les Anglais ont immobilisé un sixième de leur population. Ils l'ont attaché à la terre comme l'étaient les paysans du Moyen Âge. La glèbe forçait l'homme à rester malgré sa volonté dans le lieu de sa naissance; la charité légale l'empêche de vouloir s'en éloigner"[328]. Pour Tocqueville la loi sur les pauvres nous replonge dans l'Ancien Régime. Il est vrai que la loi fut conçue en 1601, et ne fut pratiquement pas changée, excepté l'amendement de 1795. Nous retrouvons presque la conception des chasses-gueux qui empêchaient les mendiants et les vagabonds du Moyen-Âge d'entrer dans les villages. En effet, avec la loi sur les pauvres, la police ne laisse aucun pauvre s'installer dans une paroisse qui n'est pas la sienne. La commune ne veut en aucun cas alourdir ses charges publiques. Cette domiciliation des secours pousse Tocqueville à comparer la condition du pauvre anglais avec celle du serf attaché au sol sur lequel il travaille. La loi sur les pauvres a pratiquement aboli la liberté de se déplacer et celle de s'établir : les pauvres n'ont pas la possibilité de vivre où ils le désirent. Cela reste vrai pour celui qui menace de tomber dans la misère. Celui qui veut s'installer dans une paroisse doit donc d'abord donner de sérieuses garanties sur sa situation matérielle. Mais, plus que le principe, Tocqueville réprouve les conséquences sur la moralité de cette loi sur les pauvres. Dans son *Mémoire sur le paupérisme*, il illustre son propos à l'aide d'exemples tirés de ses *Notes de voyage en Angleterre* (1833)[329], qui montrent que

[328] O.C., XVI, p.133-134.

[329] Les notes de Tocqueville sur cette séance de justice de paix sont publiées dans les O.C., Pléiade, I, p.432-433. Elles sont reprises dans son *Mémoire sur le paupérisme*, (O.C., XVI, p.134).

la charité légale pervertit la condition, les aspirations et le comportement du pauvre. Il voit alors les effets néfastes de la loi sur les pauvres sur la moralité du peuple. Il s'en rend directement compte en assistant, le 3 Septembre 1833, à une séance de justice de paix (chargée de régler les conflits entre les pauvres qui pensent avoir avoir droit à une aide publique et les overseers of the poors), convié par Lord Radnor[330], pour qui la loi sur les pauvres est directement responsable de la dégradation des mœurs des indigents anglais. Tocqueville peut observer à quel point les pauvres, dont les requêtes ont été repoussées par l'overseer of the poors ou le vestry[331], sont revendicatifs à l'égard de la paroisse. Les abus de la charité légale systématique frappent Tocqueville, notamment lorsque un individu, qui n'est pas dans le besoin, refuse d'aider sa belle-fille enceinte, parce qu'il veut que la communauté s'en occupe[332].

L'indigence du bon pauvre n'était pas perçue comme une faute, car il se comportait conformément à sa situation, la honte qu'il savait éprouver le disculpant. Il ne s'identifiait pas à sa pauvreté, au contraire il ne rêvait que de sortir de sa condition et renoncer à tous les avantages secondaires qu'il pouvait en tirer. Avec l'apparition de la loi sur les pauvres, c'est l'ensemble de ce modèle qui est remis en cause : l'indigent n'a plus honte d'être pauvre, il ne cherche plus à sortir d'un statut reconnu par le système législatif. Ce mauvais pauvre prétend désormais à des droits, réclame des secours, et se pose en interlocuteur politique. Par le simple fait de ne pas s'affairer pour en sortir, il accepte sa misère et en confirme le caractère permanent et inéluctable.

Tocqueville s'en voudrait tout de même de condamner la bienfaisance légale, mais il croit qu'"elle doit être une vertu

[330] Homme politique anglais de tendance libérale. Il était l'un des juges de paix du comté de Wiltshire.

[331] Assemblée chargée de distribuer le produit de la taxe des pauvres pour une paroisse.

[332] O.C, XVI, p.135.

mâle et raisonnée, non un goût faible et irréfléchi; qu'il ne faut pas faire le bien qui pâlît le plus à celui qui donne, mais le plus véritablement utile à celui qui reçoit; non pas celui qui soulage le plus complètement les misères de quelques-uns, mais celui qui sert au bien-être du plus grand nombre"[333]. Pour lui, la charité, qui reste une vertu, doit rester clairvoyante, ne pas être pratiquée aveuglement. Elle doit être "raisonnée". Mais sa condamnation est sans appel lorsque l'assistance légale devient permanente : "(...) Tout système régulier, permanent, administratif, dont le but sera de pourvoir aux besoins du pauvre, fera naître plus de misères qu'il n'en peut guérir, dépravera la population qu'il veut secourir et consoler, réduira avec le temps les riches à n'être que les fermiers des pauvres, tarira les sources de l'épargne, (...) et finira par amener une révolution violente dans l'Etat, lorsque le nombre de ceux qui reçoivent l'aumône sera devenu presque aussi grand que le nombre de ceux qui la donnent, et que l'indigent ne pouvant plus tirer des riches appauvris de quoi subvenir à ses besoins trouvera plus facile de les dépouiller tout à coup de leurs biens que de demander leurs secours"[334]. Tocqueville met ici l'accent davantage sur les effets pervers de la protection sociale que sur les effets bénéfiques de son absence. L'argumentation est ici quelque peu idéologique. Sa rhétorique sert une vision mécaniste. Et s'il déduit de telles catastrophes de la simple existence d'un droit au secours permanent pour les démunis, c'est que son esprit est hanté par le risque de mettre le doigt dans un engrenage qui conduirait à l'Etat Léviathan, ou pis, au socialisme. Il y a, chez Tocqueville, la crainte de voir l'Etat occuper, de manière irrésistible, permanente et mécanique, le vide de sociabilité engendré par la destruction de l'ancien ordre social. Tocqueville ne veut pas d'un État omnipotent, c'est la raison pour laquelle il refusera l'inscription du droit au travail dans la Constitution de 1848. Cela ne signifie pas pour autant qu'il ne veut pas d'Etat du tout... Notre auteur veut trouver la voie d'une recomposition sociale. Il nous semble alors que, derrière cette étude, se profile une théorie de la société que

[333] O.C., XVI, p.137.

[334] O.C., XVI, p.138.

Tocqueville ne parviendra pas à formuler, laissant inachevé son *Second Mémoire sur la paupérisme* (1837)[335]. Toutefois, il reste nécessaire de prévenir le paupérisme...

5-Prévenir le paupérisme

Après avoir évalué les moyens de combattre le paupérisme lorsqu'il est présent, Tocqueville consacre un second mémoire à étudier "les moyens dont on pourrait se servir pour prévenir que ces misères ne naissent"[336]. Il faut donc essayer d'empêcher le paupérisme de s'installer puisqu'ensuite nous ne sommes pas capables de le détruire.

Tout d'abord, Tocqueville pense qu'un pays à dominante agraire n'est pas exposé aux mêmes dangers qu'une nation industrielle. Cette attitude n'est pas isolée dans le champ intellectuel français de l'époque. En outre, la position intellectuelle de Tocqueville est guidée par sa conscience historique. Il ne veut pas que la France devienne l'Angleterre qu'il a pu observer en 1835. Il développe une énorme résistance à l'importation du modèle manchesterien. Dans son *Second Mémoire sur le paupérisme* (1837), l'auteur commence d'ailleurs par distinguer les pauvres issus des classes agricoles de ceux qui proviennent des classes industrielles. Il précise que l'essentiel de son étude va se concentrer sur les seconds : "Je ne ferai que toucher ce qui a rapport aux classes agricoles, parce que les grandes menaces de l'avenir ne viennent pas de là."[337] Si Tocqueville s'occupe avant tout des pauvres de l'industrie, c'est parce qu'il subodore que le destin des nations européennes se dirige là. Mais nous avons compris qu'il refuse

[335] Tocqueville entreprend la rédaction de ce second Mémoire l'année où il se présente pour la première fois à des élections. La société académique de Cherbourg avait bien réservé la place de cet écrit dans l'édition de 1838 de ses Mémoires (deux procès verbaux en font foi en juillet et novembre 1837). (Alexis de Tocqueville, Livre du Centenaire, 1859-1959, CNRS, Paris, 1960, p.2).

[336] p.140.

[337] O.C., XVI, p.140.

ce devenir. De plus, à ses yeux, depuis la Révolution de 1789, la France possède un sérieux avantage sur son voisin anglais puisque "la propriété foncière ne se trouvera jamais agglomérée en quelques mains"[338]. Certes, la division de la propriété foncière gêne les progrès mécaniques et les innovations, car l'accumulation du capital est freinée. Mais d'un autre coté, elle empêche de maintenir le paysan dans une dépendance absolue à l'égard du propriétaire et par là, prévient le développement du paupérisme.

Dans son écrit de 1837, Tocqueville défend la culture de la terre car elle permet de fixer le paysan à la campagne. Il perçoit bien les mécanismes, mais il tente de s'y opposer. Avec le progrès, le type et le choix de la culture peuvent contraindre les ouvriers ruraux à chercher du travail dans l'industrie. Si un propriétaire décide de convertir son activité, remplaçant sa production de blé par un élevage, le nombre de travailleurs nécessaires est cent fois moins élevé. Si les petites propriétés ne deviennent qu'une seule grande propriété, le nombre des paysans utiles chute. Dès lors, l'excédent de travailleurs doit chercher une autre activité et se retrouve rapidement dans les manufactures. Pour Tocqueville, sous le double effet du progrès et de l'agglomération de la propriété foncière, la population agricole est "tout à coup exposée aux même misères qui frappent sans cesse les populations industrielles quand de nouvelles machines viennent à se découvrir"[339]. Dès lors, on comprend que, pour notre auteur, la division de la propriété

---

[338] O.C., XVI, p.141.

[339] O.C., XVI, p.141. Signalons que Tocqueville déplore le machinisme à l'origine de l'industrialisation et de la misère. Il s'agit d'un nouveau point de divergence avec Say qui écrit dans le premier tome de son *Cours complet d'Economie politique pratique* (ouvrage lu par Tocqueville) : "on serait tenté de croire que des machines aussi expéditives et aussi parfaites que celles dont je viens de vous entretenir, devaient laisser sans ouvrage, en Angleterre, la plupart des ouvriers et des ouvrières qui filaient auparavant du coton. C'est précisément le contraire qui est arrivé. (...) De plus les machines, au lieu de réduire le salaire des ouvriers, les avaient au contraire fait monter." (ibid, p. 414-415).

foncière est un moyen fondamental de prévenir le paupérisme. Pour tirer cette conclusion, Tocqueville se sert de son expérience irlandaise. Le 20 Juillet 1835, lors d'une conversation avec M. Nolan, évêque de Carlow, Tocqueville apprend que depuis la victoire, lors des dernières élections, des candidats catholiques favorables à l'émancipation, les grands propriétaires protestants renvoient les petits fermiers à cause de leurs choix politiques. Ils instituent un nouveau système de culture où de grandes fermes protestantes prennent toute la place[340]. Nolan affirme alors que "cet agrandissement des fermes est un grand malheur. Il diminue le nombre des bras nécessaires à la terre et, comme la grande masse de la population en Irlande n'a pas d'autres débouchés que la terre, il cause une affreuse misère". Pour lui, la misère s'étend car "la population augmente et les moyens de l'occuper diminuent"[341]. Tocqueville a donc repris pratiquement tel quel cet argument. De même, dans son *Second Mémoire sur le paupérisme*, Tocqueville utilise quasiment un exemple que lui donne M. Kinsley, évêque de Kilkenny, que Tocqueville rencontre le 24 Juillet 1835 : " (...) aujourd'hui, non seulement la terre manque, mais beaucoup de terres ont été converties en prairies; là où se trouvaient cent cinquante laboureurs, dix bergers suffisent"[342].

Si Tocqueville se bat pour la division de la propriété foncière, c'est parce qu'il pense qu'outre ses avantages intrinsèques, il s'agit de la seule alternative à une économie fondée sur une industrie génératrice de paupérisme et synonyme de désordre. D'ailleurs, nous avons vu qu'il présente l'organisation sociale anglaise comme étant principalement responsable du paupérisme. Lors de son voyage en 1833, la concentration foncière lui apparaît comme la première cause de la montée en

[340] Les expulsions des catholiques furent souvent l'occasion de violences paysannes connues sous le nom de whiteboyism.

[341] O.C., Pléiade, I, p.527. "Lorsque vous convertissez par exemple des champs de blé en pâturage, un berger peut aisément remplacer cent laboureurs" (O.C., XVI, p.141).

[342] O.C., Pléiade, I, p.539.

puissance de ce phénomène social global en Angleterre. Par conséquent, pour lui, un des moyens majeurs de prévenir la pauvreté de masse est de donner à chaque paysan son petit lopin de terre. De ce fait, il prend position contre la loi de succession en Angleterre, dont il est surpris de sa forte persistance dans ce pays. Cette loi de succession est entrée dans les mœurs au point que personne ne songe sérieusement à la remettre en cause. Même ceux qui dénoncent les privilèges aristocratiques ne cherchent pas obtenir l'abrogation de cette loi. Or, Tocqueville pense que "rien n'est plus favorable au règne de la démocratie que la division de la terre en petites propriétés"[343]. Par conséquent, à l'issue de son voyage en Angleterre, il interprète rapidement son insuccès à faire admettre sa proposition de diviser la terre comme étant le signe d'une formidable persistance du sentiment aristocratique dans ce pays. Il faut dire qu'aucun de ses interlocuteurs britanniques n'est sensible à sa réforme alors qu'aux Etats-Unis démocratiques et en France, sur la voie de la démocratisation, la petite propriété est très développée. Ainsi, c'est d'abord dans le champ du politique que Tocqueville raisonne.

Mais les arguments de notre auteur sont aussi économiques et moraux. C'est à Londres, le 24 Mai 1835, qu'il les expose lors d'une discussion avec son ami Senior à laquelle assiste Cavour[344]. Senior défend les avantages économiques de la grande propriété. Pour lui, un ouvrier sans terre d'un domaine

[343] Dans l'*État social de la France avant et après 1789*, (O.C., II, 1, p.52), publié en 1836, Tocqueville explique que les nobles ont vendu leurs terres, qui n'étaient déjà plus source de considération et de pouvoir, avant la Révolution, afin d'augmenter leurs "plaisirs". Le peuple a alors acheté ces terres, en petites parties, afin d'accroître son aisance par la seule activité qu'il connaissait : l'agriculture. Tocqueville précise alors que "ces changements dans la division de la terre facilitaient singulièrement la grande révolution politique qui bientôt allait s'opérer" (O.C., II, 1,p.51).

[344] Cavour raconte cette scène dans son journal et assure que la défense de la grande propriété de Senior fut balayée par les justifications économiques et morales de Tocqueville (*The Marly Life and Letters of Cavour*, par A. J. Whyte, Oxford, 1925, p.120).

bien exploité peut mieux vivre qu'un petit propriétaire rural. De plus, il pense que les grandes propriétés sont favorables au perfectionnement de l'agriculture. L'agglomération des terres dans les mains de quelques privilégiés permet un système de grande culture qui enrichit l'ensemble de la nation. Les carrières ouvertes du commerce et de l'industrie peuvent absorber l'excédent de population inemployée. Ainsi, les classes moyennes doivent se rabattre sur les débouchés industriels. Bien sûr, la grille d'interprétation de Tocqueville le conduit à repousser ces explications. Il pense que la petite propriété, dont il est un ferme partisan, est économiquement au moins aussi rentable que la grande[345]. Mais elle est plus avantageuse socialement[346]. Tocqueville a certes une vision romantique de la terre qui le conduit à la présenter comme étant

[345] Même à l'ère de l'agriculture moderne, Tocqueville a toujours pensé que le régime de la petite propriété était le moyen le plus efficace d'utiliser la terre. "Je pense, jusqu'à preuve du contraire, qu'en Angleterre, les riches ont peu à peu attiré à eux presque tous les avantages que l'état de société fournit aux hommes. En prenant la question dans le sens restreint que vous lui avez donné, et en admettant que le pauvre ait un profit momentané plus grand à cultiver la terre d'un autre que la sienne propre, pensez-vous qu'il n'y ait pas de profits politiques, moraux, intellectuels, attachés à la possession de la terre, et qui compensent, au delà et surtout d'une manière permanente, le désavantage que vous signalez?" (Lettre à Senior, 21 février 1835, O.C., VI, 2, p.68) Dans cette lettre, il précise que selon lui, il est "matériellement faux" (p.71) de dire que la divisibilité des terres en France entraîne une diminution du bien-être matériel comme le prétendait un écossais, Macculoch (économistes proche de Ricardo) car au contraire "les progrès du peuple dans la voie du bien-être et de la civilisation sont continus et rapides." (p.71)

[346] Dans l' *État social et politique de la France avant et depuis 1789*, Tocqueville défend la petite propriété : "Le petit propriétaire foncier ne reçoit (...) d'impulsion que de lui même; sa sphère est étroite, mais il s'y meut en liberté. Sa fortune s'accroît lentement, mais elle n'est point sujette à de brusques hasards. Son esprit est tranquille comme sa destinée, ses goûts réguliers et paisibles comme ses travaux; et n'ayant précisément besoin de personne, il place l'esprit d'indépendance au milieu de la pauvreté même." (O. C. , t. II, 1, p.52).

à l'origine d'un certain nombre de bienfaits. C'est surtout moralement que la petite propriété est plus bénéfique que la grande, car elle favorise la création des classes moyennes. Cette catégorie sociale est un élément stabilisateur. Ainsi, la division de la propriété foncière est également un bon moyen d'assurer une certaine stabilité politique et sociale. La terre est plus qu'une source de travail.

Pour Tocqueville, la propriété est également un instrument de contrôle des mœurs dans le sens où la détention d'une propriété responsabilise l'individu. Le propriétaire se garde d'être imprévoyant et imprudent. La propriété est un moyen efficace de faire naître les sentiments d'ordre, d'activité et d'économie dans la classe inférieure. "Ils deviennent prévoyants du moment qu'ils sentent avoir quelque chose de précieux à perdre"[347]. Avec la propriété, les pauvres acquièrent également les caractéristiques qui peuvent lui permettre de s'enrichir, notamment parce qu'"ils cherchent par des privations momentanées à s'assurer un bien être durable"[348]. Tocqueville prend alors position dans un débat de son temps : la pauvreté est-elle à l'origine de la dégradation morale ou bien est-ce la dépravation morale qui entraîne avec elle la pauvreté? Pour lui, "ce n'est pas la pauvreté qui rend l'agriculteur imprévoyant et désordonné; car avec un très petit champ, il peut être encore fort pauvre. C'est l'absence entière de toute propriété, c'est la dépendance absolue du hasard"[349]. Pour donner du crédit à son explication, Tocqueville prend l'exemple de l'Angleterre. Selon lui, les paysans anglais sont insouciants, désordonnés et démoralisés. La raison a déjà été donnée : "en Angleterre, les lois et les habitudes se sont combinées de manière à ce qu'aucune portion du sol ne tombât jamais dans la possession du pauvre. Son bien-être et même son existence ne dépendent donc jamais de lui même , mais de la volonté des riches sur laquelle il ne peut rien et qui à leur gré lui refusent ou lui accordent le travail. N'ayant aucune

[347] O.C., XVI, p.142.

[348] O.C., XVI, p.142.

[349] O.C., XVI, p.142.

influence directe et permanente sur son propre avenir, il cesse de s'en occuper et oublie volontiers qu'il existe"[350]. Mais plus que tout, avec la division de la propriété foncière, Tocqueville veut que le pauvre ait quelque chose à perdre si l'idée de se lancer dans une révolte lui venait. La diffusion de la propriété doit permettre de prévenir les mouvements de foule. Elle peut amoindrir les revendications des classes inférieures. Ainsi, la réflexion de Tocqueville est presque toujours guidée par le souci de contenir les foules : rien ne semble plus important que de se préserver du désordre...

C'est également dans cette perspective qu'après la division de la propriété foncière, Tocqueville prône la division de la propriété industrielle. Il s'agit de "donner à l'ouvrier industriel comme au petit agriculteur l'esprit et les habitudes de la propriété"[351]. L'objectif reste le même : responsabiliser l'individu. Tocqueville pense que le plus efficace serait que l'ouvrier puisse entrer dans le capital de la firme dans laquelle il travaille, c'est-à-dire qu'il ait un "intérêt dans la fabrique"[352]. Or, la réalisation d'un tel projet a toujours rencontré des obstacles. Tout d'abord, l'industriel est rarement disposé à partager sa propriété ou ses profits. Tocqueville déplore cet égoïsme qui, dès lors, n'est plus érigé en vertu comme dans la métaphore smithienne de la main invisible. Ce n'est pas de la bienveillance qu'il attend de la part des entrepreneurs, mais il pense que "dans leur propre intérêt, ils ont grand tort de ne point le faire, mais il ne serait ni juste ni utile de les y obliger"[353]. D'ailleurs, dans *De la démocratie en Amérique*, Tocqueville déplore : "entre l'ouvrier et le maître les rapports sont fréquents, mais il n'y a point d'association véritable."[354] Ensuite, les ouvriers ne possèdent pas les qualités nécessaires au bon fonctionnement d'une entreprise. "Lorsque les ouvriers

---

[350] O.C., XVI, p.143.

[351] O.C., XVI, p.146.

[352] O.C., XVI, p.146.

[353] O.C., XVI, p.146.

[354] O.C., I, 2, p.167.

ont voulu se passer des capitalistes[355], s'associer entre eux, réunir des fonds et gérer eux-mêmes à l'aide d'un syndicat leur industrie, ils n'ont pu réussir. Le désordre n'a pas tardé à s'introduire dans l'association, ses agents ont été infidèles, ses capitaux insuffisants ou mal assurés[356], son crédit presque nul, ses relations commerciales fort restreintes. Bientôt une concurrence ruineuse forçait l'association à se dissoudre"[357]. L'auteur met en avant une dimension morale pour justifier les échecs ouvriers. Pour autant Tocqueville ne désespère pas de voir les associations ouvrières se développer. Il s'agit d'un moyen efficace pour prévenir le paupérisme, mais il faut que les ouvriers réunissent quelques qualités, notamment sur le plan moral. Tocqueville est donc favorable aux coopératives ouvrières et aux sociétés par action (quoiqu'il les juge prématurées). Mais sans en faire un visionnaire à tout prix, nous constatons qu'il prévoit la poussée de ces associations ouvrières. "A mesure que nos ouvriers acquerront des lumières plus étendues et que l'art de s'associer dans des buts honnêtes et paisibles fera des progrès parmi nous, lorsque la politique ne se mêlera point aux associations industrielles et que le

[355] Après les grèves de 1833, les ouvriers cherchaient à se constituer en association de production, en cherchant à se passer des patrons. Des corporations aussi différentes que les tailleurs, les bijoutiers, les imprimeurs et les cordonniers tentèrent l'expérience. Seule l'association des bijoutiers arriva à se maintenir de 1834 à 1873. Buchez voit d'ailleurs dans l'association des ouvriers bijoutiers en doré qui ne cesse ses activités qu'en 1873, "un exemple et un espoir pour tous les exploités et une preuve que l'organisation du travail est possible." (Ellenstein Jean, *Une Histoire mondiale des socialismes*, t. I : des origines à 1851, Armand Colin, Paris, 1984, p. 163). Toutefois, mis à part cet exemple, toutes les autres associations disparaissaient rapidement non seulement à cause de l'hostilité à laquelle elles se heurtaient de la part d'industriels qui redoutaient la concurrence, mais aussi parce que le premier capital est très difficile à réunir.

[356] Dans la revue *L'Européen*, que dirigeait Buchez, fut publié le contrat de l'Association des menuisiers (10 septembre 1831) qui ne put voir le jour faute de fonds initiaux .

[357] O.C., XVI, p.146.

gouvernement, rassuré sur leur objet, ne refusera pas à ces dernières sa bienveillance et son appui[358], on les verra se multiplier et prospérer. Je pense que dans des siècles démocratiques comme les nôtres, l'association en toutes choses doit peu à peu se substituer à l'action prépondérante de quelques individus puissants"[359].

Ainsi, les convictions de Tocqueville transcendent les attaches partisanes. L'auteur de *De la Démocratie en Amérique*, reste favorable à l'extension des associations, même sous la forme des associations ouvrières[360]. Pourtant, les grands défenseurs de cette idée étaient souvent des pionniers du socialisme[361]. Tocqueville évoque les nombreux plans qui tentaient de promouvoir les associations industrielles. Il pense peut-être à

358 Tocqueville fait allusion à la répression judiciaire dont firent l'objet quasiment toute les tentatives des ouvriers de se constituer en association de production. En effet, depuis la promulgation de la loi Le Chapelier, à l'issue de la Révolution française, toutes les coalitions étaient proscrites. Ainsi, suite à la plainte déposée par les patrons tailleurs, l'association de production des tailleurs fut déclarée illicite en Novembre 1833. De même, il fallut longtemps user de toutes sortes de subterfuges pour créer aussi bien des sociétés de capitaux, des caisses de secours mutuels que des associations ouvrières et autre organisations qui auraient pu permettre aux ouvriers d'organiser leurs solidarité.

359 O.C., XVI, p.147. Le Comte de Laborde pensait également que l'association industrielle était préférable pour la qualité du travail de l'ouvrier. Il déplore que l'industrie isole naturellement les travailleurs. L'association permettrait une meilleure productivité. Il préconise lui aussi l'union de l'ouvrier et de l'entrepreneur (*De l'esprit d'association dans tous les intérêts de la communauté*, ibid).

360 Les associations ouvrières fleurissent aussi spontanément un peu partout en France et s'engagent souvent dans un combat militant et économique.

361 Par exemple, l'école saint-simonienne préconisait des associations de travailleurs sur un principe différent : l'Etat pourrait organiser collectivement et hiérarchiquement la production, devenant le seul propriétaire des instruments de travail, tout en laissant une place de choix aux entrepreneurs et en ne contestant pas la légitimité de leurs profits.

Fourier[362], ou plus sûrement à Owen[363]. Avec Buchez, ils sont “les précurseurs marquants et immédiats de l'idée de coopérative.”[364] Tocqueville connaît sans doute les idées de Buchez (1796-1865), l'un des principaux inspirateurs du socialisme chrétien et dissident Saint-Simonien. Au départ, Buchez prônait l'association de production afin d'en faire un organisme d'auto-assistance ouvrière, “ayant surtout pour but d'empêcher la baisse des salaires, de prémunir l'ouvrier contre le chômage, de pourvoir à l'éducation et à l'apprentissage des enfants, à l'existence des infirmes et des orphelins.”[365] Dans un premier temps, il s'agissait de résoudre les difficultés sociales des travailleurs. Mais très vite, au contact des ouvriers, sensible à certaines de leurs suggestions, Buchez va élargir sa conception de l'association ouvrière : ce n'est plus seulement une institution d'assistance, mais aussi un moyen, pour les ouvriers, de s'affranchir du salariat. Le rédacteur en chef de la revue *L'Européen* insistait sur le fait que les entrepreneurs

[362] Charles Fourier (1772-1837) proposait le regroupement d'individus dans une activité circonscrite. Il voulait constituer une société par la composition harmonieuse de ces ordonnancements sociaux qu'il nommait phalanstères (de “phalange”, groupement, avec la finale de “monastère”). Ces communautés, où chacun pourrait voir ses passions s'épanouir, devaient être fondées sur le principe du “travail attractif” (chacun choisit le travail qui lui plaît). L'homme a besoin de concilier son plaisir avec celui des autres. Le phalanstère serait le nouvel habitat de cet “ordre sociétaire”.

[363] Robert Owen (1771-1858) est le représentant le plus symbolique du socialisme britannique. En 1824, il tente de fonder, en Amérique, une communauté “d'égalité parfaite” (New Harmony dans l'Indiana). En théorie, pour l'instauration et la généralisation de sa construction sociale, Owen préconise l'intervention de l'Etat. Après l'échec de son expérience américaine, consommée en 1829, il s'engagea aux côtés des mouvements ouvriers et coopératifs anglais.

[364] D'après le Congrès international des Associations ouvrières de production, cité par Armand Cuvillier dans *Buchez, le fondateur en France de l'association ouvrière de production*, extrait de la Revue des études coopératives de juillet-septembre 1922, p.356.

[365] *Buchez, le fondateur en France de l'association ouvrière de production*, ibid, p.361.

étaient des intermédiaires inutiles : de purs parasites qui interviennent seulement comme capitalistes, en prélevant de l'argent sur la valeur nette du travail de chacun des ouvriers qu'ils emploient. Ainsi, Buchez-t-il, à présent, préconise les associations de production pour supprimer les profits considérés comme un prélèvement illégitime sur le produit du travail de l'ouvrier (avant Marx et en même temps qu'Owen). Dans son *Traité de Politique et de Sciences Morales*, posthume, paru en 1866, il affirmera encore que "l'association dans le travail est le seul système qui assure complètement au travailleur la propriété du produit de son travail"[366]. Pour Buchez, les associations ouvrières de production ont pour but d'éliminer le salariat et de faire passer les instruments de travail des mains des capitalistes dans celles des ouvriers. Il prône une égalité des salaires entre les travailleurs[367]. Ces associations ont aussi l'objectif d'émanciper l'ouvrier. Par conséquent, Buchez ne préconise pas un actionnariat classique mais un "capital indivisible et inaliénable" appartenant à la communauté et non pas en partie à chacun de ses membres. Réunir ce capital de départ constitue la principale difficulté. Buchez la contourne en proposant l'aide de l'Etat. Le gouvernement pourrait prendre l'initiative d'une vaste organisation de crédit. "Il serait très facile à l'Etat de constituer des banques dans le but de fournir du crédit à des associations de ce genre"[368]. Nous pouvons noter que Louis Blanc s'est inspiré des travaux de Buchez pour sa proposition d'ateliers sociaux, qui connaîtra une suite concrète : les Ateliers Nationaux d'après 1848.

---

[366] *Traité de Politique et de Sciences Morales*, Amyot, Paris, 1866, I, p.352.

[367] Ses disciples proposeront une rétribution selon la tâche exécutée.

[368] Buchez, in *L'Européen*, 17 décembre 1831, p.38. Dans les années 1830-1840, les ouvriers n'ont pas de représentant à la chambre (pas de porte parole politique) alors ils se décident à parler d'eux-mêmes. Ils se racontent dans un grand nombre de journaux, dont le plus important, le plus régulier et le plus influent est celui des ouvriers bucheziens : *L'Atelier*, où est développée l'idée d'une réforme de la société fondée sur l'association ouvrière.

Tocqueville ne va pas aussi loin que Buchez puisqu'il pense que, pour l'instant, les entrepreneurs sont indispensables tant que les ouvriers ne réunissent pas toutes les qualités nécessaires à la constitution d'associations rentables et productives. Mais il suit les traces de Buchez lorsqu'il affirme que l'avenir doit laisser la place aux initiatives associatives plutôt qu'à celles de quelques "individus puissants". Il ne croit pas que la poursuite des intérêts particuliers permette, par le jeu du marché, que l'intérêt général soit réalisé. Pour Tocqueville, la nouvelle aristocratie qui est en train de se constituer est intolérable : il dénonce l'organisation sociale qui place face à face quelques opulents et une multitude très misérable. Les inégalités engendrées par cette nouvelle forme de différenciation sociale ne sont ni justifiables, ni légitimes, car elles ne sont pas la contrepartie d'une meilleure situation matérielle et morale pour le plus grand nombre. Au contraire, Tocqueville est conscient de l'exploitation à laquelle sont soumis les nombreux travailleurs industriels. Ses réflexions sur leurs salaires, dans *De la démocratie en Amérique* en sont la preuve.

Comme les associations ouvrières lui paraissent être une idée "féconde" mais pas encore "mûre", Tocqueville envisage un autre remède dans l'air du temps : le développement de l'épargne des classes laborieuses. Tout cela part d'une même idée : si Tocqueville veut favoriser la prise de participation industrielle ou l'épargne, c'est parce qu'il sent que la misère met en péril la civilisation et la démocratie. Il se lance dans un sérieux plaidoyer pour un programme de caisse d'épargne ouvrière. Dès lors, son but est de faire accéder les ouvriers au bien-être et à l'indépendance des classes moyennes. Selon lui, il faut faciliter l'accès des pauvres aux caisses d'épargne afin de les encourager à développer une épargne reproductible. Cela devrait produire les mêmes effets sur leur comportement que la propriété. Il pense que l'épargne du pauvre peut lui permettre de ne pas se retrouver dans le dénuement. De plus, l'épargne est la manifestation d'une vertu : la prévoyance. Si l'épargne permet de se garantir contre les risques de l'existence, Tocqueville espère également donner ainsi les moyens aux classes inférieures de pouvoir patienter lors des nombreuses crises qu'il prévoit. L'épargne est un moyen de protéger socialement le pauvre qui n'est pas, pour Tocqueville, l'unique agent de son malheur. Tocqueville voit un immense avantage avec l'épargne : celui "d'intéresser le peuple à la stabilité publique"[369]. Plus qu'un facteur économique, l'épargne apparaît pour Tocqueville comme un facteur politique qui doit servir à maintenir l'ordre social. Notre auteur pense beaucoup en ces termes : il s'agit de lutter contre une masse grandissante d'ouvriers poussés par leurs conditions de travail et de vie au trouble. Mais s'il se montre favorable à ce remède, il ne le considère pas non plus comme la panacée : il y décèle un certain nombre d'inconvénients dans son organisation actuelle. Tocqueville entre dans ce débat vingt ans après l'instauration de la première caisse d'épargne en 1818 par La Rochefoucauld-Liancourt qui en fut le président. Il fallait encore convaincre les notables de lui reconnaître une utilité et les pauvres d'y placer leur argent. Son analyse souffre d'un manque : outre son incompréhension de la logique du développement industriel et son absence d'une véritable vision économique, Tocqueville ne se préoccupe pas de savoir si les pauvres ont des ressources salariales suffisantes pour épargner. Nous verrons tout de même, un peu plus loin, qu'il demande l'intervention du législateur pour que les salaires puissent se stabiliser à un certain niveau.

L'épargne est une somme d'argent que les pauvres remettent à l'Etat et sur laquelle ils obtiennent un intérêt. Mais Tocqueville tient à souligner ce qu'il considère comme une inconséquence dangereuse : il voit dans la différence entre l'intérêt que reçoit le pauvre et celui que peut obtenir l'Etat, une véritable taxe sur les pauvres qui sert à secourir les plus démunis. Nous avons vu combien il était opposé à la charité légale, aussi pense-t-il que l'Etat court un grave danger à continuer dans cette voie. L'Etat ne peut plus continuer à assurer un intérêt de 4% aux déposants quand il ne peut obtenir que 3% par les lois du marché financier. Non seulement il accumule des intérêts à payer qu'il ne pourra plus assumer, mais l'épargne se

[369] O.C., XVI, p.151, note a.

développant, l'État n'aura bientôt que faire de ces fonds. Des capitaux sont alors improductifs car "les besoins du Trésor sont bornés et l'accroissement des caisses d'épargne ne l'est"[370]. Tocqueville n'est pas favorable à une utilisation artificielle de cet argent car, là encore, ces grands travaux publics seraient improductifs.

Donc, l'Etat n'employant pas cet argent, doit le placer afin de générer des intérêts. Mais Tocqueville a peur des fluctuations financières qui lui paraissent incontrôlables. L'Etat peut bien investir dans l'achat de rentes, mais là encore, il a toutes les chances d'être perdant : il achète à un prix plus haut que celui qu'il obtiendra, s'il est obligé de vendre à cause d'un mouvement populaire qui conduit les pauvres à vouloir récupérer leur épargne. L'épargne peut jouer négativement sur le budget de l'Etat. De plus, Tocqueville craint des effets d'annonce sur la solvabilité de l'Etat. Le développement de l'épargne n'offre pas toute les garanties aux pauvres qui, en cas de crise politique ou économique, peuvent perdre leur placement dans une banqueroute de l'Etat. Or, une des caractéristiques essentielles de l'épargne réside dans le fait que le déposant peut exiger de retrouver son argent dès qu'il le désire.

Tocqueville refuse la centralisation des capitaux[371] et l'idée que l'épargne soit drainée vers la capitale : c'est ainsi qu'est anéantie, dans les sociétés modernes, une solidarité locale déjà précaire dans les sociétés modernes. Mais il propose une réforme de cette organisation des caisses d'épargne car il en approuve le principe : "Les maux physiques et moraux que causent l'imprévoyance et le paupérisme sont présents et immenses, les maux qu'amènerait à la longue le remède (les caisses d'épargne) sont éloignés et n'arriveront peut-être

[370] O.C., XVI, p.149.

[371] Dans *De la Démocratie en Amérique*, Tocqueville dénonce également la centralisation des capitaux, tout en montrant une grande foi pour la caisse d'épargne "qui deviendra une de nos plus grandes institutions politiques". (O.C., I,2, p.313)

jamais"[372]. Bien que la législation soit importante, Tocqueville désire faire en sorte que l'engagement de l'Etat soit mesuré. Pour cela, il reprend le principe établi par Félix de Viville dans sa ville de Metz[373]. Il s'agit de lier économiquement les caisses d'épargne avec un autre organisme : les monts de piété, où les pauvres qui connaissent des difficultés peuvent emprunter sur gages. Mais pour l'instant, à Paris par exemple, ils doivent payer un intérêt très élevé (12%). Tocqueville y voit une grande incohérence car les surplus qu'obtiennent les Monts de piété sont-ils versés aux hospices et aux hôpitaux. Aussi, les monts de piété sont pour l'instant "des établissements à l'aide desquels on ruine le pauvre afin de lui préparer un asile dans sa misère"[374]. Au contraire, en associant caisse d'épargne et Mont de piété il serait possible à la fois de baisser l'intérêt que le pauvre doit payer pour son emprunt et d'augmenter celui qu'il peut obtenir en épargnant. A Metz, Viville a réussi à faire chuter le taux d'emprunt du Mont de piété à 7 % et faire grimper celui de la caisse d'épargne à 5%. Ainsi, il faudrait un organisme qui dirige les deux institutions financières : les pauvres sont encouragés à épargner par un taux d'intérêt plus fort. L'Etat se sert de cet argent pour répondre aux demandes d'autres pauvres qui veulent emprunter sur gages. "L'admnistration ne serait qu'un intermédiaire entre ces deux classes"[375]. Le surplus de l'épargne populaire peut alors être utilisé dans les Monts de piété, ce qui ne le rend pas improductif : le profit que peut en tirer l'État étant nécessaire pour prévenir une crise financière, économique ou politique, qui pousserait tous les épargnants à vouloir récupérer leur argent. Mais surtout, il permet de donner confiance aux épargnants qui ne doutent plus de sa solidité. Tocqueville

---

372 O.C., XVI,p.153.

373 Tocqueville s'est inspiré d'une petite brochure publiée par Viville, *Sur l'organisation des caisses d'épargne et des monts de piété* (1832). Il s'agit du directeur de ces deux établissements à Metz. Il a également écrit un autre opuscule intitulé *Des banques d'épargnes, de prêts sur nantissement et d'escompte*, Metz, 1834.

374 O.C., XVI, p.154.

375 O.C, XVI, p.155.

préconise de généraliser le système mis en place à Metz.

Pour conclure ce développement, notons qu'avec son analyse des effets de la société industrielle, Tocqueville nous démontre que la pauvreté est permanente. Mais, contrairement aux économistes libéraux, il ne la croit pas nécessaire. Il la perçoit plutôt comme dangereuse (comme Frégier). Ainsi, il pense que ce se serait un grand bienfait social de pouvoir l'éradiquer. En effet, cette misère de masse co-extensive à la richesse, affecte la société tout entière. La charité individuelle étant insuffisante et la charité publique, néfaste pour l'état moral du pauvre, quelle solution nous reste-t-il? Pour Tocqueville, la solution est moins morale et idéologique que politique. Il propose uniquement des solutions "techniques" (associations ouvrières, division de la propriété foncière, épargne...) qui, au bout du compte, créent les conditions de possibilité d'une solution politique (même si l'ultime argument est souvent moral). D'ailleurs, selon le sociologue américain Robert Nisbet, "c'est une interprétation politique du capitalisme que nous livre Tocqueville"[376]. Finalement, le plus efficace, par défaut, reste d'"atténuer" les conséquences de la paupérisation des classes laborieuses. Puisqu'il n'est pas possible de combattre activement le paupérisme, il s'agit au moins d'en prévenir les effets.

Tocqueville vient de nous montrer qu'il n'est pas un doctrinaire. Il ne peut exister, pour lui, que des mesures palliatives; le remède n'est jamais définitif. A chaque fois qu'un problème pourra être résolu, d'autres maux, de même importance, apparaîtront. Dans cette perspective, le politique n'est plus chargé que d'une gestion sociale : nous ne lui demandons plus de développer de grandes visions, mais seulement de nous donner les conditions de nos propres visions. Pour accomplir sa mission, plus modeste, mais plus essentielle, l'homme politique doit alors se comporter comme un véritable agent de l'Etat, celui qui se pencherait sur l'organisation sociale.

[376] *La Tradition sociologique* par Robert A. Nisbet, Quadrige, P.U.F., Paris, 1993, p.233.

III.
Entre socialisme et libéralisme économique

SOCIALISME. *n. m.* 1- Doctrine d'organisation sociale qui repose sur l'appropriation collective des grands moyens de production et d'échange. V. **Collectivisme, communisme.** *Socialisme réformiste et socialisme révolutionnaire.* - Les partis qui se réclament de cette doctrine. 2- Dans le schéma de l'évolution marxiste, phase transitoire entre la disparition du capitalisme et l'instauration du communisme.

LIBÉRALISME. *n. m.* 1- Attitude, doctrine des libéraux, partisans de la liberté politique, de la liberté de conscience. 2- (Opposé à étatisme, socialisme). Doctrine selon laquelle la liberté économique, le libre jeu de l'entreprise ne doivent pas être entravés. 3- Respect à l'égard de l'indépendance, des opinions d'autrui. V. **Tolérance.**

III-Entre socialisme et libéralisme économique

Il s'agit de montrer que la pensée économique et sociale de Tocqueville se situe à égale distance du libéralisme économique et du socialisme étatique. Entre ces deux courants idéologiques, notre auteur semble définir une "troisième voie"...

1-*En attendant 1848*

Le second tome de *De la Démocratie en Amérique* est souvent présenté comme une étude théorique ou abstraite. Il s'agit aussi d'un écrit de "circonstance" car sur certains points, cet ouvrage préfigure l'action politique de Tocqueville.

Tout au long de son oeuvre, Tocqueville développe une réflexion sur la transformation de l'organisation sociale qui se fait jour au XIXème siècle. Il décide d'étudier profondément les conditions du changement social qui permet le passage d'un état social aristocratique à un état social démocratique. Au moment où la France est encore dominée par des moeurs et des manières aristocratiques, Tocqueville se rend compte que l'avenir appartient à la démocratie. C'est pour vérifier cette intuition et comprendre comment la société démocratique arrive à concilier liberté et égalité[376] que notre auteur part en Amérique. Il ne s'agit pas seulement de penser la modification d'un régime politique (apparition de la souveraineté du peuple et de l'État de droit), mais aussi de réfléchir la métamorphose d'un régime social : des différences héréditaires à l'égalité des conditions.

[376] Tocqueville pense que l'Amérique représente la preuve vivante que liberté et égalité sont conciliables. Il écrit dans *De la Démocratie en Amérique* : "on peut imaginer un point extrême où la liberté et l'égalité se touchent et se confondent" (O.C., I, 2, p.101). Cette position est alors singulière sous la Monarchie de Juillet. En effet, pour les Républicains, l'égalité conduit mécaniquement à la liberté, ce qui permet de déclarer qu'il est inutile de chercher à développer le sentiment de liberté. Quant aux Monarchistes (qu'ils soient légitimistes ou orléanistes), ils considèrent que l'égalité tue la liberté, concluant à l'incompatibilité de ces deux valeurs.

En effet, dans *De la Démocratie en Amérique*, Tocqueville compare l'état social aristocratique et l'état social démocratique. Le premier est présenté comme une société d'ordre, stable, où règne un esprit de hiérarchie. La société aristocratique est une structure sociale organisée particulièrement fermée. Les inégalités y sont inscrites dans les mœurs. L'égalité existe uniquement entre pairs, c'est-à-dire entre maîtres ou entre serviteurs. Par contre, ces deux classes sociales sont comme deux lignes parallèles (qui ne se croisent jamais). Elles ont leurs places respectives, fixées au delà des générations. La société est formée de deux sociétés distinctes. Les seuls liens qui existent entre elles peuvent être caractérisés par des obligations réciproques, qui permettent de légitimer l'obéissance et le commandement. A l'opposé, Tocqueville dessine l'état social démocratique comme une société d'individus libres, qui se caractérise par la fluidité de sa structure sociale. Mais lors de son voyage en Amérique, il est avant tout frappé par ce qui semble définir la société démocratique : l'égalité des conditions.

Ainsi, c'est ce principe dynamique qui est, en grande partie, responsable du passage de l'aristocratie à la démocratie. Nous n'aborderons pas deux dimensions de l'égalité des conditions (égalité des droits, égalité des considérations), pour mieux envisager son troisième aspect : l'égalité des chances, qui se traduit par une forte mobilité sociale. Il s'agit d'un processus socio-économique qui permet notamment d'accéder à une position sociale supérieure, c'est-à-dire à un bien-être supérieur. Ce principe démocratique de mobilité sociale n'est pas mécanique, mais il offre une possibilité inconcevable dans la société aristocratique. Cela ne signifie pas l'absence d'inégalité économique puisque les inégalités de fortune persistent[377]. Il s'agit plutôt d'une équivalence de statut qui permet de mieux accepter les inégalités matérielles. La société démocratique laisse la place à un ensemble de citoyens où il n'y

[377] Dans *De la Démocratie en Amérique*, Tocqueville explique qu' "on n'a point encore vu de sociétés où les conditions fussent si égales, qu'il ne s'y rencontrât point de riches et de pauvres" (O.C., I, 2, p.185).

a plus de lignées de riches et de pauvres. Certes, il existe toujours un maître et un serviteur, mais la place devient interchangeable. De plus, si l'un continue de servir l'autre, c'est uniquement en vertu de la seule légitimité possible de l'obéissance en démocratie : le contrat, c'est-à-dire "l'accord momentané entre les deux volontés. Naturellement, ils ne sont point inférieurs l'un à l'autre, ils ne le deviennent que par l'effet du contrat. Dans les limites de contrat, l'un est le serviteur et l'autre le maître; en dehors ce sont deux citoyens, deux hommes"[378]. Désormais, dans les temps démocratiques, ces deux classes sociales regardent leurs positions avec des yeux différents. La subordination et la domination ne sont plus subies et sont d'autant mieux acceptées que chacun des individus peut accéder à n'importe quel statut social.

Tocqueville accepte l'égalité des conditions car il la croit favorable au plus grand nombre. Certes, les individus restent économiquement ou intellectuellement inégaux, mais ils gagnent une égalité sociale. Ainsi, l'égalité des conditions au sens de Tocqueville, est l'antithèse de la société aristocratique et non pas la société matériellement inégalitaire de l'époque moderne. En effet, il se rend bien compte que le principe de mobilité sociale n'est pas applicable à l'industrie. Tocqueville pense qu'aucun ouvrier ne peut prendre la place d'un manufacturier, même si aucun obstacle de principe s'y oppose. Avec la division du travail qui l'oblige à répéter la même tâche, l'ouvrier est rapidement abêti et aliéné. Le travailleur se désintéresse de lui-même au profit de son travail : "En un mot, il n'appartient pas à lui-même, mais à la profession qu'il a choisie"[379]. De plus, comme nous l'avons déjà évoqué, Tocqueville met en relief la dépendance de l'ouvrier à l'égard de son maître, à la volonté duquel il se livre littéralement. Dès lors, comment pourrait-il songer à s'élever dans la hiérarchie sociale? L'organisation du travail industriel anéantit l'espoir de pouvoir changer de place, de métier et de condition : "Ainsi donc, dans le même temps que la science industrielle abaisse

[378] O.C., I, 2, p.189.
[379] O.C., I, 2, p.165.

sans cesse la classe des ouvriers, elle élève celle des maîtres"[380]. L'industrie rend impossible la perméabilité des classes : l'ouvrier ne peut bénéficier de la loi démocratique de la mobilité sociale et professionnelle car "ces pauvres ont peu de moyens de sortir de leurs conditions et de devenir riches (...)"[381].

Tandis que progresse l'égalité dans la société démocratique, une activité fait donc exception. Pour Tocqueville, l'industrie est une sorte d'anomalie, qui se caractérise par une montée continue et de plus en plus forte des inégalités, au sein de la démocratie égalitaire. Alors que l'inégalité décroît dans la société globale, la société industrielle génère des inégalités : "Ainsi, à mesure que la masse de la nation tourne à la démocratie, la classe particulière qui s'occupe d'industrie devient plus aristocratique. Les hommes se montrent de plus en plus semblables dans l'une et de plus en plus différents dans l'autre, l'inégalité augmente dans la petite société en proportion qu'elle décroît dans la grande"[382]. Si bien que, comme nous l'avons déjà vu, par un "chemin détourné l'industrie pourrait bien à son tour ramener les hommes vers l'aristocratie"[383]. La démocratie favorise le développement de l'industrie, une sorte de poison qui peut entraîner sa destruction, en permettant la réapparition d'une nouvelle forme de féodalité. L'avenir démocratique est menacé de l'intérieur par une sorte de monstre. Mais Tocqueville va manifester la volonté de sauver la classe ouvrière. Elle ne doit pas continuer à être exclue : il s'agit de trouver les moyens de l'intégrer dans la démocratie...

Après son *Mémoire sur le paupérisme* et son voyage en Angleterre de 1835, Tocqueville ne peut plus ignorer le phénomène industriel. Il doit en rendre compte même si ce qu'il a vu entre en contradiction avec les principes qui caractérisent son état social démocratique. D'abord, dans la

---

380 O.C., I, 2, p.165.

381 O.C., I, 2, p.166.

382 O.C., I, 2, p.166.

383 O.C., I, 2, p.164.

première *Démocratie*, Tocqueville pense que le passage de la société aristocratique à la société démocratique est "irréversible". Devant les horreurs de l'industrialisation anglaise, dans la seconde *Démocratie*, il est obligé de détruire en partie sa construction théorique : l'idéal type de la démocratie n'est plus tenable[384]. En effet, aux yeux de Tocqueville, même si l'industrie n'est pas un régime politique, elle possède à la fois les défauts de l'aristocratie (inégalités, pas de mobilité sociale) et les défauts de la démocratie (absence de solidarité et impersonnalité du lien social entre le maître et l'ouvrier). C'est du sein même de la démocratie et de ses lumières que naît ce qui la contredit et ce qui peut faire douter du lien établi par le libéralisme entre commerce, liberté et civilisation.

Ces pages (et celles commentées dans la partie précédente) que Tocqueville consacre à la montée en puissance de l'industrie dans *De la Démocratie en Amérique* sont habituellement négligées. Pourtant, elles sont fondamentales pour la compréhension de son œuvre et de ses activités parlementaires: pour notre auteur, la montée de cette classe ouvrière surexploitée menace la démocratie. C'est la raison pour laquelle il tente de prévenir ses contemporains de l'arrivée d'une révolution. Devenu député depuis 1837, Tocqueville a du mal à se faire entendre, car ses qualités d'orateur sont encore très médiocres. Son désir de trouver une envergure politique le décide alors à passer par la plume. C'est dans une revue intitulée *Le siècle* qu'il publie six lettres, du 1er au 14 Janvier 1843, formant ainsi un long article titré "La situation intérieure

[384] Il utilise des "États extrêmes": "Pour bien me faire comprendre, je suis sans cesse obligé de prendre des états extrêmes, une aristocratie sans mélange de démocratie, une démocratie sans mélange d'aristocratie. Il m'arrive d'attribuer à l'un ou à l'autre des deux principes des effets plus complets que ceux qu'ils produisent en général, car, en général, ils ne sont pas seuls. Le lecteur doit discerner dans mes paroles ce qui est mon opinion véritable de ce qui est dit pour la faire bien comprendre (Inédits Yale, CV, k, Cahier 1, 51, in *Tocqueville et les deux démocraties*, Lamberti, ibid, p.78).

de la France"[385]. Nous ne voulons pas aborder ici son programme politique d'opposition[386] mais constater qu'il pense que la France entre dans des temps révolutionnaires : "Je pense (...) que d'une part, l'accroissement démesuré de la classe ouvrière et l'agglomération énorme des ouvriers dans certains lieux, de l'autre, la constitution même de la propriété industrielle doivent tôt ou tard en faire naître. Considérez à part la société industrielle dans le sein de la grande société française et vous verrez que ce qui se passe dans la première est tout contraire à ce qui arrive dans l'autre. Partout l'égalité étend de plus en plus son empire, excepté dans l'industrie, qui s'organise chaque jour davantage sous une forme aristocratique. Ici le capital se divise à l'infini; les profits se partagent; les hommes changent de place, se rapprochent et s'entremêlent; là les capitaux s'agglomèrent en quelques mains; les profits de celui qui fait travailler se disproportionnent avec le salaire de celui qui travaille; l'ouvrier occupe une situation dont il lui est très difficile de sortir; il est placé très loin de celui qui l'emploie et dans une étroite dépendance de celui-ci. De si choquantes disparates ne peuvent exister longtemps dans une même société sans faire naître bientôt un profond malaise. La classe industrielle souffre tout à la fois des maux qu'elle endure et des biens qu'elle n'a pas; et comme ceux qui la composent s'accroissent sans cesse en nombre et se pressent de plus en plus dans les mêmes lieux de manière à pouvoir agir aisément de concert malgré leur peu de lumières et leur multitude, ils deviendront tôt ou tard très redoutables. C'est de là sans doute que sortiront les révolutions futures dans tout le monde civilisé aussi bien qu'en France. Mais ces dangers sont encore très loin"[387].

[385] O.C., Pléiade, I, p.1085-1152.

[386] Tocqueville décide de fournir une plate-forme électorale à la gauche dynastique qui demande l'application des dispositions de 1830. Les mœurs françaises n'étant pas encore prêtes à "encaisser" une démocratisation supplémentaire. Mais, la gauche veut un élargissement du droit de suffrage et une réforme parlementaire. (La revue publiant Tocqueville sous le couvert de l'anonymat, il décide de ne pas poursuivre la collaboration).

[387] O.C., Pléiade, I, p.1096-1097.

Tocqueville reprend l'argumentation déployée dans *De la Démocratie en Amérique* : l'industrie est en train de créer une aristocratie au milieu d'une société qui se démocratise. Alors que dans l'ensemble de la société les différences sociales sont de moins en moins marquées, l'industrie continue de produire des inégalités. Dès lors, dès 1843, il affirme plus clairement que dans son *Mémoire sur le paupérisme* que la France devra certainement subir une Révolution sociale. Pour l'instant, il pense que le danger n'est pas imminent. La cause de ce péril révolutionnaire est identifiée : il s'agit de la différenciation sociale qui se met en place entre une multitude exploitée et quelques industriels peu scrupuleux. Tocqueville refuse le modèle industriel car il organise la société en deux camps rivaux qui risquent de s'affronter. Derrière l'industrialisation, il pressent le sombre spectacle de masses de plus en plus mécontentes. Tocqueville manifeste des préoccupations sociales car il veut trouver les moyens d'empêcher cet affrontement. Ainsi, son action parlementaire va se traduire par un intérêt pour le sort des classes laborieuses.

C'est certainement dans cette perspective que Tocqueville décide de devenir l'un des membres fondateurs des *Annales de la Charité*[388]. Il s'agit d'une revue qui sert la promotion du catholicisme social[389], courant de pensée très impliqué dans la recherche d'une solution au paupérisme. D'ailleurs Villeneuve-

---

[388] A la suite de Ferdinand-Dreyfus, (*La Rochefoucauld-Liancourt, un philanthrope d'autrefois (1747-1827)*, Plon, Paris, 1903, p.494), Castel attribue à Tocqueville une participation aux activités de la Société de morale chrétienne. Tocqueville y aurait publié ses "premiers essais". Nous n'avons ni retrouvé ces écrits, ni la trace d'une appartenance à ce mouvement. De plus, la thèse de Catherine Duprat, *Le temps des philanthropes* (Paris I, 1991) présente la liste des membres de cette société morale chrétienne. Tocqueville n'y figure pas. Notons d'ailleurs que cette universitaire pense qu'il existe une différence entre les associations de charité d'obédience catholique (*Annales de la charité*) et les sociétés philanthropiques d'origine protestante (*Société de morale chrétienne*).

[389] Duroselle a étudier la naissance de ce mouvement dans *Les débuts du catholicisme social en France (1822-1870)*, ibid.

Bargemont préconisait déjà dans son ouvrage d'*Economie politique chrétienne*, la création d'un organe de presse intitulé "Annales de la charité universelle"[390]. Grâce aux efforts de Melun, cette revue voit le jour sous le nom des *Annales de la Charité* en janvier 1845, date à laquelle sort son premier numéro. Pour ses promoteurs, cette revue doit remplir le vide laissé par la presse sur les thèmes de la misère et de la charité. "Ces questions intéressent, occupent tout le monde; mais où sont-elles posées, étudiées et résolues? A peine de loin en loin obtiennent-elles de la presse périodique quelques lignes perdues dans la polémique du jour"[391]. Aussi, *Les Annales de lacharité* ont-elles un sous-titre : "revue mensuelle destinée à la discussion des questions et à l'examen des Institutions qui intéressent les classes pauvres". En effet, il s'agit de coordonner et renforcer à la fois le programme d'assistance individuelle et constituer un noyau pour le développement de la législation pour les pauvres[392].

Les *Annales de la Charité* veulent jouer le rôle d'un groupe de pression sur les problèmes sociaux, à partir d'une doctrine bien établie entre condamnation sévère de l'économie de marché (car la défense des libertés individuelles présente l'action de l'Etat comme inutile) et dénonciation des solutions socialistes (présentées comme irréalistes car elles ne font pas appel à Dieu

[390] *Économie politique chrétienne*, par Villeneuve Bargemont, ibid, t. III, p.24.

[391] *Les Annales de la charité*, I, p.2

[392] Les objectifs de cette nouvelle revue sont précisés dans un prospectus qui doit susciter les premiers abonnements : assurer la promotion des théories et des pratiques de la charité, et de toutes les initiatives qui cherchent à répondre aux besoins des pauvres. Elle se doit de les évaluer et de les discuter. Ensuite, de recommander et d'aider toutes les actions novatrices qui vont dans le sens d'une amélioration de la condition des classes inférieures. Pour cela, cette revue veut rendre compte et expertiser tout ce qui a trait à ce sujet : livres, publications, débats, discussions, lois... Il s'agit, pour elle, de trouver des réponses au paupérisme en-dehors des attaches partisanes et politiques.

et à la religion)[393]. Pour les promoteurs de cette revue catholique, "le meilleur remède est la morale chrétienne aidée par la pratique de l'association"[394]. Mais ces derniers n'ont pas réussi, notamment à cause de difficultés financières, à donner une grande audience à leur journal. Melun ne renonce cependant pas à vouloir imposer ses vues. Dès 1846, il créé la "Société d'Economie charitable" afin de poursuivre son action au plus près des inflexions parlementaires[395].

Tocqueville fait également partie des membres fondateurs de

[393] Tocqueville occupe un positionnement quasiment identique : pour des raisons sensiblement différentes, la pensée sociale et économique de notre auteur se situe également entre libéralisme économique et socialisme étatique.

[394] Melun, "Prévenir la misère", in les *Annales de la Charité*, 1846, n° 2, p.657-682).

[395] Les *Annales de la Charité*, qui deviennent l'organe de presse de la nouvelle association, annoncent la constitution de la "Société d'Economie charitable" en janvier 1847. Cette Société attendra l'Assemblée constituante de 1848 pour tenter de jouer un rôle. Avec onze députés et un pair de France dans ses rangs, elle cherche à peser sur les débats. Lorsque Dufaure, ministre de l'intérieur, prend la présidence d'une commission qui doit élaborer un projet de loi sur l'assistance publique, il retient sept députés (sur neuf) appartenant à la société d'économie charitable. Dès lors, un projet fortement inspiré par les positions de Melun est adopté par la commission. Cependant, ce projet n'est pas voté car l'assemblée préfère désigner une autre commission (où l'on ne signale plus aucun penseur du catholicisme social). Duroselle nous fait part de cette épisode dans son livre *Les débuts du catholicisme social en France (1822-1870)*, ibid, p.451-452. Il conclut en nous précisant que cette loi sur l'assistance fut finalement considérée comme une loi organique et ne fut donc pas débattue par l'Assemblée constituante. Après cet échec, Melun ne se décourage pas et reporte son énergie sur l'assemblée législative. Il tente alors d'imposer son influence par le biais d'une commission d'assistance et de prévoyance qui voit le jour en 1849. Elle est rapidement chargée d'étudier les projets de loi. *Les Annales de la Charité* retranscrivent les discussions de cette commission qui arrive à faire pression sur les décisions de l'Assemblée. (Voir Duroselle, ibid, p.455 et suiv.)

cette société qui trouve son origine dans l'expérience des *Annales de la Charité*. Il est très difficile de connaître les raisons qui poussent notre auteur à s'associer à ces deux expérience. Certes, "il n'a jamais donné autre chose que son nom aux *Annales de la Charité* et n'a pas contribué à leur programme. Cependant, cela renforce l'idée que Tocqueville a dans le privé des vues pour la charité légale, qu'il n'a jamais exprimées en public"[396]. Il est vrai qu'il accepte de patronner (probablement aussi avec son argent, mais sans jamais donner d'article) une revue qui publie des propos comme : "L'Etat peut seul atteindre l'ensemble des misères et améliorer d'une façon permanente et générale le sort de ceux qui souffrent"[397].

Duroselle avait déjà fait part de l'adhésion de Tocqueville aux *Annales de la Charité* dans son ouvrage *Les Débuts du catholicisme social*. Toutefois, il nous paraît utile de le démontrer, car Duroselle ne fait pas preuve de la plus grande des rigueurs dans son "index des noms de personne", finalement peu fiable. N'y figure à - Tocqueville- qu'une seule entrée, sans précision de prénom. Les premiers renvois sont justifiés pour Alexis puisqu'ils nous apprennent qu'il fut membre des Annales de la Charité. C'est bien exact et cela ne peut concerner qu'Alexis, car en 1845, il est le seul député de la famille Tocqueville. Or, la mention Député est accolée au nom de Tocqueville dans la liste des membres fondateurs, parue dans le premier numéro de cette Revue (janvier 1845) .

Puis, Duroselle confond Alexis et son frère Edouard, qui donna quelques articles aux *Annales de la Charité*. Ainsi, il fait d'Alexis de Tocqueville un participant actif de la Société d'Economie charitable, lorsque celle-ci chercha à se donner une audience internationale en multipliant les Congrès pendant une semaine, lors de l'exposition universelle de Juillet 1855 à Paris. Mais le Tocqueville qui est le rapporteur de la société, le 23 Juillet, sur les "sociétés alimentaires et les restaurants coopératifs dans les grands établissements industriels" se

---

[396] Dresher, *Dilemnas of Democracy*, ibid, p.112

[397] Melun, "De la charité publique" in *Annales de la Charité*, I, p.26.

prénomme Edouard et non Alexis[398]. La confusion engendrée par les erreurs de Duroselle est immense car elle est reprise par d'autres (notamment Drescher). Elle peut également être à l'origine de la méconnaissance des relations entre Tocqueville et le mouvement du catholicisme social.

Les *Annales de la Charité* sont représentatives de ce vaste mouvement appelé "économie sociale" (défini dans la première partie), puisque la liste de ses membres fondateurs contient, outre Tocqueville, des personnalités aussi diverses que Lamartine, Montalembert, Marbeau, Blanqui, Dupin et Villeneuve-Bargemont. En acceptant de devenir membre fondateur de cette revue, Tocqueville nous donne la possibilité de le ranger dans cette galaxie philanthropique dans laquelle s'inscrivent aussi bien des catholiques sociaux que des libéraux. Toutefois, sa correspondance ne fait jamais état de

[398] *Les Débuts du catholicisme social*, de Duroselle, ibid, p.618. Les rapports des *Annales de la Charité* font également état de l'intervention d'un Tocqueville (encore une fois, il ne peut s'agir que d'Edouard), le 21 juillet, lors d'une discussion sur les écoles (Annales, 1855, p.509-542). Le problème de la méprise de Duroselle, c'est qu'il attribue des propos d'Edouard à Alexis. Le renvoi (à partir du nom Tocqueville, sans précision de prénom, et alors que les premiers renvois concernent Alexis) de la page 520 est même assez drôle : Duroselle explique que "le vicomte de Tocqueville, propriétaire, conseiller général, est renouvelé dans sa présidence le 17 septembre 1864 (à Compiègne)". Or, Alexis décède en...1859. et de toute façon, il n'a jamais été membre du conseil général de l'Oise. Il s'agit bien du frère d'Alexis, Edouard, qui avait déjà publié un texte dans les *Annales de la Charité* en 1853, intitulé *De l'intervention de l'esprit chrétien dans l'enseignement professionnel de l'agriculture* où il est présenté comme membre du conseil général de l'Oise et président de la Société d'agriculture à Compiègne. D'ailleurs, André jardin le confirme dans son *Tocqueville (1805-1859)* (ibid, p.49) en précisant qu'Edouard de Tocqueville "publia quelques brochures d'économie agricole et collabora aux *Annales de la Charité*". Ainsi, Duroselle entretient une certaine confusion entre les deux frères : certaines informations sont exactes, s'il s'agit d'Alexis et d'autres le sont, si c'est Edouard. Mais en aucun cas, ce ne peut être le même Tocqueville.

cette adhésion[399], renforçant le caractère énigmatique de ce ralliement passagé, effectué sans conviction[400]. Cet épisode de la vie de Tocqueville nous indique la difficulté qui existe à vouloir le classer.

Toutefois, ce fait peut apparaître significatif si on le replace dans le contexte de la deuxième partie de la Monarchie de Juillet, où Tocqueville est mû par des préoccupations sociales. D'ailleurs, Drescher pense que dans les années 1840, il voit la charité légale dans une perspective moins rigide[401]. Ainsi, son

---

[399] On retrouve également parmi les membres fondateurs des *Annales de la Charité*, un correspondant fidèle de Tocqueville : Kergolay. Dans le volume des Œuvres Complètes (XIII, 2, 1977) consacré à la correspondance Tocqueville-Kergolay pour l'année 1845, année où ils sont tous les deux devenus membres fondateurs de cette revue, il existe trois lettres : Kergolay écrit trois fois à Mme de Tocqueville (27 juillet, 14 août, 13 Octobre) et Tocqueville écrit à Kergolay le 25 décembre sans qu'il soit fait référence à la revue.

[400] Nous pouvons peut-être expliquer cette adhésion par les origines religieuses de Tocqueville. En effet, notre auteur a toujours cru que le catholicisme est une bonne façon d'éclairer les hommes sur leurs devoirs moraux. Il pense même que la religion est un complément indispensable à la liberté car elle apporte la solidarité. Il s'agit d'un ciment social qui en plus favorise la stabilité des lois et le bon ordre de la société. Si Tocqueville croit à la religion comme instrument de régulation sociale, il est insensible aux dogmes et finira par avouer son incroyance. (Lettre de Tocqueville à Gobineau du 20 octobre 1843, O.C., IX, p.57).

[401] *Dilemnas of Democracy* par Drescher, ibid, p.112. Il est vrai que dans sa correspondance à Gobineau, Tocqueville ne semble pas condamner la charité légale : que l'aumône soit passée de privée à sociale, apparaît pour lui comme l'entrée de la doctrine chrétienne dans une "époque très civilisée, très administrative, très démocratique (plutôt) qu'un système nouveau. Les signes qui démontrent cette tendance, ce sont les ressources amassées par les pouvoirs publics pour venir régulièrement, administrativement au secours des différentes misères, le **perfectionnement** en un mot de toutes les institutions charitables du christianisme. C'est la charité légale directe" (Lettre du 2 octobre 1843, O.C., IX, p.60-61).

adhésion aux *Annales de la Charité* doit être mise en lien avec sa tentative pour formuler une politique sociale en 1847, au moment où il pense possible de constituer un nouveau parti politique.

Tocqueville aurait bien aimé trouver plus tôt les conditions pour créer un mouvement politique. Or, depuis 1839, date de sa première élection à la députation de Valognes, Tocqueville fait plutôt figure d'un isolé à la Chambre. Ainsi, lorsqu'il pénètre pour la première fois dans l'hémicycle, il ne trouve pas de parti à sa convenance. Ses qualités d'orateur, médiocres à l'époque, ne lui permettent pas d'entraîner des députés derrière lui, bien que ce ne soit pas l'envie qui lui manque [402]. Il rêve de créer un parti politique afin que l'on vienne à lui. Dès lors, Tocqueville ne trouve pas véritablement refuge dans un parti existant car il tient trop à ses idées pour les voir se fondre dans des orientations collectives qui pourraient lui déplaire. S'il se résout à siéger sur les bancs de la gauche dynastique dirigée par Odilon Barrot [403], c'est parce qu'il lui faut absolument choisir un parti pour agir. En effet, un solitaire n'avait pratiquement aucune chance de se voir confier un dossier

[402] Tocqueville a toujours eu en tête de créer son propre parti comme l'indique une lettre inédite adressée à E. Stöffels, de Paris, le 21 janv 1840: "(...) pour former un nouveau parti il faudrait avoir à proposer quelque chose de très différent de ce qui se fait, et c'est ce qui ne me semble pas possible pour le moment". Dans une autre lettre du 1er Nov 1841 dont le destinataire est inconnu, Tocqueville est encore plus précis : "Tous les partis existants me répugnent si fondamentalement qu'il ne m'est pas possible de faire une alliance réelle avec aucun d'entre eux. Tous d'ailleurs feraient plus perdre en considération par leur contact intime qu'ils ne feraient gagner en pouvoir. Quant à faire un nouveau parti, les éléments n'en existent pas encore" (Lettre publiée par A. Gigot, ***M. de Tocqueville,*** *le Correspondant*, 25 décembre 1860, p.702.).

[403] Tocqueville propose, sans succès, à Barrot ses idées pour constituer un nouveau groupe politique (Lettre inédite du 16 septembre 1842). En 1843, il écrivait à son ami L. de Kergolay : "Mon idée (...) n'est de nature ni à saisir ni à passionner un grand nombre d'hommes, ni à servir de but visible aux efforts d'un parti" (O.C., t. XIII, 2, p.128-129).

important ou d'occuper une place dans les commissions.

Mais Tocqueville semble rechercher cet "isolement intellectuel et moral" car il ne se sent pas à l'aise dans la vie parlementaire. Il ne veut pas ressembler à ces politiciens qui se battent pour des places. Dès qu'il le peut, il montre qu'il n'a rien à voir avec cette bourgeoisie qui "se logea dans toute les places, augmenta prodigieusement le nombre de celles-ci et s'habitua à vivre presque autant du Trésor public que de sa propre industrie"[404]. Aussi, vers la fin de la Monarchie de Juillet, Tocqueville ne veut pas laisser la question sociale "au mépris égoïste et inintelligent de la majorité conservatrice"[405], à cette bourgeoisie qui méconnaît les besoins sociaux. Observateur des angoisses sociales, il ne veut pas abandonner cette question si importante à des députés qu'il juge médiocres et incompétents. Au moment où sévit une crise économique, notre auteur est frappé par l'impuissance du régime à donner quelques satisfactions aux classes populaires; à la fin de 1846, Tocqueville pense que les conditions sont réunies pour la réalisation d'un projet politique qui comporterait une orientation forte en matière sociale, au moment où la classe politique brille par son absence de politique sociale. Il espère sûrement trouver dans l'examen d'une véritable réponse à la détresse des classes inférieures une alternative aux réflexions stéréotypées que s'échangent le centre droit et la gauche[406]. Alors que jusqu'ici Tocqueville s'est toujours contenté des questions politiques à la Chambre, il semble bien que ce soit lui qui donne l'orientation sociale de

[404] O. C., XII, p.30.

[405] Lettre inédite à Dufaure en 1846 (O.C., Pléiade, p.1628). D'une façon générale, Tocqueville se demande comment éviter les débats stériles qui consacrent la déchirure sociale, en n'évoquant jamais les questions que la classe populaire ne peut porter elle-même sur la scène politique.

[406] On ne peut pas complètement écarter l'hypothèse que Tocqueville ait choisi ce créneau social par opportunité politique. Pour constituer un nouveau parti, il voulait pouvoir occuper un segment délaissé de la vie politique (sauf par les socialistes). De plus, comme ses nouveaux amis politiques, il cherche à se soustraire à l'autorité de Thiers, qui ne donnait qu'une opposition tactique au gouvernement de Guizot.

ce nouveau mouvement qu'il tente de fonder avec quelques personnalités (Dufaure, Rivet, Corcelle, Billault...)[407].

Ces députés dissidents décident de se fixer une doctrine pour leur parti qui se fait appeler "jeune gauche" et qui voit le jour officiellement le 7 Février 1847 à propos d'un amendement sur les mariages espagnols où se comptent ses adhérents : vingt-huit. Dufaure[408] est alors chargé de rédiger son manifeste à partir de contributions qu'allaient lui donner ses amis : il doit centraliser les travaux, en tirer les conséquences pratiques, et formuler les éléments d'un programme que la "jeune gauche"

---

[407] Dans une lettre inédite du 29 juillet 1847, Tocqueville propose une réforme sur deux points: la moralité de l'administration, qui à ses yeux, est uniquement envisageable au sein du gouvernement et la question financière pour laquelle un programme consistant est possible: "non plus à prendre une à une les sources de l'impôt et à les tarir sans en ouvrir d'autres, mais à remanier tout le système de manière à diminuer la charge des pauvres en augmentant un peu celle des riches, et à retrouver d'un côté ce qu'on sacrifie de l'autre, de sorte qu'on arrivât à remettre de l'ordre dans les finances et à exonérer le travail. (...) Quant à moi, je suis sûr que c'est une grande idée et qui comme toutes les grandes idées répond à plusieurs besoins à la fois. Elle touche en même temps à ce qu'il y a de plus élevé dans le gouvernement des finances et dans celui des hommes. Elle est économique et politique. Son application suffirait seule pour illustrer soit un parti soit une administration. Il y a plusieurs autres avantages très grands à la traiter. Elle mène à une réforme très populaire et qui cependant n'a rien de révolutionnaire. (...) Elle répond au contraire au besoin senti par le pays qui s'occupe plus aujourd'hui des questions qui ont un caractère social que de celles qui sont purement politiques. Quoi de plus conforme à cette tendance qu'une réforme financière dont le résultat est de modifier la répartition des charges publiques entre les différentes classes de la nation?".

[408] Tocqueville était déjà en relation avec Dufaure sur la question de l'Algérie. Le 27 février 1847, le gouvernement avait déposé sur le bureau de la Chambre deux projets de loi sur la colonie (crédits extraordinaires, création de camps). La Chambre avait confié l'examen de ces réflexions à une commission, constituée le 8 mars, qui choisit Dufaure pour président et Tocqueville comme rapporteur. Les deux rapports de Tocqueville (24 mai et 2 juin) ont été publiés (O.C., III, 1, p.308-408).

veut présenter en 1848[409]. Tout d'abord Tocqueville veut lutter contre l'indifférence, en matière politique, des classes populaires. Il propose d'"étendre peu à peu le cercle des droits politiques de manière à dépasser les limites de la classe moyenne, afin de rendre la vie publique plus variée et plus féconde et d'intéresser d'une manière régulière et paisible les classes inférieures aux affaires publiques."[410] Dans un autre article de cette période, qui devait faire le préambule du manifeste de la "jeune gauche", intitulé *De la classe moyenne et du peuple*[411], Tocqueville déplore que les classes populaires ne s'intéressent pas à la vie publique et politique. Pour lui, ce désintérêt a plusieurs explications : d'une part, la corruption qui mine le régime en place (notamment le goût des places); d'autre part, l'absence de grand clivage au moment des débats parlementaires. Les acteurs politiques manquent eux-mêmes de passion pour défendre leurs idées. A ses yeux, il règne au sein de la classe politique une sorte d'uniformisation idéologique qui renforce l'indifférence du peuple[412]. Tocqueville préconise d'éveiller les classes inférieures à la vie politique pour éviter un nouveau désordre politique et social. Ce désintérêt de la nation pour les affaires publiques lui comme un grand drame de la France, susceptible de conduire les plus affamés à vouloir

[409] Nous ne savons pas pourquoi Dufaure n'a jamais publié ce manifeste.

[410] O.C., III, 2, p.737, article intitulé "Question financière".

[411] *De la classe moyenne et du peuple* (O.C., Pléiade, I, p.1121-1124) dont la rédaction fut entreprise en octobre 1847. Texte adressé à Dufaure.

[412] Pour Tocqueville, la révolution de 1830 "a achevé de détruire sans retour toutes les classes qui partageaient le pays, pour ne former au-dessus du peuple qu'une seule classe presque homogène dans le sein de laquelle les intérêts sont presque identiques et au milieu de laquelle, par conséquent, il est à peu près impossible de faire naître et subsister de grands partis, c'est-à-dire de grandes associations politiques ayant des intérêts très distincts et voulant des choses très différentes. La singulière homogénéité qui règne entre tous les hommes qui sont placés au-dessus du peuple me paraît être la cause première de cette tiédeur singulière, de cet alanguissement qui s'est fait voir tout à coup dans la vie publique de ce pays; du vide réel des débats parlementaires et de l'insignifiance des hommes politiques" (*De la classe moyenne et du peuple*, O.C, Pléiade, I, p.1123).

renverser le régime. D'ailleurs, Tocqueville est très inquiet pour l'avenir politique du régime, car ces soucis d'ordre politique viennent s'ajouter aux difficultés économiques et sociales des masses populaires.

Mais Tocqueville a surtout décidé de s'occuper de la question financière : il propose de "faire du sort matériel et intellectuel de ces classes (inférieures), l'objet principal des soins des législateurs, diriger tout l'effort des lois vers l'allégement et surtout la parfaite égalisation des charges publiques afin de faire disparaître toutes les inégalités qui sont demeurées dans notre législation fiscale. En un mot, assurer au pauvre toute l'égalité légale et tout le bien-être qui soient compatibles avec l'existence du droit individuel de propriété et l'inégalité des conditions qui en découle. Car, disais-je, en terminant ce qui, en cette matière, était honnêteté et justice, devient nécessité et prudence"[413].

Tocqueville a donc deux objectifs : tout d'abord, il veut favoriser la participation politique des classes populaires. Ensuite, il demande au législateur de se préoccuper des pauvres en tentant d'instaurer un équilibre fiscal. Il montre ici qu'il n'est pas hostile à l'intervention de l'Etat dans la vie économique et sociale. En fait, Tocqueville veut essayer de faire en sorte que les conditions de vie des classes inférieures soient assez supportables pour qu'elles puissent montrer de l'intérêt pour la vie politique. Dans un autre texte, il propose sa propre réforme fiscale à l'égard des pauvres. Il désire le rééquilibrage des charges (impôts et taxes) sur toutes les composantes de la nation, ce qui revient à alléger la pression fiscale des plus désavantagés. Certes, Tocqueville reconnaît que l'inégalité face à l'impôt est inévitable, mais il pense que sa méthode peut permettre d'atténuer cette inégalité. Il suggère de suivre ces quatre règles : "1- Excepter de l'impôt les plus pauvres, c'est-à-dire ceux pour lesquels la charge est comparativement la plus pesante; 2- Ne pas faire porter l'impôt sur les choses nécessaires, parce qu'alors tout le monde est obligé de s'y soumettre et que le pauvre est atteint; 3- Quand

[413] O.C., III, 2, p.737, article "Question financière".

l'impôt porte sur les choses nécessaires ou très utiles à la vie, le rendre très faible pour chacun afin qu'il soit presque aussi indifférent aux pauvres, qu'aux riches; 4- Quand il est fort, tâcher de le rendre proportionnel à la fortune du contribuable"[414]. Tocqueville sait que l'égalité complète en matière fiscale ne pourra jamais être obtenue car n'importe quel impôt pèse relativement plus sur le pauvre que sur le riche. Donc, il conseille un impôt proportionnel moins désavantageux pour les pauvres. Il s'attache à l'idée que les impôts doivent peser surtout sur les riches alors que la plupart d'entre eux taxes indirectes ou droits de douane touchent surtout les pauvres. Sa proposition ne laisse pas place à l'interprétation : il veut soulager les plus démunis, démontrant là encore une véritable conscience sociale.

D'ailleurs, Tocqueville poursuit son texte en proposant de nouvelles lois en faveur du peuple. Il examine tous les moyens qui peuvent permettre de venir au secours des classes inférieures. De fait son programme de solidarité l'entraîne bien au-delà des horizons classiques du libéralisme. En effet, il pense pouvoir améliorer la condition de l'indigent avec des solutions directes : "- En établissant des institutions qui soient particulièrement à son usage, dont il puisse se servir pour s'éclairer, s'enrichir, telles que caisses d'épargne, institutions de crédit, écoles gratuites, lois restrictives de la durée du travail, salles d'asile, ouvroirs, caisses de secours mutuels. - En venant enfin directement à son secours et en soulageant sa misère, avec les ressources de l'impôt : hospices, bureaux de bienfaisance, taxe des pauvres, distribution des denrées, de

[414] *Fragment pour une politique sociale* (O.C., III, 2, p.742) est vraisemblablement écrit en janvier 1847. Texte destiné à Dufaure pour compléter le manifeste de la "jeune gauche". Tocqueville pousse même plus loin son étude en regrettant que certains impôts ne puissent devenir proportionnels. C'est le cas des impôts directs comme celui qui est prélevé à la Douane. C'est également le cas des taxes sur la consommation; mais Tocqueville pense que le problème se résout de lui-même lorsqu'il ne s'agit pas de denrées nécessaires. En effet, "la consommation elle-même étant en raison de la fortune, l'échelle que nous cherchons se retrouve" (O.C., III, 2, p.743).

travail, d'argent. En définitive, trois moyens de venir au secours du peuple : 1- Le décharger d'une partie des charges publiques ou du moins ne l'en charger que proportionnellement. 2- Mettre à sa portée les institutions qui peuvent lui permettre de se tirer d'affaire et de s'assister. 3- Venir à son secours et l'assister directement dans ses besoins"[415]. Ainsi, Tocqueville cherche à renforcer l'assistance. Il semble même préconiser l'organisation d'une aide sociale contre le chômage ou la maladie. Il s'agit d'un véritable programme en faveur des classes inférieures qui implique l'intervention de l'Etat. En effet, Tocqueville poursuit en précisant que les efforts des "gouvernements nouveaux" doivent aller dans le sens d'une "distribution plus égale des biens de ce monde"[416]. L'égalité ne menace plus la liberté mais doit permettre de différer la menace des soulèvements populaires. Ailleurs, Tocqueville explique que l'attention la plus grave doit se porter sur le peuple : "il faut donner à toute la législation ce tour philanthropique, ce sentiment sympathique aux besoins du pauvre qui attache le peuple à nos œuvres, qui l'y intéresse, et qui le console de ne pas faire la loi en voyant sans cesse que le législateur pense à lui"[417]. Les idées de Tocqueville sont audacieuses et démontrent son absence de préjugés idéologiques.

Dans le programme social de Tocqueville, l'Etat est un acteur important qui a toute sa place. Ces contributions sont d'un grand intérêt car elles indiquent que la pensée économique de notre auteur se situe bien loin des propositions des économistes libéraux de son époque. En effet, des auteurs comme Dunoyer et Bastiat pensent que la solution de la misère réside dans l'absence de politique sociale. Pour eux, l'Etat ne doit en aucun cas intervenir dans le champ de l'économie et du social.

[415] O.C., III, 2, p.743.

[416] O.C., III, 2, p.743.

[417] O.C., III, 2, p.727. Il est à noter que Tocqueville n'introduit pas des critères distinguant le nécessiteux lorsqu'il envisage les secours. Préconisant de soulager les classes inférieures, il ne se demande pas pourquoi le pauvre est pauvre.

Tocqueville, qui ne peut déjà plus être considéré comme un chantre du libéralisme économique, montre ici tout ce qui le sépare de ce libéralisme absolu. De plus, il met en jeu une véritable réflexion sur les solidarités nécessaires pour maintenir la cohésion sociale de la nation. Il cherche à rendre les conditions de vie des classes laborieuses moins déplorables. C'est en comprenant l'urgence de la situation sociale, qu'il développe toute une série de mesures de secours pour les pauvres. Mais c'est aussi au moment où il est impressionné par les théories socialistes, qu'il choisit d'occuper le terrain politique par une approche sociale. A cette époque, parmi les politiques, les socialistes sont les plus actifs concernant le sort des classes laborieuses. Cette lecture des socialistes suscite, chez Tocqueville, les signes annonciateurs de la lutte des classes[418] : son inquiétude sociale se traduit par une crainte des révoltes. En effet, dans des notes écrites en 1847, Tocqueville écrit : "Danger de l'avenir : guerre des classes"[419]. Ce programme social de la "jeune gauche" peut, dès lors, être relié aux premiers travaux de Tocqueville sur le paupérisme, qui évoquaient déjà la nécessité d'empêcher la destabilisation d'un ordre politique et social chancelant. Pour Tocqueville, il s'agit d'être actif dans le présent pour tenter de faire reculer les dangers de l'avenir.

Notre auteur a pu observer un patronat industriel qui exploite la masse ouvrière. C'est aussi l'agitation politique et sociale pouvant en découler qui le pousse à se préoccuper des classes laborieuses. L'industrie porte en germe la guerre sociale, l'affrontement des classes. Or, par dessus tout, Tocqueville redoute les émeutes. L'irruption des masses sur la scène politique ne peut que favoriser la variante révolutionnaire de l'évolution démocratique et les troubles sanglants qu'elle

[418] Nous étudierons les rapports de Tocqueville avec le socialisme dans le développement suivant.

[419] Ce sont des notes préparatoires à l'écriture d'un discours sur l'adresse de 1847 que Tocqueville ne prononça finalement pas. Il y montre à nouveau son intérêt pour les classes inférieures. De plus, le sentiment d'une révolution à caractère social y est très présent (O.C., III, 2, p.727).

entraîne. Ceci explique que son diagnostic de la condition ouvrière soit pré-marxiste, même si les conclusions qu'il en tire sont fort différentes. S'il s'impose d'améliorer le sort des classes inférieures et de lutter contre le paupérisme, c'est aussi pour éviter que le progrès social ne passe par de nouveaux soubresauts révolutionnaires et ne débouche sur le socialisme. A l'image de ce qu'il a vu en Amérique, Tocqueville veut pouvoir accommoder la poussée égalitaire à la liberté, dans une société enfin apaisée.

En 1847, Tocqueville pense que la lutte des classes est beaucoup plus proche qu'il ne le supposait en 1843. Elle opposerait ceux qui possèdent à ceux qui ne possèdent pas et qui n'ont que leurs bras pour survivre. Ainsi, l'enjeu du conflit social est la propriété. Dans son texte *De la Classe moyenne et du peuple*, Tocqueville explique qu' "il n'y a guère à douter qu'un jour, c'est entre ceux qui possèdent et ceux qui ne possèdent pas que s'établira la lutte politique; que le grand champ de bataille sera la propriété et que les grandes questions politiques auront trait à des modifications plus ou moins profondes apportées au droit des propriétaires"[420]. Pourtant, pour des raisons que nous avons déjà évoquées, Tocqueville reste un défenseur du droit de propriété qu'il croit indispensable à la bonne marche de la civilisation[421]. Il regrette par avance les nombreuses attaques que celui-ci devra subir car il est le seul élément de l'organisation sociale aristocratique que 1789 ait laissé subsister. Tocqueville veut sauver le droit de propriété, qu'il perçoit menacé, grâce à ses réformes en faveur des classes populaires. Seul un programme social contrariant le libre jeu de l'économie de marché peut permettre de sauver ce droit de la propriété.

Tocqueville a vraisemblablement en tête toutes ces réflexions,

---

[420] O.C., Pléiade, I, p.1123-1124.

[421] Tocqueville démontre aussi que le droit de propriété n'est pas indestructible et éternel comme cherchent à le faire croire les théories du droit naturel. C'est un nouveau point de divergence avec les économistes libéraux qui fondent une partie de leurs argumentaires sur le droit naturel...

lorsqu'en son nom propre, le 27 Janvier 1848, il annonce qu'un vent révolutionnaire se lève[422]. Il sent "que, pour la première fois peut-être depuis seize ans, le sentiment, l'instinct de l'instabilité, ce sentiment précurseur des révolutions, qui souvent les annonce, qui quelquefois les fait naître, que ce sentiment existe à un degré très grave dans le pays"[423]. Tocqueville met en cause la suppression de certaines libertés (d'association, de presse) et dénonce à nouveau la dégradation des mœurs publiques : la corruption. Pour lui, c'est le pouvoir qui détient en premier la responsabilité de ce qui va arriver. Tocqueville poursuit : "On dit qu'il n'y a point de péril, parce qu'il n'y a pas d'émeute; on dit que, comme il n'y a pas de désordre matériel à la surface de la société, les révolutions sont loin de nous. Messieurs, permettez-moi de vous dire que je crois que vous vous trompez. Sans doute le désordre n'est pas dans les faits, mais il est entré bien profondément dans les esprits. Regardez ce qui se passe au sein de ces classes ouvrières qui, aujourd'hui, je le reconnais, sont tranquilles. Il est vrai qu'elles ne sont pas tourmentées par les passions politiques proprement dites, au même degré où elles ont été tourmentées jadis; mais ne voyez-vous pas que leurs passions, de politiques, sont devenues sociales? Ne voyez-vous pas qu'il se répand peu à peu dans leur sein des opinions, des idées, qui ne vont point seulement à renverser telles lois, tel ministère, tel gouvernement même, mais la société, à l'ébranler sur les bases sur lesquelles elle repose aujourd'hui? N'écoutez-vous pas ce qui se dit tous les jours dans leur sein? N'entendez-vous pas qu'on y répète sans cesse que tout ce qui se trouve au dessus d'elles est incapable et indigne de les gouverner; que la division des biens faite jusqu'à présent dans le monde est injuste; que la propriété repose sur des bases qui ne sont pas les bases

---

[422] La "jeune gauche" décide de ne pas participer à la campagne des banquets. Ce mouvement politique disparaît avec la Révolution de 1848, au moment où il entamait des négociations avec un groupe de députés qui se détachaient du centre droit.

[423] *Discours prononcé à la chambre des députés, le 27 janvier 1848, dans la discussion du projet d'adresse en réponse au discours de la couronne*, in O.C., Pléiade, I, p.1125-1126.

équitables? Et ne croyez-vous pas que, quand de telles opinions prennent racine, quand elles se répandent d'une manière presque générale, quand elles descendent profondément dans les masses, elles doivent amener tôt ou tard, je ne sais pas quand, je ne sais comment, mais elles doivent amener tôt ou tard les révolutions les plus redoutables? Telle est, Messieurs, ma conviction profonde : je crois que nous nous endormons à l'heure qu'il est sur un volcan, j'en suis profondément convaincu..."[424].

Ainsi, Tocqueville voit l'avenir sous le signe de la décadence et du désordre. André Jardin pense que l'on exagère le talent prophétique de Tocqueville à cette occasion. Le ton angoissé est, vraisemblablement, volontairement excessif pour sensibiliser la Chambre des députés. Il a sûrement grossi le péril révolutionnaire pour mieux frapper l'opinion publique et parlementaire[425]. Mais même s'il s'agit plus d'un pronostic que d'une prophétie, il faut y voir la marque d'une exceptionnelle intuition politique car, quand les événements se sont déclenchés, la surprise fut générale. Ce qui est sûr, c'est que Tocqueville ressentait de façon aiguë la nouveauté de l'esprit révolutionnaire de 1848.

2-*Rejet du socialisme, refus du libéralisme économique*

Pour Tocqueville, les facteurs politiques restent très importants pour expliquer 1848. Le champ du politique lui paraît essentiel pour analyser les relations sociales. Ainsi, l'ordre que Tocqueville veut sauvegarder est avant tout politique car il trouve très peu de motifs de satisfaction dans l'organisation économique qui est en train de se mettre en place. La remédiation du paupérisme relève moins de l'économie que d'une réforme politique et sociale. En outre, sa solution prioritairement politique récuse les approches idéologiques de son temps : d'un côté, nous montrerons que l'œuvre de Tocqueville, prise dans son ensemble, est une réfutation du

[424] O.C., I, p.1129-1130.

[425] Jardin, *Alexis de Tocqueville (1805-1859)* , ibid, p.383.

libéralisme économique et d'un autre, qu'elle repousse aussi violemment les théories socialistes. Ainsi, entre le libéralisme "pur et dur" et le socialisme interventionniste de Louis Blanc, notre auteur formule les bases d'une solution politique qui a pour principal objectif d'obtenir une certaine stabilité politique et sociale.

a-*Contre le socialisme*

Les premiers véritables rapports de Tocqueville avec le socialisme datent de sa tentative de reprise de la revue *Le Commerce*. Après l'échec de sa collaboration avec le *Siècle*, Tocqueville veut trouver un moyen pour diffuser ses idées politiques. Il décide alors de créer son propre organe d'opposition. En Juillet 1844, avec quelques amis, il décide d'acheter quelques parts financières du capital de la revue *Le Commerce*. Cette expérience menée dans un but politique permet à Tocqueville de s'ouvrir à une gauche différente de celle qu'il rencontrait dans les travées parlementaires[426]. Au comité de rédaction, il fréquente alors des journalistes en contact avec une gauche de "terrain". Par exemple, il rencontre le Saint Simonien Ismayl Urbain[427]. Il peut alors augmenter ses connaissances sur le socialisme saint-simonien. Tocqueville avait également noué des relations avec Considérant, un disciple de Fourier[428]. Mais Tocqueville cesse assez rapidement

[426] Tocqueville siégeait alors au centre gauche et il avait rallié la gauche dynastique dès que celle-ci s'était éloignée de Thiers à propos de la loi de régence.

[427] "Une note de mars 1845 fait allusion au remplacement comme rédacteur de la feuille politique de Michel par Urbain" (Jardin, *Alexis de Tocqueville (1805-1859)*, ibid, p.371). Urbain est également un ami d'Eichtal, que Tocqueville connaissait bien.

[428] Jardin nous apprend que Tocqueville a souvent rencontré Considérant (1808-1893) dans le salon littéraire de Madame Ancelot (*Alexis de Tocqueville (1805-1859)*, ibid, p.362). Il le retrouvera dans la Commission chargée de préparer la Constitution de 1848. Considérant édulcore les idées de Fourier, tout en restant fidèle à la "commune sociétaire, en désamorçant ses principes révolutionnaires.

de jouer un rôle quelconque dans cette revue (dès Juin 1845[429]), car elle n'a pas réussi à acquérir l'audience qu'il souhaitait. En définitive, cette expérience est surtout l'occasion pour Tocqueville de fréquenter les milieux socialistes.

Nous avons vu par ailleurs que, vers la fin de la Monarchie de Juillet, Tocqueville se livre a une véritable méditation sociale. Dans le cadre de la "jeune gauche", au moment où il sent poindre le désordre politique, il rédige une sorte de programme politique où sa préoccupation de la situation des classes inférieures apparaît clairement. C'est dans cette période que notre auteur découvre alors en profondeur les écrits socialistes. Cette lecture l'impressionne et le conforte dans son idée de l'arrivée future d'une révolution à caractère social. La crise économique de 1845-1848[430] a propulsé les idées socialistes sur le devant de la scène. Tocqueville les consulte à travers les écrits de Saint-Simon, d'Owen et de Fourier[431]. Le 1er

[429] La société d'exploitation (formée en juin 1844) qui reprend *Le Commerce* dépose le bilan en 1847.

[430] Cette crise résulte de difficultés de ravitaillement dues aux mauvaises récoltes de pommes de terre et de céréales. Cette disette provoque une hausse des prix des produits alimentaires et la spéculation. De plus, une crise industrielle de sous-consommation et une crise financière de surinvestissement, due à la loi ferroviaire de 1842, se déclenchent. Ces crises renforcent la misère et le mécontentement tant à la ville qu'à la campagne. Ces conditions économiques et sociales permettent une diffusion plus rapide des doctrines socialistes.

[431] On a retrouvé dans les notes de Tocqueville les remarques suivantes : "Plaintes du peuple ou faites au nom du peuple... Remèdes indiqués : communisme, organisation du travail, phalanstère... Tous ces remèdes tendent tous à faire un ordre social nouveau, sans précédent dans le monde. Mais de ce que les plaintes sont exagérées, de ce que les remèdes indiqués soient... (Deux lignes effacées par des moisissures) légitimement et pas de solution à proposer..." (*Fragments pour une politique sociale*, O.C., III, 2, p.744). Tocqueville a pu avoir un premier aperçu des doctrines socialistes dans deux ouvrages déjà cités : *Histoire de l'économie politique en Europe* par Adolphe Blanqui aîné, ibid, et *Histoire de l'économie politique* par Alban de Villeneuve Bargemont, ibid.

Novembre 1847, il écrit à Enfantin[432], dont il vient de lire la *Correspondance philosophique et religieuse*. Cette lettre est particulièrement explicite de l'état d'esprit qui anime à ce moment l'auteur de *De la Démocratie en Amérique* : "Je diffère beaucoup de vous quant aux points de vue généraux. Mais cela ne m'empêche pas de me trouver en sympathie avec vous dans un grand nombre d'endroits du livre." Il y a un point où "je pense ou plutôt sens comme vous. Il règne dans tout votre livre un sentiment vif des misères du pauvre et un élan vers tout ce qui pourrait égaliser la somme de bonheur dont les hommes jouissent dans ce monde. Je crois aussi que le sens de la longue révolution que nos pères ont vu commencer et que nous ne verrons pas finir est un développement plus grand de l'égalité sur la terre et un partage de plus en plus égal des biens qu'elle présente. Je ne pense pas que ce mouvement puisse aller jusqu'où vous voudriez pouvoir le conduire et même dans l'intérêt de l'humanité je ne le désire pas; mais j'estime cependant qu'il y a beaucoup à faire dans ce sens et quoique je sois très loin d'adopter tous les moyens que vous jugeriez bon, j'approuve au moins le but et c'est vers ce but que tous les hommes d'Etat devraient marcher. Ce serait faire une œuvre plus profitable de songer à organiser le monde nouveau que de s'acharner contre les débris de l'ancien monde."

Ainsi, Tocqueville est d'accord pour affirmer, avec Enfantin, que le problème du paupérisme doit être examiné avec la plus grande attention. Nous sentons bien qu'il considère la misère du peuple comme étant la question principale de son temps. Dans cette lettre, notre auteur montre, à nouveau, son désir de voir l'égalité se propager. Certes, il ne veut pas aller aussi loin que le théoricien socialiste, mais comme lui, il pense que la société future doit se constituer de manière à réduire les plus grandes inégalités. L'inégalité n'ajoute rien à la dynamique économique et sociale. Cette conscience aiguë de l'inégalité, Tocqueville l'aura jusqu'à la fin de sa vie. En effet, dans une lettre du 10 Septembre 1856, il écrit à Mme Swetchine : "Je

[432] Socialiste français (1796-1864), principal diffuseur des idées saint-simoniennes grâce à ses deux journaux, *Le producteur* et *Le Globe*. Sa communauté modèle, créée à Ménilmontant, eut de nombreux adeptes.

suis bien de votre avis que la répartition plus égale des biens et des droits dans ce monde est le plus grand objet que doivent se proposer ceux qui mènent les affaires humaines"[433].

La lettre de Tocqueville à Enfantin est importante car elle nous indique une sorte de considération pour les écrits socialistes. Mais cette timide estime cache mal son inquiétude devant l'objectif ultime des théories socialistes. Il désapprouve radicalement l'idée de transformer en profondeur l'organisation politique et sociale, car cela doit inévitablement passer par des troubles de l'ordre. Le foisonnement des doctrines socialistes, qui se fait dans le sillage notamment de Saint-Simon et de Fourier, nourrit le sentiment de crainte de Tocqueville à l'égard des révoltes. En effet, le mouvement des idées que proposent les socialistes est d'autant plus dangereux que le peuple y trouve un grand intérêt. Dès lors, notre auteur ne sous-estime pas le pouvoir de pénétration du socialisme dans les couches populaires : "C'est à tort qu'on traite légèrement de telles rêveries. Car si les livres de ces novateurs sont souvent écrits dans une langue barbare ou ridicule, si les procédés qu'ils indiquent paraissent inexplicables, la tendance commune qu'ils indiquent dans l'esprit de leurs auteurs et dans celui de leurs lecteurs est très redoutable et mérite d'attirer l'attention la plus sérieuse"[434].

---

[433] O.C., XV, 2, p.291.

[434] *Question financière* (article écrit en 1847, O.C., III, 2, p.737). Tocqueville garde son esprit éveillé quant au développement des théories socialistes. Par exemple, il prend des notes en écoutant les discours de certains socialistes. Le 31 juillet 1848, il relève cette phrase de Proudhon : "Le socialisme, c'est la révolution de Février, l'attaquer, c'est attaquer cette révolution... Quand nous serons arrivés là, l'amour du bien-être et des jouissances effectives...la consommation deviendra comme la faculté de jouir sans bornes... Ou la propriété emportera la République, ou la République emportera la propriété... Les cœurs ne sont plus touchés que d'un seul amour, celui du bien-être". Le 30 août 1848, il retient du discours de Pierre Leroux (qui revendique la paternité de l'utilisation moderne du mot socialisme) la proposition suivante : "Il faut que l'Etat soit un gendarme intelligent" (O.C., III, 3, p.190).

Pour notre travail, il est intéressant de noter que Tocqueville cherche à nouer des contacts avec l'inventeur des ateliers sociaux et de l'organisation du travail : en 1847, il écrit dans une petite note : "Amélioration du sort des classes populaires, différents systèmes, causer de cela avec M. Louis Blanc"[435]. En effet, depuis 1839, c'est surtout le livre de Louis Blanc *L'Organisation du travail* qui frappait l'opinion publique[436]. En 1847, Tocqueville se demande dans une note si cette idée très populaire, à la veille de 1848, peut s'envisager sans risque : "peut-être demander une enquête sur l'état des classes laborieuses. (...) Y a-t-il quelque chose de sérieux dans le mot organisation du travail? Si ce n'est, comme je le crois, le dire hautement. Chercher les autres remèdes ou abus de la concurrence. D'autres remèdes aux souffrances des classes des pauvres"[437]. Tocqueville écarte soigneusement l'intérêt de l'organisation du travail, mais le fait qu'il l'envisage est une indication significative des préoccupations sociales qui l'animent vers la fin de la Monarchie de Juillet.

Il est tout à fait vraisemblable que le succès de la brochure de Louis Blanc conduise également Tocqueville à s'interroger sur la validité de ce remède socialiste[438]. De plus, si notre auteur est aussi attentif à cette thèse, c'est qu'il attache plus d'importance aux idées d'un réformateur pratique qu'aux vagues principes énoncés par les utopistes. Les principes de Louis Blanc sont d'autant plus dangereux qu'ils ont une chance d'être mis en application. L'idée maîtresse de la théorie exposée dans

[435] Citée par Françoise Mélonio dans son introduction aux *Mélanges* (O.C., XVI, p.24, n. 67).

[436] Dans une note intitulée "socialisme", Tocqueville écrit à propos de Louis Blanc : "le pouvoir social dirigeant la production, la réglant, l'Etat devenant le grand entrepreneur d'industrie." (O.C., III, 3, p.192).

[437] O.C., III, 2, p.733, note qui date certainement d' un peu avant février 1847.

[438] Louis Blanc (1811-1882) publie d'abord son ouvrage sous la forme d'articles dans la *Revue du Progrès* dont il est le rédacteur en chef depuis 1839, date de sa création. *L'organisation du travail* connaît par la suite dix rééditions jusqu'en 1848.

L'Organisation du travail est la nécessité de mettre fin à la concurrence destructrice qui règne dans l'économie, par la constitution de coopératives ouvrières de production et d'ateliers sociaux. Il s'agit de regrouper les ouvriers de même métier sans faire d'associations, car c'est l'Etat qui doit financer et réglementer l'atelier social, et surtout régulariser sa production. Ainsi, le procès de la concurrence de Louis Blanc s'accompagne d'un interventionnisme poussé : l'Etat, "machine du progrès", devient le "banquier des pauvres". Il fournit aux chômeurs un instrument de travail permettant une distribution égale du labeur et des bénéfices[439]. En fait, Blanc va aussi loin dans la dénonciation de la concurrence que les libéraux dans sa glorification. Si le secteur privé subsiste bien au départ, à côté du secteur public, l'attrait des ateliers sociaux doit conduire à la destruction pure et simple de toute forme de concurrence. Blanc prévoit même la mise en place d'un monopole sous la forme d'un atelier central dirigé par l'Etat[440].

Avec *L'Organisation du travail*, le théoricien socialiste veut mettre l'Etat au service du socialisme. Il rend populaire l'idée d'ateliers sociaux et celle du droit au travail qui en découle. Ces deux principes jouent un grand rôle dans le déroulement de la Révolution de 1848. Pour Tocqueville, d'une façon générale, le développement des théories socialistes est une cause importante des révoltes de Février. Déjà, son célèbre discours du 27 Janvier 1848 explique aux députés l'arrivée prochaine d'une révolution, car les idées socialistes se propagent dans les classes ouvrières par le biais d'un travail souterrain. Les théories socialistes gagnant d'autant plus de terrain que la

[439] "Le gouvernement serait considéré comme le régulateur suprême de la production, et investi, pour accomplir sa tâche, d'une grande force." in *L'Organisation du travail* par Louis Blanc, Prévot, Paris, 1840 p.108.

[440] "Dans toute industrie capitale, (...) il y aurait un atelier social faisant concurrence à l'industrie privée. La lutte serait-elle bien longue? Non, parce que l'atelier social aurait sur tout atelier individuel l'avantage qui résulte des économies de la vie en commun, et d'un mode d'organisation où tous les travailleurs, sans exception, sont intéressés à produire vite et bien" (*L'Organisation du travail*, ibid, p.112).

situation de la vie politique ne prête pas à optimisme. Elles arrivent à convaincre chaque jour davantage le peuple de la nécessité de changer l'ordre social et politique, car le paysage politique présente une classe haute mais peu nombreuse qui cultive "insouciance", "égoïsme" et "insensibilité", et une classe inférieure mais importante numériquement qui développe des sentiments de "jalousie", de "défiance" et de "colère" qui la rendent sensible aux idées socialistes que professent sans cesse de "vains utopistes"[441].

Dès lors, Tocqueville dénonce violemment le socialisme puisque, pour lui, la Révolution de 1848 se caractérise sur le plan des idées par les théories socialistes[442]. C'est dans son Discours sur le droit au travail (12 Septembre 1848) qu'il exprime le plus précisément sa critique du socialisme. Mais pour des raisons stratégiques, tout au long de sa célèbre allocution, Tocqueville ne veut pas reconnaître l'origine socialiste de la Révolution de 1848. Il cherche à poser le problème du socialisme à l'Assemblée nationale. Cette dernière se doit de prendre position sur cette question : qu'est-ce que le socialisme? "Il faut que cette Assemblée tranche, il faut que nous déchargions le pays du poids que cette pensée du socialisme fait peser, pour ainsi dire, sur sa poitrine; (...) il faut qu'on sache, que l'Assemblée nationale sache, que la France tout entière sache si la Révolution de Février est ou non une révolution socialiste"[443].

Pour orienter négativement la réponse des députés, il semble essentiel à Tocqueville d'examiner toutes les formes variées du socialisme. Il commence par recenser les traits communs du socialisme : d'abord, il considère que le socialisme entraîne le développement du matérialisme : "Si je ne me trompe, messieurs, le premier trait caractéristique de tous les systèmes

[441] *Discours sur le droit au travail*, O.C., Pléiade, I, p.1149-1150.

[442] "Le socialisme restera le caractère essentiel et le souvenir le plus redoutable de la Révolution de Février. La république n'y apparaîtra de loin que comme un moyen mais non un but" (O.C., XII, p.95).

[443] O.C., Pléiade, I, p.1141.

qui portent le nom de socialisme, est un appel énergique, continu, immodéré, aux passions matérielles de l'homme. (Marques d'approbation.)"[444]. Tocqueville a toujours regretté que la prospérité matérielle devienne un but universel car d'autres valeurs doivent être privilégiées. Mais il présente ce danger comme s'il était exclusivement la résultante des attitudes socialistes. Notre auteur poursuit son propos en énonçant les différentes approches socialistes : le saint-simonisme : "c'est ainsi que les uns ont dit qu'il s'agissait de réhabiliter la chair"[445]; le fouriérisme : "que les autres ont dit qu'il fallait que le travail, même le plus dur, ne fût pas seulement utile, mais agréable"[446]; le communisme : "que d'autres ont dit qu'il fallait que les hommes fussent rétribués, non pas en proportion de leur mérite, mais en proportion de leurs besoins"[447];

[444] O.C., Pléiade, I, p.1141.

[445] Dans une note intitulée "Socialisme", Tocqueville définit le socialisme saint-simonien comme voulant établir "une hiérarchie variable créée par l'Etat en proportion de la capacité et de la valeur de chacun..." (O.C.,III, 3, p.189). Plus loin, il précise que les saint-simoniens sont "ceux-là (qui) veulent donner à un pouvoir central le droit de classer les hommes et de distribuer les biens suivant la capacité" (O.C., III, 3, p.192).

[446] Dans "Socialisme", Tocqueville présente les phalanstériens comme "forçant tous les hommes à mener une vie associée; transformant la propriété immobilière en propriété industrielle..." (O.C., III, 3, p.192).

[447] Pour Tocqueville, le communisme désire "un pouvoir social partageant également les biens et maintenant l'égalité permanente ou du moins usant de moyens factices, de procédés politiques, pour ramener les héritages à l'égalité (impôt progressif)" (O.C., III, 3, p.192). Tocqueville fait plus particulièrement allusion à la formule de Cabet : "de chacun suivant sa force et sa capacité à chacun suivant ses besoins". Cabet (1788-1856) est un communiste qui invente l'Icarie, communauté où l'éducation, prise en charge par l'Etat, doit former le citoyen à la société communiste, la propriété est abolie, le commerce supprimé, et où chacun serait rétribué selon ses besoins. Cela doit permettre de faire disparaître d'un seul coup tous les vices de la société. Son ouvrage *Voyage en Icarie* (1839), est une description d'une société communiste achevée. Les communistes icariens prennent une part active à la Révolution de 1848 tant Cabet a familiarisé bon nombre d'ouvriers avec l'idéal communiste.

et les positions de Proudhon[448] : "et enfin, que le dernier des socialistes dont je veuille parler est venu vous dire ici que le but du système socialiste, et, suivant lui, le but de la Révolution de Février, avait été de procurer à tout le monde une consommation illimitée"[449].

Ensuite, Tocqueville considère une attitude plus spécifiquement socialiste : l'attaque contre le droit de propriété. Notre auteur voit le socialisme comme "une attaque tantôt directe, tantôt indirecte, mais toujours continue, aux principes même de la propriété individuelle."[450] Tocqueville développe son argumentation en précisant que cette position a toujours été celle des socialistes : de celui qu'il considère comme le premier des socialistes, Babeuf, qui, au tout début du XIXème siècle, pensait "que la propriété était l'origine de tous les maux de ce monde" à Proudhon, avec sa formule "la propriété est un vol"[451]. Pour les socialistes, indignés par les misères ouvrières, la propriété privée est la principale source de l'inégalité. Par conséquent, ils préconisent son remplacement par la propriété collective des instruments de production permettant de mettre en œuvre des critères équitables de distribution des produits. Or, Tocqueville ne veut pas que le fondement de la société soit le travail, en remplacement de la propriété qui est le fondement de son ordre social, car cela implique d'organiser le travail

[448] Proudhon (1809-1865) écrit à son ami Ackerman : "malheurs à la propriété. Malédiction! Il faut que je tue dans un duel à mort l'inégalité et la propriété. Ou je m'aveugle ou elle ne se relèvera jamais du coup qui lui sera bientôt porté" (*Correspondance*, t. I, p.1883, Éditions Lacroix, 1874-1875). Proudhon publie, en juin 1840, *Qu'est-ce que la propriété? ou Recherches sur le principe du droit et du gouvernement* (J.F. Brocard, Paris). Pour lui, la propriété sous sa forme contemporaine constitue une exploitation de l'homme par l'homme et crée l'inégalité sociale, source de tous les abus et des difficultés de l'humanité.

[449] O.C., Pléiade, I, p.1141-1142.

[450] O.C., Pléiade, I, p.1142. La formule exacte de Proudhon est : "la propriété, c'est le vol".

[451] O.C., Pléiade, I, p.1142. Proudhon veut ainsi faire le procès des revenus sans travail.

pour porter remède aux maux dont souffrent les travailleurs[452]. Certes, contrairement à Thiers[453], Tocqueville n'est pas convaincu, que le droit de propriété puisse être déduit, dans une forme universellement valable, du droit de nature, mais il n'est pas moins persuadé que, sous des formes variables, il est nécessaire à la prospérité sociale. A son sens, le droit de propriété représente une sorte de dernier rempart devant une transformation en profondeur de l'ordre social. La sauvegarde de la propriété lui apparaît nécessaire, car elle est un moyen, essentiel, pour responsabiliser l'individu et assurer sa sécurité en cas de mauvais coup de la fortune. Selon Dresher, avec cette défense énergique du droit à la propriété, Tocqueville réduit les perspectives sociologiques de sa deuxième *Démocratie*[454]. Pour notre part, nous pensons qu'avec cette position il ne voit pas le changement de "régime discursif" qui s'opère en 1848 : le paradigme n'est plus la propriété mais le travail. Tocqueville ne comprend pas (ou ne veut pas) le **changement de civilisation** en train de s'accomplir sous ses yeux.

Comme le socialisme s'attaque à la propriété, il ne peut incarner la volonté de poursuivre l'œuvre de 1789. En effet, la Révolution française n'a jamais voulu supprimer la propriété individuelle : "non seulement elle a consacré la propriété individuelle, mais elle l'a répandue; elle y a fait participer un grand nombre de citoyens. (Exclamations diverses. "C'est ce que nous demandons!")"[455]. D'ailleurs, pour Tocqueville, c'est précisément pour cela que les doctrines socialistes ne réussiront pas à convaincre et à s'imposer. Selon lui, la Révolution française a produit plus de dix millions de propriétaires. Par conséquent, il ne pense pas que le socialisme puisse contrarier les principes de 1789 (la division de la propriété foncière mais aussi la liberté politique), et encore moins se déclarer conforme ou prétendre assurer le complément ou la continuation de

[452] Nous verrons que notre auteur, après quelques hésitations, ne veut pas de l'organisation du travail car cela revient à accorder le droit au travail.

[453] *De la propriété*, par Thiers, Paulin, Paris, 1848.

[454] Dresher, *Dilemnas of Democracy*, ibid, p.220-224.

[455] O.C., Pléiade, I, p.1144.

1789[456].

Ainsi, Tocqueville refuse qu'on fasse du socialisme le grand héritier de la Révolution française. Il ne croit pas non plus que le socialisme soit le développement naturel de la démocratie car il s'agit d'"une tentative continue, variée, incessante, pour mutiler, pour écourter, pour gêner la liberté humaine de toutes les manières"[457]. Sur cette valeur de liberté, si importante pour lui, il voit plus de points communs entre l'Ancien Régime et le socialisme qu'entre ce dernier et la Révolution française[458]. Or, justement, c'est cette Révolution qui a permis de sortir de l'Ancien Régime, rendant possible l'établissement d'un certain nombre de libertés. A cet instant de son intervention, comme pour bien assener sa vérité, Tocqueville utilise son expérience américaine et le crédit accumulé grâce au succès de son ouvrage sur la *Démocratie en Amérique*, pour affirmer avec force que "la démocratie et le socialisme ne sont pas solidaires l'un de l'autre. Ce sont choses non seulement différentes mais contraires"[459]. Si l'Amérique est le pays où la démocratie est la plus vivante, les doctrines socialistes n'y ont presque pas cours dans ce pays. De toute façon, le socialisme aurait très peu de chance de convaincre le peuple américain qui a si bien su trouver l'équilibre entre égalité et liberté[460]. D'ailleurs, pour

[456] Tocqueville vise plus particulièrement Louis Blanc et Buchez (dont Il possédait dans sa bibliothèque l'ouvrage *Histoire parlementaire de la Révolution française ou Journal des Assemblées Nationales, depuis 1789 jusqu'en 1815...* (Paulin, Paris, 1834-1838, 40 vol)) qui élèvent les dogmes jacobins à la hauteur de mythes sacrés dans leurs ouvrages historiques. Au lieu d'admettre que les erreurs et les crimes de la Terreur sont liés au mépris de la liberté individuelle, ces auteurs traitaient la liberté en ennemie, ou du moins en suspecte. Du reste, ils se préoccupent exclusivement d'égalité, en appelant de leurs vœux une nouvelle révolution qui achèverait, sous le signe de la fraternité, l'œuvre des ancêtres jacobins.

[457] O.C., Pléiade, I, p.1142.

[458] O.C., Pléiade, I, p.1144.

[459] O.C., Pléiade, I, p.1147.

[460] O.C., Pléiade, I, p.1146.

Tocqueville, la démocratie et le socialisme ne peuvent coexister. Dans sa note intitulée "Socialisme", Tocqueville va sûrement au-delà de ses convictions pour bien montrer tout ce qui le sépare du socialisme : "Quant à moi, je suis profondément démocrate, c'est pour cela que je ne suis nullement socialiste..."[461].

Mais ce discours est également l'occasion de reprendre un grand thème de son ouvrage majeur, *De la Démocratie en Amérique*. En effet, Tocqueville obtient une très vive approbation d'une grande partie de l'Assemblée Nationale lorsqu'il affirme que le socialisme est "une nouvelle forme de la servitude"[462]. Notre auteur explique que, contrairement à la démocratie, sa recherche de l'égalité universelle entraîne la négation de la liberté, ce que bien sûr il ne peut tolérer[463] : "la démocratie et le socialisme ne se tiennent que par un mot, l'égalité; mais remarquez la différence : la démocratie veut l'égalité dans la liberté, et le socialisme veut l'égalité dans la gêne et la servitude."[464] Pour Tocqueville, l'égalité est importante mais elle doit se combiner avec la liberté, sinon la société devient très rapidement insupportable. Or, le socialisme semble, à ses yeux, être une théorie égalitariste, alimentée par la passion pour l'égalité, empêchant la liberté de se propager. Déjà, dans *De la Démocratie en Amérique* Tocqueville avait prévenu des dangers de cette passion égalitaire : "Mais ils (les

[461] O.C, III, 3, p.192.

[462] O.C., Pléiade, p.1143.

[463] Dans "définition de la démocratie", il écrit notamment que la démocratie "(...) n'oblige pas tout le monde à être également pauvre, mais qui met chacun en état de devenir riche avec de l'honnêteté, du travail et du mérite..." (O.C., III, 3, p.196). Au contraire, pour lui, le socialisme est une sorte de nivellement des conditions par le bas qui donne l'illusion que les individus sont égaux.

[464] O.C., Pléiade, I, p.1147. Tocqueville commence également sa note "Socialisme" par la proposition suivante : "le socialisme est une des formes de l'esclavage" (O.C., III, 3, p.189). Dans une autre note intitulée "socialisme et liberté", Tocqueville écrit : "Là où je vois la liberté, là n'est pas le socialisme" (O.C, III, 3, p.195).

peuples démocratiques) ont pour l'égalité une passion ardente, insatiable, éternelle, invincible; ils veulent l'égalité dans la liberté, et, s'ils ne peuvent l'obtenir, ils la veulent dans l'esclavage. Ils souffriront la pauvreté, l'asservissement, la barbarie, mais ils ne souffriront pas l'aristocratie"[465]. Le socialisme est l'expression de la nouvelle servitude. Certes la marche de l'égalité est irréversible, mais il ne faut pas pour autant que les hommes recherchent l'égalité au point d'en oublier la liberté, car cela les conduirait rapidement à accepter l'égalité dans l'esclavage (le socialisme). D'ailleurs, une sévère mise en garde ponctue la *Démocratie*, les hommes ont le choix : "les nations de nos jours ne sauraient faire que dans leur sein les conditions ne soient pas égales; mais il dépend d'elles que l'égalité les conduise à la servitude ou à la liberté, aux lumières ou à la barbarie, à la prospérité ou aux misères"[466].

Ainsi, pour Tocqueville, la Révolution de 1848 ne doit pas être socialiste mais démocratique. Il accepte un retour à 1789 et l'égalité des conditions mais ne veut pas pour autant ouvrir la brèche au socialisme et par là autoriser un changement de l'organisation sociale qu'il ne souhaite pas[467]. Nous avons vu que Tocqueville ne veut pas d'un régime qui puisse être établi sur une autre base que le principe de propriété. Dès lors, il ne

[465] O.C., I, 2, p.103.

[466] O.C., I, 2, p.339.

[467] Tocqueville n'exclut pas que les socialistes puissent arriver, dans un avenir plus ou moins lointain, à transformer l'organisation sociale : "le socialisme restera-t-il enseveli dans le mépris qui couvre si justement les socialistes de 1848? Je fais cette question sans y répondre. Je ne doute pas que les lois constitutives de notre société moderne ne soient fort modifiées à la longue; elles l'ont déjà été dans beaucoup de leurs parties principales, mais arrivera-t-on jamais à les détruire et à mettre d'autres à la place? (...) (Devant) les différentes formes qu'a prises et que retient même aujourd'hui, quoi qu'on en dise, le droit de propriété sur la terre, je suis tenté de croire que ce que l'on appelle les institutions nécessaires ne sont souvent que les institutions auxquelles on est accoutumé, et qu'en matière de constitution sociale, le champ du possible est bien plus vaste que les hommes qui vivent dans chaque société ne se l'imaginent" (O.C., t. XII, p.96-97).

croit pas souhaitable que la Constitution retienne l'inscription du droit au travail dans la Constitution, car en même temps que l'entrée du socialisme dans les institutions, ce serait permettre un changement de civilisation. C'est accorder au socialisme le fait que la société est à renouveler. Or, comme pour lui, 1848 et la République ne doivent pas être marquées du sceau du socialisme, il refuse radicalement le droit au travail. Cette radicalité doit donc également être interprétée à la lumière des événements. Il semblerait, en effet, que Tocqueville n'ait pas toujours été contre le droit au travail.

Après les émeutes de Février 1848, le gouvernement provisoire, qui se met en place à l'issue du 24 Février, cède à la principale revendication ouvrière : celle du droit au travail. En effet, son secrétaire, Louis Blanc, autorise l'ouverture d'un programme d'ateliers nationaux afin de calmer l'agitation ouvrière et de permettre de résoudre la question sociale à court terme[468]. Nous pensons qu'à ce moment de l'histoire, Tocqueville est favorable au droit au travail qui se met en place. D'abord, il se rallie au nouveau régime politique avec d'autant plus de facilité que celui-ci s'établit sur les cendres d'une Monarchie de Juillet, qu'il ne regrette en rien et qui avait consacré le triomphe d'une bourgeoisie qu'il déteste. Avec la République, notre auteur espère enfin connaître la stabilité après cette longue période (60 ans) de temps révolutionnaire[469].

[468] Sous la pression du peuple qui occupe encore l'Hôtel de ville, L. Blanc rédige un décret publié le 25 février : "Le Gouvernement provisoire de la République Française s'engage à garantir l'existence de l'ouvrier par le travail, il s'engage à garantir du travail à tous les citoyens; il reconnaît que les ouvriers doivent s'associer entre eux pour jouir du bénéfice légitime de leur travail..." (cité par Ellenstein, *Une histoire mondiale du socialisme*, ibid, p.245) Dès lors, les ateliers nationaux commencent à se mettre en place dès le 26 février.

[469] Tocqueville explique, dans son *Discours sur le droit au travail*, qu'il veut que la Révolution de Février "soit une révolution sérieuse, parce qu' (il) veut qu'elle soit la dernière" (O.C., Pléiade, I, p.1150). On perçoit encore sa peur du désordre politique et social, engendré par les mouvements populaires.

Par conséquent, Tocqueville participe à la commission chargée de préparer la Constitution[470]. Cette commission propose un projet qui maintient explicitement l'idée du droit au travail[471]. Aussi, il est vraisemblable que notre auteur n'ait pas immédiatement condamné les ateliers nationaux. Mais en Juin, la déception des ouvriers, consécutive à leur fermeture[472], provoque une insurrection qui marque profondément notre auteur. Tocqueville assiste avec une mauvaise humeur profonde aux émeutes de Juin car elles n'ont pas "pour but de changer la forme du gouvernement mais d'altérer l'ordre de la

[470] Tocqueville est élu, le 17 mai, au premier tour de la commission chargée de préparer la Constitution. Il assiste à presque toutes ses séances (entre le 19 mai et le 17 juin, elle se réunit 24 fois) (O.C., III, 3, p.55). Lors de la séance du 22 mai 1848, Tocqueville intervient pour dire que ce sont plus des principes sociaux que politiques qu'il est nécessaire de mettre en tête de la Constitution. Le droit du travail est alors évoqué (O.C., III, 3, p.62). Selon les procès verbaux des débats, à cet instant précis, Tocqueville n'intervient pas pour affirmer qu'un tel droit est inacceptable. Nous pouvons d'autant plus penser qu'avant les journées de Juin, Tocqueville n'est pas hostile à la proclamation du droit au travail que son propre avant-projet à la Constitution énonce explicitement ce droit : "La République a le devoir de protéger le citoyen dans sa personne, sa famille, son domicile sa propriété, de fournir l'assistance ou le travail à ceux qui ne peuvent se procurer les moyens de vivre, de répandre l'instruction gratuite, de manière à donner à chacun les connaissances indispensables à tous les hommes et à féconder l'intelligence" (O.C., III, 3, p.161).

[471] La rédaction du projet est alors la suivante : "Le droit au travail est celui qu'a tout homme de vivre en travaillant; la société doit par les moyens généraux et productifs dont elle dispose et qui seront organisés ultérieurement, fournir du travail aux hommes valides qui ne peuvent se procurer autrement de l'ouvrage" (O.C., Pléiade, I, p.1622-1623).

[472] Il n'y a pas d'organisation sur une base professionnelle puisque tous les ouvriers, quelle que soit leur spécialité, sont voués aux mêmes travaux : remise en état des rues de Paris, nivellement du terrain pour la construction de la gare de l'ouest... Très rapidement, la dépense totale devient trop élevée pour l'État (le nombre des ouvriers engagés progresse spectaculairement), qui décrète alors de ne pas poursuivre l'expérience. Les ouvriers décident alors de se battre et de prendre les armes...

société. Elles ne (sont) pas, à vrai dire, une lutte politique mais un combat de classe, une sorte de guerre servile"[473]. Et même s'il admire le courage des ouvriers parisiens, les mouvements de foule n'ont aucun attrait romantique pour Tocqueville, qui désire que le sort des révoltés soit réglé "par une grande bataille livrée dans Paris"[474]. Ainsi, Tocqueville voit, dans l'intrusion soudaine de ces masses dans la vie politique, une très forte menace pour la civilisation. Il ne veut pas que cette lutte entre "deux classes ennemies"[475] parvienne à transformer en profondeur la société, car l'ordre social qui pourrait en découler peut être dangereux. Dès lors, son opposition au droit au travail est radicale. Sa passion de l'ordre l'a, semble-t-il, emporté sur ses convictions sociales. Pour lui, comme pour l'Assemblée Constituante, le droit au travail s'est compromis dans l'aventure des ateliers nationaux.

A l'ouverture de la discussion du projet de Constitution, l'Assemblée Constituante présente un article engageant moins l'Etat[476]. Du 11 au 15 Septembre 1848, la question du droit au travail est l'objet des controverses les plus passionnées. C'est dans ce cadre que Tocqueville prononce son célèbre *Discours*

[473] O.C., XII, p.151.

[474] O.C., XII, p.117. Si Tocqueville est si hostile aux mouvements populaires, c'est parce qu'ils représentent la plus sérieuse menace pour la liberté (valeur centrale de la pensée politique de Tocqueville comme nous avons pu l'observer).

[475] Lettre inédite de Tocqueville à Raudot, Paris, 15 juillet 1848.

[476] Au lendemain des journées de Juin, les observations du bureau de la Chambre changent la teneur du projet de la Constitution. L'expression "droit au travail" n'existe plus : "la République doit protéger le citoyen dans sa personne, sa famille, sa religion, sa propriété, son travail et son domicile, mettre à la portée de chacun l'instruction indispensable à tous les hommes et propre à développer les intelligences qui peuvent servir et honorer la patrie; elle doit la subsistance aux citoyens malheureux, soit en leur procurant du travail (dans la limite de ses ressources), soit en assurant à défaut de la famille les moyens d'exister à ceux qui sont hors d'état de travailler." C'est cette version que défend Tocqueville avec son *Discours sur le droit au travail.*

sur le droit au travail [477]. Il dénonce la possibilité que le chômeur puisse avoir un droit sur l'Etat, car c'est recommencer d'une manière ou d'une autre l'expérience des ateliers nationaux. La révolte réprimée dans le sang en Juin laisse trop de traces pour que Tocqueville accepte de revenir sur la décision de les fermer. En effet, c'est à la lumière des "faits récents" qu'il réfute tout amendement "qui accorde à chaque homme particulier le droit général, absolu, irrésistible, au travail"[478]. Par là, il voit une porte ouverte au socialisme et même au communisme : si l'État emploie tous les chômeurs, il ne peut alors plus refuser aucun travailleur; dès lors, selon Tocqueville, il ne faudra pas longtemps pour que l'Etat devienne l'unique propriétaire des moyens de production[479]. Notre auteur a peur que la prise en compte du droit au travail conduise ultimement à une autarcie de production[480]. Il ne veut pas d'un État qui soit l'unique entrepreneur et ne veut plus que l'intervention de l'Etat soit aussi importante que lors des ateliers nationaux. Il rejette le socialisme étatique de Louis Blanc : ce n'est pas la solution au paupérisme. De la même façon que lors de la dénonciation de la charité légale anglaise dans ses travaux sur le paupérisme, Tocqueville ne veut pas que le travailleur puisse détenir un droit sur l'Etat. Est-ce que pour autant cela signifie qu'il croit souhaitable que l'Etat n'ait pas le moindre rôle à jouer dans le champ de l'économie et du social?

---

[477] Les socialistes ne sont pas les seuls à demander l'inscription du droit au travail dans la constitution. Mathieu de la Drôme, républicain, propose l'amendement suivant : "la République doit protéger le citoyen dans sa personne, sa famille, sa religion et sa propriété. Elle reconnaît le droit de tous les citoyens à l'instruction, au travail et à l'assistance" (O.C., Pléiade, I, 1622-1623). C'est pour répondre à cette proposition que Tocqueville monte à la tribune.

[478] O.C., Pléiade, I, p.1140.

[479] O.C., Pléiade, I, p.1140 : le monopole industriel de l'Etat sera alimenté par l'impôt et "accumulant ainsi dans ses mains tous les capitaux des particuliers, l'Etat devient le propriétaire unique de toutes choses".

[480] Déjà, dans *De la démocratie en Amérique*, Tocqueville fustigeait un État "premier industriel" (O.C., I, 2, p.317.)

b-*La réfutation du libéralisme économique*

De son fameux *Discours sur le droit au travail*, les commentateurs de l'œuvre de Tocqueville ne retiennent, que les deux aspects déjà évoqués : une violente critique du socialisme et un refus du droit au travail. Pourtant, s'il rejette complètement l'idée d'un État producteur, il accepte celle d'un État régulateur, qui serait le garant de la cohésion sociale. La régulation sociale doit être prise en charge par les institutions. Conscient de l'urgence à résoudre la question sociale, Tocqueville sollicite l'intervention de l'Etat sur le plan de la charité. Déjà dans le programme social, rédigé pour la "jeune gauche", Tocqueville préconisait un traitement juridique de la misère. Mais, en 1848, plutôt qu'un droit au travail, il préfère accorder un droit à l'assistance. Notre auteur accepte l'introduction d'une charité régulière, ce qui signifie qu'il pense que l'Etat a un rôle à jouer sur le plan social. Cette position le distingue radicalement des Économistes libéraux qui préconisent l'immobilisme étatique.

En effet, Tocqueville soutient l'article qui est présenté devant l'Assemblée Constituante (voir note 476) car il présente une sorte d'obligation d'aide aux nécessiteux et "aboutit à une extension de la charité publique"[481]. Comme ces secours ne reviennent pas à changer l'organisation sociale, Tocqueville prône même d'"accroître, consacrer, régulariser la charité publique"[482]. Tocqueville prône alors une sorte de justice sociale. Certes ses préoccupations sociales proviennent davantage d'une réflexion politique que d'un élan du cœur. Il voit sûrement dans la misère autant le désordre à prévenir que la souffrance à guérir.

Même si Tocqueville recherche la réconciliation sociale, il accepte le caractère "sacré" de la mission de l'Etat envers les citoyens malheureux : terme qui fait écho à la tentative révolutionnaire d'affirmer la dette "inviolable et sacré" de la

[481] O.C., Pléiade, I, p.1141.

[482] O.C., Pléiade, I, p.1140.

société à l'égard de ses pauvres[483]. Les révolutionnaires ont alors voulu faire de l'assistance un droit. Pour Tocqueville, il est nécessaire de reprendre cet idéal révolutionnaire et de mettre en œuvre le programme d'assistance établi en 1789. D'ailleurs, notre auteur ne laisse pas longtemps planer le doute: "la Révolution Française a eu le désir, et c'est ce désir qui l'a rendue non seulement sacrée, mais sainte aux yeux des peuples, elle eut le désir d'introduire la charité dans la politique; elle a conçu les devoirs de l'Etat envers les pauvres, envers les citoyens qui souffrent, une idée plus étendue, plus générale, plus haute qu'on ne l'avait eue avant elle. C'est cette idée que nous devons reprendre, non pas, je le répète, en mettant la prévoyance et la sagesse de l'Etat à la place de la prévoyance et de la sagesse individuelles, mais en venant réellement, efficacement, par les moyens dont l'Etat dispose, au secours de tous ceux qui souffrent, au secours de tous ceux qui, après avoir épuisé toutes leurs ressources, seraient réduits à la misère si l'Etat ne leur tendait pas la main. Voilà ce que la Révolution Française a voulu faire; voilà ce que nous devons faire nous-mêmes"[484]. D'une façon générale, Tocqueville pense que 1848 doit être l'occasion de mener à bien ce que n'a pas pu

[483] La déclaration des droits de 1793 affirmait que " les secours publics sont une dette sacrée. La société doit la subsistance aux citoyens malheureux, soit en leur procurant du travail, soit en assurant les moyens d'exister à ceux qui sont hors d'état de travailler." Déclaration sans suite car les légitimistes voulaient que l'assistance continue de relever du clergé et parce que les libéraux se battent contre l'existence d'un droit au secours.

[484] O.C., Pléiade, I, p.1151. Dans son *Esquisse du discours* du 12 septembre, Tocqueville écrit : "La Révolution a surtout voulu que le dogme divin de la charité passât de la religion dans la politique. C'est par là que ses principes se sont presque élevés à la hauteur et à la sainteté d'une religion". (Une note de Tocqueville indique ici : "Égalité des rapports des ouvriers et des maître, Instruction professionnelle, Capital à bon marché, Liberté d'association, Institutions de prévoyance et de crédits"). Il poursuit : "La Révolution avait voulu que la société vînt au secours de tous ceux qui ne pouvaient pas s'aider eux-mêmes, qu'elle se charge des orphelins, qu'elle soigne les malades, qu'aucune misère ne pût atteindre un seul citoyen. Elle l'avait voulu et ne l'avait pu faire" (O.C., III, 3, p.188).

faire 1789, comme faire en sorte que “les charges publiques fussent égales, réellement égales pour tous les citoyens”[485].

Ainsi, Tocqueville est favorable à l'instauration d'un droit au secours car il y voit “de la charité chrétienne appliquée à la politique”[486]. Au lendemain des affrontements de Juin 1848, il prône une régularisation et un accroissement de la charité publique. Il est d'autant plus remarquable d'observer que cette position est très souvent occultée par les nombreux commentateurs des écrits de Tocqueville, qu'elle est loin de se trouver isolée au sein de son œuvre. Peut-être n'a-t-on pas voulu la retenir? Nous y reviendrons....

A la fin de son *Mémoire sur le paupérisme*, Tocqueville se montre inquiet devant les insuffisances de la charité privée. Aussi propose-t-il qu'elle puisse coexister avec une charité publique. Il pense que cette dernière est nécessaire pour aider les invalides[487]. Tocqueville annonce “l'utilité et la nécessité d'une charité publique appliquée à des maux inévitables, tels que la faiblesse de l'enfance, la caducité de la vieillesse, la maladie, la folie”[488]. D'ailleurs, il met ce principe en application en tant que membre du Conseil général de la Manche où, de 1842 à 1851, notre auteur fait office de spécialiste des questions économiques et sociales[489]. Au nom de ce Conseil, c'est lui qui est chargé de rédiger les rapports sur la question des enfants trouvés[490] . On y retrouve les mêmes éléments que dans le *Mémoire sur le paupérisme* : du moralisme, une critique

[485] O.C., Pléiade, I, p.1150. Nous avons vu que c'était également un des objectifs du programme social que Tocqueville destinait à la “jeune gauche” en 1847.

[486] O.C., Pléiade, I, p.1151.

[487] Ainsi, dans un premier temps, Tocqueville reprend la vieille classification entre valide et invalide.

[488] O.C., XVI, p.137.

[489] O.C, X, introduction d'André-Jean Tudesq, p.23.

[490] Les dates de ces différents rapports sont les suivantes (O.C., X) : 28 Août 1843 (p.593-607), 4 Septembre 1844 (p.648-664), 3 Septembre 1845 (p.674-680) et 19 Septembre 1846 (p.685-691).

de la charité légale et un appel au gouvernement pour qu'il intervienne sur cette question.

En effet, dans ses rapports sur les enfants trouvés, Tocqueville se montre préoccupé de l'effet de la charité légale et de l'assistance publique sur la moralité de la population. S'il se montre très critique à l'égard du "champ sans limite de la charité légale", il souhaite que "le gouvernement prépare et propose dans le plus bref délai une réforme"[491]. Dans son dernier rapport, il va même plus loin en affirmant que c'est l'inaction même du gouvernement en cette matière qui est la source des habitudes vicieuses : "Disons-le sans détour; l'immobilité dans laquelle se tient, jusqu'à présent, le Gouvernement en face de cette question, n'est pas seulement funeste, elle deviendrait bientôt coupable"[492]. Avec cette question des enfants trouvés, nous avons une preuve supplémentaire que, pour Tocqueville, l'intervention de l'Etat dans le champ du social est nécessaire et même souhaitable : "c'est donc un grand malheur qu'il s'abstienne, et ce malheur ne tardera pas à être irréparable; car bientôt il se sera établi sans le concours du pouvoir législatif des usages et des mœurs qui le domineront lui-même. La tâche est difficile et dangereuse, j'en conviens. La responsabilité qu'elle impose est immense; mais c'est pour entreprendre de tels labeurs et subir des responsabilités de cette espèce, que les gouvernements sont faits"[493].

Enfin, dans son *Mémoire sur le paupérisme*, Tocqueville admet "l'utilité momentanée, dans ces temps de calamités publiques qui de loin en loin échappent des mains de Dieu, et viennent annoncer aux nations sa colère, de l'aumône de l'Etat (qui) est est alors aussi instantanée, aussi imprévue, aussi passagère que le mal lui-même"[494]. Aussi dans son petit texte de 1835, si Tocqueville dénonce à la fois les insuffisances du marché et les

[491] O.C., X, p.661.

[492] O.C., X, p.690.

[493] O.C., X, p.663.

[494] O.C, XVI, p.138.

dangers de la charité légale, il présente une nouvelle conception de l'Etat dont il reste à inventer le concept[495]. Il s'agit d'une administration qui n'intervient que lorsque la situation sociale le commande avec vigueur; d'un État qui intervient ponctuellement et en des espaces bien délimités qui se définissent par une expresse nécessité. La charité publique est utile lorsqu'elle est restrictive et agit d'une façon plus particulière que générale. Pour Tocqueville, c'est seulement lorsque le système d'aide publique a un caractère régulier et permanent qu'il est néfaste. Au contraire, cette nouvelle vision de l'Etat offre l'avantage de pouvoir répondre à la misère lorsque celle-ci prend un tour dramatique sans pour autant installer le pauvre dans un statut d'ayant-droit sur l'Etat[496]. Cet État peut s'adapter à la configuration et à l'ampleur du problème social à traiter. Dès lors, Tocqueville préconise une nouvelle forme d'assistance, avec un État qui se positionne entre l'Etat protecteur des socialistes et l'absence d'Etat des économistes libéraux. Cette voie médiane permet à la fois de traiter les misérables et de laisser la place à la responsabilité individuelle.

En 1840, dans le second tome de *De la Démocratie en Amérique*, Tocqueville précise le champ d'intervention de son État : l'industrie. En effet, à ses yeux, le monde industriel doit d'autant plus faire l'objet d'une attention particulière de la part du législateur qu'il ne semble pas rester confiné dans le rôle, déjà vu, du “monstre social” : la classe industrielle ne cesse de

---

[495] Nous proposons le terme d'Etat-situé.

[496] Lors de la séance publique annuelle de l'Académie des Sciences Morales et Politiques du 3 avril 1852, en tant que président, Tocqueville est chargé du discours. Il y précise sa conception de l'Etat : “il y a une politique pratique et militante qui lutte contre les difficultés de chaque jour, **varie suivant la variété des incidents, pourvoit aux besoins passagers du moment** et s'aide des passions éphémères des contemporains. C'est l'art du gouvernement” (O. C., Pléiade, I, p.1216). Tocqueville préconise un État qui intervient lorsque le besoin se fait sentir. Un Etat-situé, se limitant à intervenir dans l'urgence, et qui prendrait garde à ne pas rendre “confortable” la position du pauvre.

se développer[497]. Ainsi, comme "l'industrie agglomère d'ordinaire une multitude d'hommes dans le même lieu; elle établit entre eux des rapports nouveaux et compliqués. Elle les expose à de grandes et subites alternatives d'abondances et de misère, durant lesquelles la tranquillité publique est menacée. Il peut arriver enfin que ces travaux compromettent la santé et même la vie de ceux qui en profitent ou de ceux qui s'y livrent. **Ainsi, la classe industrielle a plus besoin d'être réglementée, surveillée et contenue que les autres classes, et il est naturel que les attributions du gouvernement croissent avec elle**"[498]. On le voit, Tocqueville envisage très nettement l'intervention de l'Etat dans le domaine de l'industrie. Il regrette l'insuffisance de la législation pour guérir des maux aussi importants. Dès lors, la rupture théorique avec les économistes libéraux est facilement perceptible : des auteurs comme Bastiat ou Dunoyer prônent l'absence de l'Etat dans le domaine économique et social. Pour eux, le marché permet de résoudre toutes les difficultés.

L'Etat doit prioritairement intervenir dans le monde industriel car, à ses yeux, c'est là qu'il s'y rencontre les inégalités les plus manifestes. Notre auteur confirme cette tendance dans un autre chapitre de son ouvrage sur "l'Amérique" intitulé *Influence de la démocratie sur les salaires*[499], où il montre que

---

[497] Vers la fin de *De la Démocratie en Amérique*, la classe industrielle n'est plus présentée comme une exception. Depuis la révolution industrielle, "la classe industrielle s'est étendue, elle s'est enrichie des débris de toutes les autres; elle a crû en nombre, en importance, en richesse; elle croît sans cesse; presque tous ceux qui n'en font pas partie s'y rattachent, du moins par quelque endroit; après avoir été la classe exceptionnelle, elle menace de devenir la classe principale, et pour ainsi dire, la classe unique" (O.C., I, 2, p.316).

[498] O.C., I, 2, p.315-316.

[499] Lamberti nous apprend qu'en marge de ce chapitre Tocqueville a écrit cette annotation instructive : "ce chapitre a l'inconvénient d'exposer la plus grande question de nos jours sans essayer même de la résoudre. On est désappointé après l'avoir lu" in *Tocqueville et les deux démocraties*, ibid, p.237.

les ouvriers, se livrant à la volonté des chefs d'industries qui veulent baisser leurs prix de vente, reçoivent des salaires misérables. Tocqueville dénonce que les entrepreneurs profitent de leur position (ils sont en nombre restreint car l'industrie exige des investissements importants) pour s'entendre facilement sur le prix du travail. Notre auteur regrette le rapport de force entre les entrepreneurs et les ouvriers : la concurrence qui existe entre les ouvriers pauvres prêts à se satisfaire de faibles salaires (plus faibles encore que ceux obtenus par les anciens ouvriers), place le chef d'entreprise dans une position trop confortable. Il fustige alors ses industriels qui, pour augmenter leurs bénéfices, font pression sur les salaires ouvriers[500]. Tocqueville déplore que les salaires "baissent ici (dans le monde industriel) d'une manière permanente" quand, dans toutes les autres professions des temps démocratiques, les salaires progressent régulièrement[501].

Ce chapitre sur les salaires fait écho aux observations que

[500] Tocqueville reconnaît ainsi que le salaire dans l'industrie n'a pas la même propriété que dans le reste de la démocratie, où il agit comme facteur d'homogénéisation qui renforce le processus d'égalisation sociale. D'une façon générale, il montre que l'industrie est hermétique aux principes démocratiques. Par exemple, Tocqueville explique que la progression des sentiments aristocratiques, la poursuite de l'égalité des conditions, permet une progression continue des salaires. Selon lui, l'industrie fait encore figure d'exception et cela est en grande partie dû à l'absence de mobilité sociale. Lorsque l'ouvrier s'engage dans l'industrie, il ne peut que très rarement changer de profession, car il n'a "guère d'autre propriété que ses bras" (O.C., I, 2, p.198-199). Par conséquent, si l'industriel peut se passer de l'ouvrier, l'ouvrier ne peut pas se passer de son travail. Dès lors, l'industriel, peu scrupuleux,peut baisser son salaire autant qu'il le veut. D'autant que "l'oppression les (les ouvriers) a dès longtemps appauvris, et ils sont plus faciles à opprimer à mesure qu'ils deviennent plus pauvres. C'est un cercle vicieux dont ils ne sauraient aucunement sortir" (O.C., I, 2, p.199).

[501] O.C., I, 2, p.199. Contrairement à ce qui lui paraît être la tendance des salaires dans l'état social démocratique, le salaire des ouvriers demeure faible et tend à baisser.

Tocqueville a pu faire en Angleterre lors de son voyage en 1835. Dans l'article "Birmingham wages"[502], notre auteur regrette la baisse continuelle des salaires et déplore que l'intérêt de l'industriel soit contraire à celui de ses ouvriers. Il n'est pas convaincu par son interlocuteur lorsque celui-ci lui explique que les ouvriers vivent raisonnablement car le prix des denrées essentielles chutent encore plus vite que les salaires. Sa réponse fuse: "Mais ce fait (la concurrence et ses conséquences) me paraît continu; la baisse dans le prix des choses nécessaires à la vie me semble un accident. Qu'arriverait-il, si une mauvaise année ou des causes générales qu'il est inutile de développer ici faisaient remonter au prix où ils étaient jadis le prix des choses de première nécessité?" Tocqueville pense bien sûr à des émeutes et au déchaînement des masses exploitées. De plus, dans "Wages"[503], Tocqueville déplore que l'industriel baisse les salaires des hommes, et que lorsqu'il ne peut plus le faire, il engage des femmes et des enfants dont le travail est moins coûteux. Il se désole alors de l'effet destructeur sur la famille. Ici, Tocqueville montre sa perception négative du patronnat britannique en le dénonçant comme avide de profit et exploiteur sans limite d'hommes, de femmes et d'enfants.

Aussi, l'Etat doit-il intervenir pour améliorer le sort des classes populaires : "cet état de dépendance et de misère dans lequel se trouve de notre temps une partie de la population industrielle est un fait exceptionnel et contraire à tout ce qui l'environne, mais pour cette raison même, **il n'en est de plus grave, ni qui mérite mieux d'attirer l'attention particulière du législateur**; car il est difficile, lorsque la société entière se remue, de tenir une classe immobile, et, quand le plus grand nombre s'ouvre sans cesse de nouveaux chemins vers la fortune, de faire que quelques-uns supportent en paix leurs besoins et leurs désirs"[504]. Ainsi, Tocqueville réclame, avec gravité, l'intervention du législateur pour relever (ou au moins

[502] Article daté du 29 juin 1835. O.C., Pléiade, I, p. 496.

[503] Article daté du 2 juillet 1835. O.C., Pléiade, I, p. 505.

[504] O.C., I, 2, p.199.

les maintenir) les salaires des ouvriers industriels[505]. Il est vrai que nous avons vu qu'il fonde beaucoup d'espoir sur l'épargne ouvrière. Comment celle-ci serait-elle possible si les salaires ne sont pas plus élevés que le minimum vital? Tocqueville veut vraisemblablement donner aux ouvriers les moyens de capitaliser une part de leurs revenus. De plus, notre auteur pense certainement qu'avec des salaires trop faibles, la classe ouvrière se voit privée de toute perspective d'émancipation vers la classe moyenne. Or, Tocqueville souhaite le développement de la classe moyenne qui est un élément stabilisateur de la société et de l'ordre politique. Ici, Tocqueville montre les insuffisances de la théorie libérale (Say, Chevalier, Nassau Senior...) qui prétend que la classe ouvrière va se transformer en classe moyenne. La montée de l'aisance et du bien-être ne se fera pas naturellement et spontanément.

En effet, cette volonté de voir l'Etat intervenir pour augmenter le niveau des salaires ouvriers est surtout une réfutation de la concurrence[506]. Il ne croit pas souhaitable de laisser s'effectuer librement le jeu de l'offre et de la demande sur le marché du travail, car son équilibre s'obtient par une diminution du prix du travail[507]. Tocqueville réfute la rhétorique et les principes de

[505] Outre l'atténuation de la souffrance de la classe laborieuse, notre auteur se place dans cette perspective pour des motifs politiques. Il veut mettre fin aux inégalités criantes de l'industrie car cette misère peut conduire les travailleurs à la révolte. Ce désordre politique peut arriver sans prévenir car "à tout moment, il (l'ouvrier) jette des regards pleins de convoitise sur les profits de celui qui l'emploie" (O.C., I, 2, p.197).

[506] Il faut ajouter que, si les ouvriers ont des salaires plus élevés, cela représente une assurance plus forte de ne pas avoir à se confronter aux mouvements de foule. Une hausse des salaires doit permettre d'éloigner le spectre d'une révolte.

[507] Tocqueville aurait pu retenir la théorie libérale de la détermination des salaires, longuement expliquée dans l'ouvrage de Nassau Senior *Outline Science of Political Economy* . Ce dernier lui fit remarquer dans une lettre du 27 février 1841 : "Vous semblez considérer les taux de salaire comme étant affectés par d'autres causes que celles auxquelles j'avais l'habitude de me référer." (traduction personnelle, O.C., VI, p. 91).

l'économie politique (libérale) de son temps. Il prend explicitement le contre-pied des économistes libéraux, dont les plus célèbres sont Bastiat et Dunoyer, qui considèrent le travail comme une marchandise qui s'échange sur un marché[508]. Il est en désaccord sur ce point, et sur beaucoup d'autres, comme nous allons le voir, avec les auteurs du *Journal des Économistes* qui est le principal organe de diffusion du libéralisme économique au milieu du XIXème siècle. Pour eux, l'Etat ne doit jamais venir troubler le jeu du marché, y compris sur la question du salaire : "la main d'œuvre est une marchandise dont la valeur se règle comme celle de tout autre objet"[509], c'est-à-dire par la loi de l'offre et de la demande. Ainsi, ils considèrent les variations de salaire comme un signe de bonne santé de l'économie, car cela signifie que la concurrence fonctionne[510]. Ils sont donc hostiles à l'intervention du gouvernement dans les rapports entre patrons et ouvriers, le marché, si la liberté de son fonctionnement est garantie, devant réussir à résoudre tous les problèmes.

Au contraire, pour Tocqueville, l'Etat doit venir pallier les insuffisances du marché. Comme nous l'avons montré dans notre travail, Tocqueville est très loin d'être le chantre du libéralisme économique que l'on veut faire de lui. Le fait même

---

[508] "Quand un ouvrier reçoit de sa main d'œuvre ce qu'elle vaut sur la place où elle travaille, au prix où la concurrence la peut faire monter, il reçoit tout ce qu'il doit recevoir et se trouve associé aux bénéfices de l'entrepreneur, autant que, légitimement, il ait droit de l'être" in ***Mémoire à consulter sur quelques unes des principales questions que la révolution de Juillet a fait naître***, Delaunay, Paris 1835, p.139.

[509] Michel Chevalier, *Question des travailleurs*, Guillaumin, Paris, 1848, p.10.

[510] Il en est ainsi du Ministre de l'Intérieur, Léon Faucher, qui, ayant auparavant collaboré au *Journal des Économistes*, précise au préfet du Puy de Dôme, que "l'autorité ne doit jamais s'immiscer dans les questions de salaire (...) car le taux des salaires exprime toujours et nécessairement le rapport qui existe entre l'offre et la demande " (Lettre du 2 février 1849 in *L'Economie politique en France au XIXème siècle*, sous la direction de Yves Breton et Michel Lutfalla, Economica, Paris, 1991, p.3).

qu'il cherche une solution au paupérisme le démontre. En effet, contrairement aux économistes libéraux, il ne croit pas la misère utile ou nécessaire. Par conséquent, l'œuvre de Tocqueville ne peut être classée dans la même catégorie que celle d'un Dunoyer[511] qui ne rate pas une occasion de montrer l'importance des inégalités. Ses réflexions sont édifiantes : "vous trouvez qu'elle est un mal hideux (la misère)? Ajoutez qu'elle est un mal nécessaire. (...) Il est bon qu'il y ait dans la société des lieux inférieurs où sont exposés à tomber les familles qui se conduisent mal. (...) Il ne sera peut-être donné qu'à la misère et aux salutaires horreurs dont elle marche escortée de nous conduire à l'intelligence et à la pratique des vertus les plus vraiment nécessaires au progrès de notre espèce et à son développement régulier. (...) Elle offre un salutaire spectacle à toute la partie demeurée saine des classes les moins heureuses; elle est faite pour les remplir d'un salutaire effroi; elle les exhorte aux vertus difficiles dont elles ont besoin pour

---

[511] D'ailleurs, comme pour bien montrer que ses réflexions n'ont rien en commun avec celles de Dunoyer (1786-1862), Tocqueville lui reproche, dans un discours improvisé à l'Académie des Sciences Morales et politiques, de ne tenir qu'une approche économique de l'esclavage qui, à terme, pourrait le justifier. Tocqueville reproche à Dunoyer de dénoncer l'esclavage "tout en laissant entendre que dans l'origine des sociétés, la servitude avait été utile à la vie de l'homme, nécessaire au développement de l'industrie". Il soupçonne Dunoyer de "penser qu'en conséquence elle avait été, à une certaine époque, bonne et légitime." (O.C., XVI, p.166). Tocqueville dénonce le fait qu'on puisse affirmer que l'esclavage a permis d'acquérir des habitudes et goût du travail : "je n'admettrai point qu'un acte injuste, immoral, attentoire aux droits les plus sacrés de l'humanité, puisse jamais se justifier pour une raison d'utilité. Ce serait admettre la maxime que la fin justifie les moyens, et c'est une maxime que j'ai toujours détestée et que je détesterai toujours. L'esclavage eut-il en effet contribué à sauver la vie de quelques hommes et augmenté la richesse de quelque peuple, ce que je nie, n'en reste pas moins à mes yeux un horrible abus de la force, un mépris de toute les lois divines et humaines, qui nous défendent de priver de la liberté notre semblable et de le faire servir malgré lui à notre bien être" (O.C., XVI, p.167). Tocqueville montre là encore son opposition aux tenants du libéralisme économique.

arriver à une condition meilleure"[512].

Ainsi, pour Dunoyer, il ne faut pas combattre la misère car elle est salutaire. Le rôle de la pauvreté est essentiel : le paupérisme permet de montrer à l'homme l'enfer qui l'attend si sa conduite n'est pas assez vertueuse. Il perçoit ainsi que l'accomplissement des efforts individuels ne sont pas vains car ils autorisent l'espoir d'échapper à la déchéance morale et matérielle. Au fond, Dunoyer théorise la fonction de la misère : perçue comme une punition, elle doit continuer à exister. Pourquoi chercher à la faire disparaître?. De plus, pour lui, toutes les tentatives menées dans le but d'aider les pauvres sont inutiles car les inégalités sont irréductibles et nécessaires au progrès social[513]. D'ailleurs, tous les économistes libéraux soulignent le caractère naturel des inégalités : pour eux, elles ne sont pas injustes car elles font partie de l'ordre de la création[514].

Le point de vue de Tocqueville n'est pas du tout celui-ci : il ne veut abandonner aucun homme à l'indigence. Au contraire, c'est l'existence même du paupérisme qui le pousse à confier des missions à l'Etat. A l'inverse de Dunoyer, il pense que les inégalités peuvent être résorbées, comme l'indiquent par exemple les réformes législatives de son programme social, rédigé pour la "jeune gauche" en 1847. De plus, les inégalités représentent, pour lui, le résultat d'une longue évolution historique. En Angleterre, il s'étonne que les riches comme les pauvres "semblent encore convaincus que l'inégalité extrême

---

[512] Il s'agit d'une citation issue du livre de Robert Castel, désormais classique, *Les métamorphoses de la question sociale* (ibid, p.244). Pour les économistes libéraux, la misère est utile, elle sert d'exemple.

[513] Bien sûr, Dunoyer n'est pas seul. Par exemple, le Baron de Morogues affirme qu'"aucun être raisonnable ne peut douter que les inégalités de fortune sont nécessaires", in "Nécessité du luxe chez les peuples civilisés", *Garde National du Loiret*, 16 février 1832, p.1.

[514] Par exemple, citons H. Passy : "l'inégalité est liée à la loi de ce monde" in *Des causes de l'inégalité des richesses*, Firmin-Didot, Paris, 1848, p.5 (il s'agit d'un petit traité publié par l'Académie des Sciences Morales et Politiques).

des fortunes est l'ordre naturel des choses"[515]. L'idée d'un ordre naturel lui est suspect car il croit que le fondement des sociétés humaines est historique. D'ailleurs, sa défense de la mobilité sociale démocratique montre assez qu'il ne croit pas que les inégalités soient le résultat de la volonté divine.

Pour Tocqueville, l'industrialisation est une cause importante du paupérisme. Cette position se distingue encore de celle des économistes libéraux qui pensent que les inégalités sont moindres dans la société industrielle que dans les sociétés précédentes. Contrairement à Tocqueville, ces derniers n'évoquent jamais l'exploitation industrielle car, pour eux, si les ouvriers sont pauvres, c'est avant tout à cause de leur absence de moralité. Les ouvriers sont les premiers responsables de leurs conditions : ils sont fermement convaincus que "leur détresse est leur propre ouvrage, bien plus encore que celui des classes qu'on peut accuser de les avoir opprimés"[516]. Dès lors, ne serait-ce qu'avec sa volonté de voir la charité publique se régulariser dans son *Discours sur le droit au travail*, Tocqueville s'oppose à des libéraux comme Garnier qui pense que l'assistance est inopérante car "elle a toujours pour effet d'affaiblir le ressort moral, la responsabilité, la dignité, de susciter l'imprévoyance, l'immoralité et le paupérisme"[517]. Pour Dunoyer, il est inutile de compter sur l'intervention de l'Etat car "la vérité est que le sort

[515] O.C., Pléiade,p.456.

[516] Dunoyer, *De la liberté du travail, ou simple exposé des conditions dans lesquelles les forces humaines s'exercent avec le plus de puissance*, Guillaumin, Paris,1845, t. I, p.404. Dunoyer a également écrit que "l'état des classes inférieures (...) a aussi sa racine dans les vices qui leur sont propres, dans leur apathie, leur insouciance, leur ignorance des causes qui font hausser ou baisser le prix du travail" in *Nouveau traité d'économie sociale, ou simple exposition des causes sous l'influence desquelles les hommes parviennent à user de leurs forces avec le plus de liberté c'est-à-dire avec le plus de facilité et de puissance*, A. Sautelet, Paris, 1830, t. I, p.487).

[517] Garnier, *Tableau des causes de la misère et des remèdes qu'on peut y apporter*, Garnier-Frère, Paris, 1858, p.21.

de ces classes est dans leurs mains et qu'il dépend d'elles de faire ce qu'elles veulent qu'ils soit"[518]. Les économistes libéraux sont les tenants d'un individualisme qui enseigne que le succès dans la vie économique, la richesse ou l'indigence dépend de l'action de l'individu. Ce dernier est responsable de son sort comme de son destin[519].

Ainsi, pour les économistes libéraux, il n'est pas de responsabilité sociale. L'Etat ne doit pas intervenir dans le champ économique et social[520]. D'ailleurs, l'efficacité du marché rend à la fois vaines et inopportunes toutes les actions étatiques. La concurrence est le meilleur régime possible[521] pour ces libéraux, qui reprennent l'école "optimiste" de Say. En outre, ils tirent "leurs idées centrales sur les causes de la pauvreté des ouvrages des physiocrates et, surtout, de l'enseignement d'Adam Smith"[522]. Pour eux, "le laissez-faire, laissez passer" est la règle qui permet d'aboutir aux harmonies économiques. Cette vision est imposée en France par Bastiat[523] qui veut disposer la machine sociale de sorte qu'elle n'ait pas

[518] Dunoyer, *Mémoire à consulter sur quelques unes des principales questions que la Révolution de Juillet a fait naître*, 1835, ibid, p.169.

[519] Avec sa volonté de développer la propriété rurale et de faire émerger la propriété industrielle, Tocqueville montre qu'il ne croit pas l'individu seul responsable de sa condition.

[520] Les économistes libéraux vont jusqu'à reprocher aux bourgeois de demander des mesures protectionnistes ou tarifaires dans des domaines (comme l'industrie) où seul le marché devrait fonctionner. Selon eux, c'est donner la possibilité aux classes populaires de demander l'aide de l'Etat...

[521] Dunoyer a écrit un petit mémoire dont le tire est évocateur : *Des objections qu'on a soulevées dans ces derniers temps contre le régime de la concurrence*, Batignolles-Monceaux, impr. de A. Desrez,1841 (extrait du *Journal des Économistes*).

[522] "Les Économistes libéraux en France" de William Longue, in *Face à la pauvreté*, sous la direction de François Xavier Merrien, Éditions ouvrières, Paris, 1994, p.54.

523 Depuis 1844, date de son premier article dans le *Journal des Économistes*, Bastiat (1801-1850) est le porte-parole des libéraux économistes français.

besoin d'être gouvernée. La "main invisible" et le principe individualiste suffisent à produire ces harmonies. Bastiat croit que le mobile de l'intérêt personnel est le meilleur élément des progrès individuel et social. Pour lui, "vouloir légiférer en matière sociale est un remède pire que le mal"[524]. Il met sa plume au service exclusif de l'économie de marché en refusant toute intrusion du gouvernement dans la vie économique et sociale : "tous ceux qui adopteront ce point de départ : les intérêts sont harmoniques, seront ainsi d'accord sur la solution pratique du problème social: s'abstenir de contrarier et de déplacer les intérêts"[525]. Ainsi, l'action de l'Etat doit se limiter au maintien de l'ordre et de la sécurité (fonctions régaliennes) car "l'Etat, c'est la grande fiction à travers laquelle tout le monde s'efforce de vivre aux dépens de tout le monde."[526] En fait, Bastiat et Dunoyer pensent avoir trouvé dans la libre concurrence le secret de l'équilibre social et économique.

Notre travail montre que Tocqueville conteste cette vision du libéralisme économique. Il ne croit pas à l'harmonie des intérêts car il a vu les conflits entre les riches et les pauvres dans la société moderne[527]. Pour lui, les lois de la concurrence sont impitoyables. Tocqueville ne croit pas davantage aux mécanismes du marché qu'il perçoit comme très insuffisants pour résoudre la question sociale. En fait, pour lui, laisser le marché agir seul, engendre la misère. Il n'accepte pas la froide indifférence avec laquelle les économistes libéraux regardent la condition du pauvre. Tocqueville ne pense pas qu'en cherchant

524 M. Lutfalla, "aux origines du libéralisme économique en France, le Journal des Économistes. Analyse du contenu de la première série 1842-1853" in *Revue d'histoire économique et sociale*,1972, p.514.

525 Bastiat, Œuvres Complètes, vol. 6 : *Harmonies Économiques*, chap : Des salaires, Guillaumin, Paris,1854-1855, p.439.

526 Bastiat, Œuvres Complètes, vol. 5, *Paix et liberté ou le budget républicain*, ibid, p.416.

527 Dans son discours du 27 janvier 1848, Tocqueville déplore que "de plus en plus, aux opinions, aux sentiments, aux idées communes, succèdent des intérêts particuliers, des visées particulières, des points de vue empruntés à la vie et à l'intérêt privés" (O.C., Pléiade, I, p.1126).

son propre enrichissement, l'individu contribue à améliorer le sort de ses semblables. La recherche du bien être particulier ne doit pas être sacrifiée au principe de "l'utilité sociale"[528]. Pour notre auteur "il est un point où les fautes et les misères des individus compromettent le bien-être universel, et empêcher la ruine d'un particulier doit quelques fois être une affaire publique"[529]. Par conséquent, Tocqueville pense que l'Etat a un rôle important à jouer dans la vie économique et sociale. Son engagement est nécessaire notamment pour prévenir les crises issues de l'industrialisation, pour freiner l'exploitation industrielle (au niveau des salaires, par exemple) et pour faire en sorte que l'assistance aux pauvres soit plus régulière. L'œuvre de Tocqueville n'a donc rien à voir avec celle de Dunoyer ou de Bastiat[530]. **La réflexion sociale de Tocqueville indique qu'il n'est pas un libéral sur le plan économique.**

Tocqueville tient cette position entre 1830 et 1850, c'est-à-dire précisément au moment où s'effectue "ce qu'on pourrait appeler la conjonction de la liberté politique et de la liberté économique qui désormais (sont) confondues dans un même

---

[528] O.C., I, 2, p.333. Tocqueville préconise une théorie utilitariste qu'il a pu voir en application en Amérique : *l'intérêt bien entendu.* S'il dénonce l'aspect de la société américaine qui propose à chacun de poursuivre son propre intérêt, il soutient cette doctrine morale qui consiste à affirmer que tout citoyen, dans sa recherche du bien-être matériel, doit tenir compte de l'intérêt des autres citoyens. Le profit ne résulte plus de la guerre de tous contre tous (régulation spontanée du marché, libre concurrence), mais d'une entraide généralisée (qui permet de lutter contre l'individualisme) (O.C., I, 2, 2ème partie, chapitre 8). S'il fallait encore une preuve, Tocqueville montre encore que le concours des intérêts individuels à l'intérêt général ne va pas de soi et, que la "main invisible" n'est la représentation d'aucune réalité. Pour notre auteur, rien n'est moins capricieux qu'un marché libre....

[529] O.C., I, 2, p.314.

[530] D'ailleurs, *Le Journal des Économistes* s'est plaint que les rapports parlementaires de Tocqueville s'arrêtent au moment où ils touchent aux questions économiques (Drescher, *Dilemnas of Democracy*, ibid, p.131).

culte et portent un seul et même nom : le libéralisme"[531]. Ainsi, notre auteur accepte le libéralisme tout en réfutant le libéralisme économique, à une époque où, pour l'ensemble des libéraux, la liberté du travail et des échanges n'apparaît plus que comme une catégorie dans l'ensemble des libertés nécessaires, au même rang que chacune des libertés politiques. D'ailleurs, pour Jacques Wolff, libéralisme politique et libéralisme économique apparaissent indissociables[532].

Un penseur comme Benjamin Constant illustre bien ce constat[533]. Bien sûr, nous ne reviendrons pas sur son libéralisme politique, mais nous voudrions montrer qu'il est

---

[531] C. Gide et C. Rist, *Histoire des doctrines économiques depuis les physiocrates jusqu'à nos jours*, L. Larose et L. Tenin, Paris, 2ème édition, 1913, p.382.

[532] "Les libéralismes économiques" in *Les Cahiers français*, n°228, octobre-décembre 1986, p.8.

[533] C'est également le cas d'Edouard Laboulaye qui, lui, tente de récupérer l'œuvre de Tocqueville afin de servir ses idées. Dans son ouvrage *L'Etat et ses limites* (Charpentier, Paris, 1865) (où il publie également un essai sur Tocqueville!), Laboulaye se résigne (tant pour lui la cause est entendue) à envisager la question de l'Etat dans la vie économique : "parlerais-je de la liberté industrielle et commerciale? cela est peu nécessaire; c'est une cause gagnée. De toutes les libertés individuelles, c'est celle que l'Etat comprend le mieux. (...) On sait enfin que la richesse des particuliers fait la fortune publique et que cette richesse est toujours en proportion de la liberté." Dans le champs économique, il dénonce l'ensemble des "règlements dont le moindre défaut est l'inutilité" (p.90). Ensuite, il cherche à se rallier la pensée de Tocqueville qui aurait compris "que l'objet principal, l'objet essentiel de la politique ce n'est pas l'Etat mais l'individu. L'individu, c'est la seule force réelle et vivante; l'amoindrir pour grandir l'Etat, c'est tout sacrifier à une stérile uniformité. Développer l'individu, lui donner le sentiment de sa puissance, de sa responsabilité, l'affranchir de tout ce qui gêne sa pensée, sa volonté, son action, ne mettre à sa liberté d'autre limite que la justice, c'est là le problème de l'avenir" (p.174). En fait, Laboulaye ne fait rien d'autre que se servir de la renommée de Tocqueville pour assurer la propagande des principes libéraux qui bénéficient ainsi d'une caution intellectuelle de premier ordre.

indissociable du libéralisme économique. Constant veut favoriser la bourgeoisie industrielle et commerçante, car elle lui semble être une garantie contre un retour du despotisme. Ses propositions ne laissent planer aucun doute sur la valeur de son libéralisme économique[534]. Dès lors, Constant se place dans la lignée des économistes de J.B. Say, et réclame le libre jeu de la concurrence pour régler le niveau des salaires[535]. Constant montre combien il est un tenant du "laissez-faire, laissez-passer"[536]. En bonne logique, cette fusion entre les deux libéralisme s'explique : pourquoi exclure la liberté économique des libertés inhérentes à la société démocratique? Pourtant l'ensemble de l'œuvre de Tocqueville ne retient pas cette logique. Par conséquent, si l'on met de côté la position de notre auteur, nous sommes en désaccord avec l'affirmation de Françoise Mélonio selon laquelle peu de sympathie existe entre les libéraux politiques et les libéraux économiques[537]. En effet,

---

[534] "La législation ne doit point chercher à fixer la richesse dans l'état et à les distribuer avec équité. Les richesses se fixent dans un état quand il y a liberté et sécurité; (...) Les richesses se distribuent et se répartissent dans un parfait équilibre (...) si l'industrie ne rencontre point d'entraves. Or, ce qui peut arriver de plus favorable (...) c'est la neutralité et le silence de la loi" in *Les Libéraux*, par Pierre Manent, II, Pluriel, Hachette, Paris, 1986, p.101.

[535] "L'ouvrier n'a-t-il point derrière lui la faim qui le presse, qui lui laisse à peine un instant pour discuter ses droits, et qui ne le dispose que trop à vendre son temps et ses forces au-dessous de leur valeur? La concurrence ne tient-elle pas le prix du travail au taux le plus bas qui soit compatible avec la force physique... Pourquoi des règlements, lorsque la nature des choses fait la loi sans vexation ni violence?" in *De la liberté industrielle*, Œuvres politiques, Bibliothèque de la Pléiade, Gallimard, Paris, n°123, p.239 .

[536] "Toutes les fois donc qu'il n'y a pas nécessité absolue, toutes les fois que la législation peut ne pas intervenir, sans que la société ne soit bouleversée, toutes les fois enfin qu'il n'est question que d'un mieux hypothétique, il faut que la loi s'abstienne, laisse faire et se taise". (*Commentaire sur l'ouvrage de Filangieri*, P. Dufart, Paris,1822, p.70)

[537] "Les libéraux français et leur histoire" in *Les libéralismes, la théorie politique et l'histoire*, Siep Stuurman, Amsterdam, Amsterdam University Press, 1994, p.38.

tous les penseurs du libéralisme politique (Constant donc, mais aussi Montesquieu, Mme de Staël, Laboulaye...)[538] ont souligné que le libéralisme économique en est une conséquence et qu'en sens inverse, le libéralisme économique débouche inéluctablement sur le libéralisme politique. Tocqueville est loin de partager cet avis...

Par conséquent, nous pensons qu'il n'est pas possible de ranger Tocqueville dans la même catégorie que celle qui abrite ces libéraux, car ces derniers s'efforcent d'assurer la **jonction** entre libéralisme politique et libéralisme économique. En effet, le libéralisme de Tocqueville est avant tout politique. Il pense que la liberté politique est une fin en soi alors que pour Constant, par exemple, elle préfigure le libéralisme économique. Au contraire, Tocqueville ne laisse pas fondre son libéralisme dans sa perspective économique. S'il montre ainsi tout ce qui le sépare des économistes libéraux (Dunoyer, Bastiat), il creuse également un fossé entre son œuvre et celle des "libéraux politiques". L'œuvre de Tocqueville rend opératoire la **distinction** entre libéralisme politique et libéralisme économique. Ses écrits empêchent toute synthèse car ils révèlent le clivage interne du libéralisme. L'expression "libéral d'une espèce nouvelle"[539] que Tocqueville emploie pour se qualifier et se définir peut s'interpréter comme la

---

[538] Tocqueville est en profond désaccord avec ces libéraux, auxquels il est pourtant souvent associé, pour qui "les intérêts individuels sont les seuls véritables intérêts." in *Histoire des idées sociales*, par Maxime Leroy, ibid, 2, p.169.

[539] "Je tiens donc à la liberté avec la même ténacité qu'à la moralité, et je suis prêt à perdre quelque chose de ma tranquillité pour l'obtenir. J'ai montré et je continuerai à montrer un goût vif et raisonnable pour la liberté (...) mais en même temps, je professerai un si grand respect pour la justice, un sentiment si vrai d'amour de l'ordre et des lois, un attachement si profond et si raisonné pour la morale et les croyances religieuses que je ne puis croire qu'on n'aperçoive pas nettement en moi un **libéral d'une espèce nouvelle**..." Cette lettre à Eugène Stöffels, Bernes, 24 juillet 1836, a été publiée dans les O.C. de Beaumont, Œuvres et Correspondances inédites , 1861, I, p.432-433.

signification de cette coupure qu'il introduit dans le libéralisme entre le politique et l'économique. Notre auteur n'a de cesse de séparer l'analyse de l'ordre économique et social de celle de l'ordre politique, et, en ce qui concerne ce dernier, de l'étudier en lui-même, en tant qu'ordre non seulement démocratique (mot qui place l'intérêt au confluent du social et du politique) mais aussi industriel (au point de jonction de l'économique et du social). Ainsi, l'œuvre de Tocqueville lutte contre la tendance, fortement présente au XIXème siècle, qui consiste à faire croire à la parfaite identité du libéralisme politique et du libéralisme économique. Mieux, il la dénonce...

Alors qu'un penseur comme Constant place l'individu en face de l'Etat, Tocqueville montre que l'individualisme est une faiblesse, un "jugement erroné"[540], qui constitue la voie royale qui ouvre à un étatisme qu'il ne veut pas non plus. Notre auteur craint le repli de l'individu sur soi car c'est, pour lui, la porte ouverte à l'emprise croissante de l'Etat. L'intérêt individuel est loin d'être le rempart contre la montée de l'Etat. Contrairement à ce que croient les thuriféraires du libéralisme, opposer l'individu à l'Etat - quelque forme que l'opposition revête (privé/public, liberté d'entreprendre/bureaucratie...) - n'est pas une solution et témoigne même d'un certain aveuglement. La solution de Tocqueville implique la survie du collectif et le rejet de l'individualisme : il se positionne contre la très libérale loi Le chapelier qui interdit la constitution d'associations et de corporations. Son ambition est de placer des corps intermédiaires entre l'individu et l'État. Nous avons vu combien Tocqueville est favorable aux associations, mais il désire également renforcer les libertés locales et l'enracinement communal. Il considère que c'est à cet échelon que les hommes, en dépit de leurs différences, se sentent les plus proches les uns des autres. En effet, Tocqueville veut trouver le remède dans la société elle-même, c'est-à-dire dans l'ensemble des courants qui animent le corps social. Il pense que l'intérêt des hommes est de se rendre utiles à leurs semblables. Il veut imposer la solidarité entre les citoyens

[540] O.C., I, 2, p.105.

d'une même nation. Au sein de la société, les hommes doivent prendre conscience des solidarités qui les lient. Pour notre auteur, le paupérisme résulte aussi de la disparition de l'ancien réseau de solidarités.

Tocqueville montre que l'individualisme, qui isole les individus et affaiblit leur civisme, est dangereux dans la société moderne, car il les pousse à se désintéresser du bien commun. Or, dans la société démocratique et industrielle qui donne une large place aux facteurs de dissociation sociale, il lui paraît fondamental de comprendre la nécessité de l'interdépendance des individus. Tocqueville sent que le lien social est en danger. Il veut briser la tendance au repli sur soi pour imaginer le retour de l'extraversion civique que pouvait manifester le citoyen grec ou romain. C'est l'entre-deux qui est réaliste, un espace moyen, à égale distance de l'individualisme et de l'étatisme qui corresponde à une société civile préservée à la fois de la non-abdication par les citoyens de leur liberté politique et qui laisse place à une réglementation de la liberté économique. Tocqueville veut placer l'individu entre l'Etat et le marché, ou plus exactement rassembler les hommes sans faire le jeu ni de l'un, ni de l'autre.

Tocqueville veut un lien social organique. Il accepte la charité publique car il a la volonté de voir la société se situer entre une société à différenciation hiérarchique (où le lien social est mécaniste et communautaire, et où la solidarité est seulement de proximité) et une société à différenciation fonctionnelle (où la société se charge seule d'assurer la solidarité, remplaçant notamment la communauté). Au passage, Tocqueville dénonce le blocage idéologique de la pensée libérale, qui ne veut pas entendre parler de ce passage d'une société à l'autre, empêchant que le lien social change de nature. Pour elle, le lien social résulte structurellement et uniquement de la bienfaisance individuelle. Alors que Tocqueville cherche à faire coexister solidarité mécanique et solidarité organique, la pensée libérale use de toute son influence pour empêcher cette "cogestion" du social. Tocqueville perçoit le déplacement du poids des responsabilités et des décisions, même s'il ne l'approuve pas complètement. Alors que le libéralisme se contente d'un lien social primaire, Tocqueville sent l'émergence, à côté, d'un lien social de nature institutionnelle.

Pour conclure ce développement, nous pensons que Tocqueville positionne sa pensée sociale et économique, entre les deux positions idéologiques de l'époque (celles qui n'offrent que des solutions paresseuses qui empêchent de véritablement penser la question sociale) : il ne veut ni de l'Etat protecteur, "machine de progrès", au sens de Louis Blanc, car l'individu ne peut s'épanouir, ni du marché libéral qui déclare inutile la pénétration de l'Etat dans le monde industriel. Tocqueville veut à la fois responsabiliser l'individu et faire cesser l'exploitation de l'homme par l'homme en passant par l'administration. Dépassant les clivages traditionnels de son temps, notre auteur recherche les conditions d'un nouvel exercice de la solidarité. Entre libéralisme économique (qui pense que l'intervention de l'Etat n'est jamais souhaitable) et le socialisme de Louis Blanc (qui à travers le droit au travail, réclame la présence permanente de l'Etat), Tocqueville propose une nouvelle vision car il a compris que l'entre-deux est possible : l'Etat doit être capable d'assurer la solidarité dans le sens de l'affirmation de l'intérêt général et replacer au premier plan la société civile.

Précurseur de cette fameuse "troisième voie"[541], Tocqueville souhaite maîtriser les rapports de domination du marché par la protection de l'Etat et éviter la sclérose institutionnelle par la liberté individuelle. Sa réflexion économique et sociale est, en dernière analyse, l'affirmation de la parfaite compatibilité des valeurs de liberté individuelle et de mobilité sociale avec des valeurs de solidarité et de justice sociale. Dès lors, l'idée d'une troisième voie représente un horizon de réflexion pertinent pour les questions politiques, économiques et sociales de notre temps. Nous avons encore à apprendre de Tocqueville...

---

[541] D'un point de vue très contemporain, Tony Blair et Gérard Shröder se sont fait les chantres de cette troisième voie qui se situerait entre "socialisme étatique" et "libéralisme économique".

Une réévaluation du libéralisme de Tocqueville

RÉÉVALUATION. *n. f.* Action de réévaluer.

RÉÉVALUER. *v. tr.* Évaluer sur de nouvelles bases.

Une réévaluation du libéralisme de Tocqueville

La pensée économique et sociale de Tocqueville se situe entre socialisme étatique et libéralisme économique. Tocqueville ne veut pas laisser faire un pouvoir économique dont les abus, nés de l'industrialisation, mettent en péril la cohésion sociale : le marché doit être régulé. Il n'accorde aucune confiance à l'ordre émergent du marché : les institutions lui semblent nécessaires pour réaliser l'intérêt général. Aussi, contrairement aux économistes libéraux de son temps, il croit indispensable l'intervention de l'Etat dans le champ économique. Or, l'œuvre de Tocqueville est très souvent présentée comme étant celle d'un théoricien de la société libérale. C'est oublier l'ensemble de ses réflexions sociales. L'aspect de l'œuvre de Tocqueville que nous avons mis en lumière a sûrement déjà été examiné, mais aussitôt mis de côté car ne correspondant pas au prisme intellectuel qui commande habituellement la lecture de cet auteur. Lorsque les penseurs lisent Tocqueville, ils ne le font pas dans le détail, considérant comme un fait acquis la position que cet auteur occupe dans le paysage intellectuel. Au contraire de cela, il s'avère difficile de classer sa pensée ou de ranger ses textes dans des catégories bien établies. Il n'est pas possible d'affirmer que Tocqueville est un libéral (sans aussitôt préciser **politique** afin d'exclure **économique**). Pourtant, ses écrits servent sans cesse une doctrine qui n'est pas la sienne.

Ainsi, François Bayrou va jusqu'à illustrer sa définition du libéralisme économique[542] par le célèbre passage de *De la Démocratie en Amérique* sur l'Etat "immense et tutélaire". Cette référence théorique lui permet de se donner une fausse légitimité intellectuelle : que son propos trouve un écho dans les écrits du célèbre théoricien de la démocratie assure, à bon

[542] Pour le libéralisme économique, il s'agit de "toujours limiter le rôle de l'Etat, de donner au marché le rôle essentiel dans l'orientation économique, de construire les mécanismes sociaux autour de cette entité primordiale : l'individu" in "Libéralisme et démocratie personnaliste - différences et convergences" in *Revue France Forum*, (novembre-décembre 1982, n°199-200, p.14).

compte, la valeur de l'idéologie. En effet, Bayrou se sert de sa citation pour affirmer que "le libéralisme économique se présente à la fois comme la seule voie possible de réalisation de l'individu et comme la condition de l'évolution efficace des sociétés"[543]. Nous mesurons ici combien l'utilisation idéologique de l'œuvre de Tocqueville est à l'origine d'une filiation intellectuelle impossible[544] et à quel point les écrits de Tocqueville ont été pervertis par certains hommes politiques qui s'en réclament, vraisemblablement sans l'avoir lu.

Nous pensons que le thème du paupérisme fait figure d'articulation majeure dans la pensée de Tocqueville, puisqu'il permet de rompre avec la vision contemporaine qui se développe autour de son œuvre. Nous avons vu que sa réflexion économique et sociale ne se résume pas, loin de là, à

---

[543] "Libéralisme et démocratie personnaliste - différences et convergences", ibid, p.16.

[544] C'est également le cas de Valérie Giscard d'Estaing qui, dans la préface de son ouvrage *Démocratie française* (son programme politique), écrit : "Je dédie mon projet à Alexis de Tocqueville, mon frère par la pensée sinon par le talent, lui qui n'a jamais cessé de s'interroger sur le point de savoir pourquoi les hommes s'obstinaient à attendre d'une révolution ce qu'ils pouvaient obtenir sans violence, sans haine ni tragédie, par le simple exercice de la raison et de la bonne volonté." Nous avons repris la citation de la biographie de Xavier de la Fournière, qui parle de la "fraternité" de pensée entre les deux auteurs, in *Tocqueville un monarchiste indépendant*, Librairie Académique Perrin, Paris, 1981, p.IV). Ce dernier est alors un membre dirigeant de l'U.D.F. (ancien vice-président du Conseil économique et social, fondateur et président d'honneur des clubs *Perspectives et Réalités*, il est également un ami politique et personnel de Giscard d'Estaing et de Poniatowski). Il tente de crédibiliser la filiation intellectuelle que Giscard d'Estaing veut se créer avec Tocqueville. Un article intitulé "D'Alexis de Tocqueville à V.G.E." (où Lebacqz qualifie la biographie de Fournière, reprise de ce qui existe sur la vie et l'œuvre de Tocqueville, de "très remarquable ouvrage" in *La Revue des Deux Mondes*, janvier-mars 1982, p.35) participe également de cette logique. Certes, le libéralisme de Giscard est moins radical que celui de Hayek, par exemple, mais il reste "avancé" dans l'ordre économique.

cette page de *De la démocratie en Amérique* où il déplore l'étatisme. De ce fait, c'est se tromper que de réduire la conception de l'Etat de Tocqueville à une critique d'une sorte d'"Etat-providence". En fait, il s'agit d'une entreprise consciente, car cette position fait le jeu des libéraux qui demandent le démantèlement de cet État interventionniste dans le champ économique et social. L'œuvre de Tocqueville devient un argument pour réclamer le retour de l'Etat-Gendarme.

En utilisant des citations fracassantes et assourdissantes, sorties de l'ensemble de l'œuvre de Tocqueville, c'est à une manipulation que se livrent les tenants contemporains du libéralisme économique. Ces derniers cherchent dans les ouvrages de Tocqueville les arguments d'un plaidoyer pour le libéralisme économique ou ceux d'une critique du socialisme étatique. Ils se contentent alors d'une lecture partielle et orientée qui sert leur idéologie. Un universitaire comme Milton Friedman, prix Nobel d'économie en 1976, qui se déclare lui-même "radical-libéral", ne peut s'emparer des textes de Tocqueville sans être accusé de malhonnêteté intellectuelle. Or, dans un livre intitulé *La liberté du choix*[545], il cite Tocqueville à deux reprises pour expliquer que l'égalité mène inévitablement à la servitude. Il déforme la pensée de Tocqueville pour justifier son anti-égalitarisme primaire. Ensuite, il est aisé de proclamer la valeur de l'individualisme (pourtant dénoncé radicalement par Tocqueville dans son ouvrage le plus célèbre outre-atlantique) et de glorifier l'esprit de concurrence.

Cette tendance est encore plus manifeste avec un auteur comme Friedrich August Hayek, prix Nobel d'économie en 1974, qui développe un libéralisme "intégral" lequel, sur le plan économique, se manifeste par un refus très strict de voir l'Etat intervenir dans le champ économique et social. Pour lui, l'ordre spontané du marché est le seul valable, car il est le résultat de la "main invisible". Le marché est le meilleur régulateur lorsqu'on le laisse fonctionner librement. Par

[545] *La liberté du choix* par Milton et Rose Friedman, Belfond, Paris, 1980, p.153.

conséquent, il considère la justice sociale comme un mirage[546]. Ainsi, ses réflexions ont tout en commun avec les économistes libéraux du XIXème siècle, comme Dunoyer ou Bastiat. Comme eux, Hayek confond son libéralisme politique et son libéralisme économique[547]. Pour autant, ils considèrent les ouvrages de Tocqueville comme une source d'inspiration privilégiée[548] : ils vont même lui suggérer un titre. Finissant *De la Démocratie en Amérique* [549], Tocqueville écrit : "A côté de la route qui, partant de l'égalité, conduit à l'anarchie, ils ont enfin découvert le chemin qui semble mener invinciblement les hommes vers la servitude." Hayek va reprendre cette formulation, propre à Tocqueville, pour intituler l'un de ses ouvrages *La route de la servitude*[550] (il est également fort probable que ce titre soit un emprunt au *Discours sur le droit au travail*). Il s'agit de l'un de ses livres qui dénoncent avec le plus de vigueur toute forme d'intervention de l'Etat. Pourtant, Hayek y affirme aussi que Tocqueville est, avec Lord Acton qui, lui, est un libéral sur le plan économique, "le plus grand

---

[546] C'est le titre du volume 2 de *Droit, législation et liberté* (1976) publié en 1981 par les P.U.F. Cet ouvrage dans son ensemble (3 volumes) illustre l'approche libérale de Hayek. Il contient notamment une extrapolation du paradigme de l'économie de marché et une critique sévère de l'intervention de l'Etat.

[547] Pour Georges Burdeau, les convictions de Hayek sont identiques à celles des penseurs du libéralisme économique du XIXème siècle sur deux points: l'excellence du marché et les vertus de la concurrence, in *Traité de Science politique*, tome VI, Librairie générale de droit et de jurisprudence, Paris, 1987. Ce sont les deux points qui séparent Tocqueville des économistes libéraux de son temps...

[548] Au point que Tocqueville est classé en première place parmi les auteurs favoris de Hayek, et que l'amalgame entre les deux auteurs s'en trouve ainsi favorisé (in *Les doctrines libérales contemporaines face au socialisme*, par Albert Primo, Pédone, Paris, 1984, p.41).

[549] O.C., II, 4, chapitre VII.

[550] *La route de la servitude*, par Hayek, Quadrige, P.U.F, Paris, 1985. L'édition d'origine date de 1946. Notons que Hayek a choisi d'utiliser une citation de Tocqueville pour la page de garde de cet ouvrage.

penseur du XIXème siècle"[551]. De plus, dans sa note bibliographique, il précise : "les meilleurs guides pour l'étude de certains problèmes contemporains sont peut-être encore les philosophes de l'âge libéral comme Tocqueville (...)"[552].

Comme Friedman, Hayek se sert de Tocqueville pour affirmer qu'égalité et liberté sont inconciliables[553]. Pourtant l'œuvre entière de Tocqueville a toujours l'objectif d'arriver à concilier liberté et égalité. Sa démocratie doit combiner ces deux valeurs centrales. Enfin, tout au long de son ouvrage *La constitution de la liberté*, Hayek se réclame de l'œuvre de Tocqueville. Il utilise des citations (soigneusement choisies!) de l'auteur de *De la démocratie en Amérique* pour les mettre en exergue en tête de ses chapitres. L'index des noms de personnes ne compte pas moins de dix-sept renvois à celui de Tocqueville, dont bien sûr l'un concerne la fameuse citation sur l'Etat "immense et tutélaire" afin de dénoncer l'Etat-providence[554]. Hayek montre que l'œuvre de Tocqueville est une source d'inspiration intellectuelle. Dans cet ouvrage Hayek écrit que, comme Constant, Tocqueville est plus proche de la tradition libérale anglaise que de la tradition libérale française[555]. Pour justifier cette affirmation Hayek cite la lettre de Tocqueville affirmant qu'il considère l'Angleterre comme sa "seconde patrie intellectuelle". Oubliées, du même coup, toutes les pages rassemblant ses *Notes de voyage en Angleterre* où notre auteur dénonce la civilisation économique anglaise, faite de progrès économique, d'industrialisation et de... paupérisme.

C'est dans *La Constitution de la liberté*, où Hayek affirme clairement la nécessité de la liberté économique (sans aucune

[551] *La route de la servitude*, ibid, p.17.

[552] *La route de la servitude*, ibid, p.173.

[553] *Droit, législation et liberté*, vol 2, ibid, p.208.

[554] *La Constitution de la Liberté*, par Hayek, L.I.B.E.R.A.L.I.A., économie et liberté, Éditions Litec, Paris, 1994, (édition d'origine : 1940).

[555] *La Constitution de la Liberté*, par Hayek, ibid, p.56. Nous rejoignons d'ailleurs le point de vue de Hayek concernant Constant. Mais, bien sûr, nous refusons d'admettre celui sur Tocqueville.

contrainte), qu'il cite Harold Laski : "Tocqueville fut un libéral de l'espèce la plus pure"[556]. Pour Hayek, le libéralisme de Tocqueville ne peut donc être discuté. Par conséquent, son œuvre peut servir de référence théorique et intellectuelle au libéralisme économique. Le prix Nobel d'économie ne se contente pas de l'écrire; il est, en effet, à l'origine de la fondation (avec Von Mises, notamment) de la Société du Mont Pèlerin qui a pour but de défendre l'économie de marché sous sa forme concurrentielle la plus pure. Cette association place notamment Bastiat et Tocqueville sous le même terme général de libéralisme[557]. Le moins que nous puissions avancer, c'est qu'Hayek se livre à une récupération abusive de l'œuvre de Tocqueville. En effet, les écrits de Tocqueville ne peuvent lui servir de caution intellectuelle car son libéralisme est "absolu".

Nous pensons que l'œuvre de Tocqueville est pervertie par des hommes politiques, des intellectuels et même des universitaires d'inspiration libérale qui cherchent à se l'approprier. Les penseurs libéraux d'aujourd'hui, qui consacrent toute leur énergie à la critique de l'Etat-providence et sont, ainsi, conduits à ne retenir qu'une partie des réflexions de notre auteur, voient en lui une référence qui, de ce fait, ne peut exister. Ils se donnent ainsi une fausse légitimité intellectuelle car ils ne tiennent pas compte, lorsqu'ils utilisent le libéralisme de Tocqueville, de la distinction politique/économique (pourtant lisible dans un ouvrage aussi majeur que *De la démocratie en*

[556] *La Constitution de la Liberté*, par Hayek, ibid, p.520.

[557] Cette confusion est très répandue. Dans la préface d'un livre qui est sorti cette année, Jean François Revel place notamment Jean-Baptiste Say, Frédéric Bastiat, et même Hayek dans la même "secte libérale" que Tocqueville ("L'humanité entière est-elle folle, sauf les français?" in *L'aveuglement français, le libéralisme contre la régression sociale*, par Philippe Manière, Stock, Paris, 1998, p.12-13 et 21). De plus, l'Association liberté économique et progrès social, organisatrice des semaines de la pensée libérale dans les années soixante-dix, propose de classer Tocqueville au côté de Smith, Say, Bastiat (in *Le Libéralisme, sortie de secours du socialisme*, novembre 1970), Éditions Étapes, Paris, 1971, p.9).

Amérique). Par l'étude du paupérisme dans l'œuvre de Tocqueville, nous avons montré que sa position est bien loin de la doctrine reçue, citée, répétée et affirmée à satiété. Mais aussi que les penseurs libéraux d'aujourd'hui, qui tendent à gouverner la pensée, ne peuvent plus puiser dans ses écrits la légitimité historique et intellectuelle qu'ils recherchent traditionnellement chez les grands auteurs du XIX ème siècle... Tocqueville n'appartient pas (ou plus) à cette tradition libérale. La question du paupérisme a mis à l'épreuve son libéralisme.

Bibliographie

Tocqueville

Nous avons utilisé l'édition des *Œuvres Complètes* de Tocqueville, publiée par Gallimard. Les introductions et les notes de ces différents volumes sont une véritable mine de renseignements tant sur Tocqueville que sur ses contemporains. Nous avons fait usage des tomes suivants :
- Tome I, vol 1 et 2 : *De la Démocratie en Amérique* (1ère et 2ème partie), 1951.

- Tome II, vol. 1 : *L'Ancien Régime et la Révolution*, 1953.

- Tome III, vol 2 : *Écrits et discours politiques sous la monarchie de Juillet*, 1985 et vol 3 : *Écrits et discours politiques* (seconde République),1990.

- Tome IV, vol 1 et 2 : *Écrits sur le système pénitentiaire en France et à l'étranger*, 1984.

- Tome VI, vol 2 : *Correspondance et conversations de Tocqueville et Nassau Senior*, 1991.

- Tome XII, *Souvenirs*, 1968.

- Tome XVI, *Mélanges*, 1989.

Nous avons également utilisé le tome I des Œuvres Complètes publiées par la collection Bibliothèque de la Pléiade (Gallimard, Paris, 1991). Dirigé par André Jardin et Françoise Mélonio, il est consacré aux Voyages en Angleterre et en Irlande, mais aussi aux écrits politiques et académiques de Tocqueville. Les introductions, les notices et les notes sont particulièrement intéressantes. Enfin, nous avons consulté avec attention l'appareil critique de Jean-Claude Lamberti et de Françoise Mélonio paru dans la collection "Bouquins" (Robert Laffont, Paris, 1986) qui rassemble les trois grandes œuvres de Tocqueville en un seul volume : *De la Démocratie en Amérique*, *l'Ancien régime et la Révolution*, et les *Souvenirs*.

Sur Tocqueville

- Aron Raymond, *Les Étapes de la pensée sociologique*, Gallimard, Paris, 1967. Du même auteur, “Idée politique et vision historique de Tocqueville”, in *Revue française de Science-politique*, t. 10 (2), septembre 1960, p.509-526. Nous avons également consulté “Aron et Tocqueville” de Stanley Hoffman in *Raymond Aron, 1905-1983, Histoire et politique*, Textes et témoignages, Commentaire, Julliard, 1985, p.200.
- Article “Tocqueville” in *Encyclopédie Universalis*, p.144.
- Besnier Jean Michel, *Tocqueville et la démocratie*, Profil, Textes philosophiques, numéro 773/774, Hatier, Paris, 1995.
- Birnbaum Pierre, *Sociologie de Tocqueville*, collection Sup, PUF, Paris, 1970.
- Boesche Roger, *The Strange liberalism of Alexis de Tocqueville*, Cornell University Press, Ithaca and London, 1987.
- Boudon Raymond, *La logique du social*, Hachette, Pluriel, Paris, 1987.
- Bressolette Michel, “Tocqueville et le paupérisme. L'influence de Rousseau”, in *Annales de la faculté des lettres et sciences humaines de Toulouse*, tome XVI, juin 1970.
- Callot Emile François, *La pensée libérale à travers trois moments de sa formation* : Constant, Tocqueville et Prévost-Paradol, L'Hermès, Paris, 1987.
- Coenen-Hunter Jacques, *Tocqueville*, Q.S.J., P.U.F., 1997.
- Collectif, *Alexis de Tocqueville, le livre du centenaire (1859-1959)*, Paris, CNRS, 1960.
- Collectif, “L'actualité de Tocqueville”, *Cahiers de philosophie politique et juridique*, centre de publications de l'Université de Caen, 1991, numéro 19.
- Collectif, *Magazine littéraire*, numéro spécial “Tocqueville, décembre 1986.
- Drescher Seymour, *Dilemnas of Democracy, Tocqueville and modernization*, University of Pittsburg Press, 1968 et *Tocqueville and England*, Cambridge, Massachusetts, Harvard University Press, 1964.

- Etienne Jean et Mendras Henri, *Les grand auteurs de la sociologie : Tocqueville, Marx, Durkheim, Weber*, Hatier, Collection "initial", Paris, 1996.
- Fournière Xavier de la, *Tocqueville un monarchiste indépendant*, Librairie Académique Perrin, Paris, 1981.
- Jardin André, *Alexis de Tocqueville (1805-1859)*, Hachette, Paris, 1984. Du même auteur, "Tocqueville député sous la Monarchie de Juillet", in *Contrepoint*, 1976, p.167-185.
- Lacam Jean Patrice, *Tocqueville pédagogue de la démocratie libérale*, écoflash, mensuel d'informations économiques et sociales, n°107, avril 1996.
- Lamberti Jean-Claude, *La notion d'individualisme chez Tocqueville*, série Sciences politiques", PUF, Paris, 1970. Du même auteur, *Tocqueville et les deux démocraties*, série "Sociologie", PUF, Paris, 1983.
- Lebacqz Albert, "D'Alexis de Tocqueville à V.G.E." in *La Revue des Deux Mondes*, janvier-mars 1982, p.35.
- Leberruyer Pierre, *Dans l'intimité de Tocqueville* (sans référence, tiré à part consulté au Centre Aron de l'Ecole des Hautes Études en Sciences Sociales).
- Leroy Maxime, *Histoire des idées sociales en France*, Bibliothèques des idées, Gallimard, tome 2 : de Babeuf à Tocqueville, Paris, 1950.
- Lively Jack, *The social and political thought of Alexis de Tocqueville*, Oxford, Clarendon Presse, 1962.
- Manent Pierre, *Une Histoire intellectuelle du libéralisme : dix leçons*, collection Liberté de l'esprit, Calmann-Lévy, Paris, 1987. Du même auteur, *Les Libéraux*, Pluriel, Hachette, Paris, 1986.
- Mélonio Françoise, *Tocqueville et les Français*, Aubier Histoires, Paris, 1993.
- Mill John Stuart, *Essais sur Tocqueville et la société américaine*, collection Bibliothèques des textes philosophiques, Vrin, Paris, 1994.
- Nisbet Robert, *La Tradition sociologique*, PUF, Paris 1984.
- Redier Antoine, *Comme disait Monsieur de Tocqueville*, Perrin, Paris, 1925.
- Riviale Philippe, *Tocqueville ou l'intranquillité*, collection Ouverture Philosophique, L'Harmattan, 1997.

- Roger Pierre Marcel, *Essai politique sur Alexis de Tocqueville*, Félix Alcan, Paris, 1910.
- Steiner Philippe, *Sociologie de la connaissance économique, essai sur les rationalisations de la connaissance économique (1750-1850)*, collection Sociologies, P.U.F., 1998.

Sur le XIXème siècle

- Agulhon Maurice, *1848 ou l'apprentissage de la République*, Nouvelle histoire de la France contemporaine, 8, Points histoire, Seuil, Paris, 1973. Du même auteur, *Le cercle dans la France bourgeoise*, étude d'une mutation de sociabilité, cahiers des annales, Librairie Armand Colin, Paris, 1977.
- Albertini Pierre, *La France du XIXème siècle 1815-1914*, Hachette livres, Paris, 1995.
Audiganne A., *Les populations ouvrières et les industries de la France dans le mouvement social du XIXème siècle*, 2 tomes, Capelles, Paris, 1854.
- *Les Annales de la charité* (de 1845 à 1855).
- Baron A., *Le paupérisme. Ses causes et ses remèdes*, Sandoz et Thuilier, Paris, 1882.
- Blanc Louis, *L'Organisation du travail*, Prévot, Paris, 1840.
- Braudel Fernand et Labrousse, *Histoire économique et sociale de la France*, P.U.F., tome III : "L'avènement de l'ère industrielle (1789-années 1880, 2 volumes), Paris, 1976.
- Buchez, *Traité de Politique et de Sciences Morales*, Amyot, Paris, 1866.
- Buret Eugène, *De la misère des classes laborieuses en Angleterre et en France*, 2 tomes, chez Paulin, Paris, 1840.
- Burdeau Georges, *Traité de Science politique*, Librairie générale de droit et de jurisprudence, tome VI : "L'Etat libéral et les techniques politiques de la démocratie gouvernée", Paris, 1987.
- Charle Christophe, *Histoire sociale de la France au XIXème siècle*, Points histoire, Seuil, Paris, 1991.
- Chevalier Louis, *Classes laborieuses et Classes dangereuses, à Paris, pendant la première moitié du XIXème siècle*, Hachette, Pluriel, 1984, (1ère édition chez Plon, Paris, 1958).

- Constant Benjamin, *Œuvres politiques*, Bibliothèque de la Pléiade, Gallimard, Paris, n°123. Du même auteur : *Commentaire sur l'ouvrage de Filangieri*, Dufart, Paris, 1822.
- Coquelin et Guillaumin, *Dictionnaire de l'Economie politique*, Guillaumin, Paris, 1853.
- Cuvillier Armand, *Hommes et idéologies de 1840*, Bibliothèque d'Histoire Économique et Sociale, Marcel Rivière et Cie, Paris, 1956 et "Buchez, le fondateur en France de l'association ouvrière de production", in *Revue des études coopératives* de juillet-septembre 1922.
- Donzelot Jacques, *L'invention du social : essai sur le déclin des passions politiques*, L'Espace du politique, Fayard, 1984.
- Droz Jacques, *Histoire générale du Socialisme*, Tome 1 : des origines à 1875, PUF, Paris, 1972.
- Droz Joseph, *Économie politique ou principes de la science des richesses*, Jules Renouard, Paris, 1829.
- Duchâtel Tanneguy, *Considérations d'économie politique sur la bienfaisance ou De la charité dans ses rapports avec l'état moral et le bien-être des classes inférieures de la société*, Mesnier, Paris, 1829.
- Dupâquier Jacques et Kessler Denis, *La société française au XIXème siècle, Tradition, transition, transformation*, Fayard, Paris, 1992.
- Dupin Charles, *Le bien-être des ouvriers*, discours prononcé au Conservatoire des Arts et Métiers, 22 novembre 1843.
- Duprat Catherine, *Le temps des philanthropes; la philanthropie parisienne des Lumières à la Monarchie de Juillet, pensée et action*, présentée pour le Doctorat d'Etat d'Histoire, Université de Paris I, 1991.
- Duroselle Jean Baptiste, *Les débuts du catholicisme social en France (1822-1870)*, Bibliothèque de la science politique, quatrième série : les grandes forces politiques, P.U.F., Paris, 1951.
- Ellenstein Jean, *Une Histoire mondiale des socialismes*, t. I : des origines à 185, Armand Colin, Paris, 1984.
- Epsztein Léon, *L'économie et la morale aux débuts du capitalisme industriel en France et en Grande-Bretagne*, Études et mémoires 62 de l'Ecole Pratique des Hautes Études, VI ème section, Centre d'Etudes Économiques, Armand Colin, Paris, 1966.

- Ewald François, *Histoire de l'Etat Providence*, Le livre de poche, biblio essais, Grasset et Fasquelle, Paris, 1996.
- Fauchet Catherine, *De l'observation sociale à l'observation de soi : analyse des mémoires envoyés à l'Académie des Sciences Morales et Politiques lors du premier prix Beaujour sur la misère, 1834-1839*, Thèse de doctorat d'Etat, Paris I, 1995.
- Ferdinand-Dreyfus, *La Rochefoucauld-Liancourt, un philanthrope d'autrefois (1747-1827)*, Plon, Paris, 1903.
- Festy Octave, "Le mouvement ouvrier au début de la Monarchie de Juillet (1830-1834)" in *Bibliothèque d'histoire moderne*, Conély et Cie, Paris, 1908, II, p.367.
- Frégier, *Des classes dangereuses de la population dans les grandes villes, et des moyens de les rendre meilleures*, Baillière, Paris, 1840.
- Gérando Baron de, *Traité de la bienfaisance publique*, Jules Renouard, Paris, 1839. Du même auteur, *Des progrès de l'industrie dans leurs rapports avec le bien-être physique et moral de la classe ouvrière*, Guillaumin, Paris, 1845.
- Girard Louis, *Les Libéraux français 1814-1875*, collection histoire, Aubier, Paris, 1985.
- Laborde Comte de, *De l'esprit d'association dans tous les intérêts de la communauté*, Gide fils, Paris, 1821.
- Laurent Emile, *Le paupérisme et les Associations de prévoyance*, 2 tomes, Guillaumin, Paris, 1865.
- Marbeau Firmin, *Du paupérisme en France et des moyens d'y remédier, ou principes d'économie charitable*, Comptoir des Imprimeurs unis, Paris, 1847. Du même auteur, *De l'indigence et des secours*, Guillaumin, Paris, 1850
- Morogues Bigot de, *Du paupérisme, de la mendicité et des moyens d'en prévenir les funestes effets*, Dondé-Dupré, Paris, 1834. Du même auteur, "Du luxe considéré comme conséquence nécessaire des progrès de la civilisation et de l'industrie", extrait du *Journal du Loiret*, n°26, 29 et 31 avril 1832.
- Noirel Gérard, *Les ouvriers dans la société française XIX-XXème siècle*, Points histoire, Seuil, Paris, 1986.
- Ory Pascal, *Nouvelle histoire des idées politiques*, Pluriel, Hachette, Paris, 1987.
- Passy, *Des causes de l'inégalité des richesses*, Firmin-Didot, Paris, 1848.

- Rémusat Charles de, *Du paupérisme et de la charité légale*, Jules Renouard, Paris, 1840
- Rosanvallon Pierre, *L'Etat en France de 1789 à nos jours*, Points histoire, H172, Seuil, Paris, 1992, (première édition. en 1990).
- Stuurman Siep, *Les libéralismes, la théorie politique et l'histoire*, Amsterdam University Press, Amsterdam, 1994.
- Sismondi, *Nouveaux principes d'économie politique ou de la richesse dans ses rapports avec la population* (1819), Calmann-Lévy, Paris, 1971.
- Thiers Adolphe, *De l'Assistance et de la prévoyance publiques*, Méline, Cans et Cie, Bruxelles, 1850.
- Tudesq André Jean, *Les Grands Notables en France (1840-1849)*, Imprimerie Delmas à Bordeaux, 1964, tome II, chap 1 : Les Notables et la question sociale, p.566-605, P.U.F., Publications de la faculté des lettres et des sciences humaines de Paris, série "Recherches", tome XXI, issu d'une thèse soutenue en 1964 (Faculté des lettres et des sciences humaines) sous-titre : Étude historique d'une psychologie sociale. Du même auteur, avec Jardin André, *La France des notables*, Nouvelle histoire de la France contemporaine, 7 (2 tomes : L'évolution générale et la vie de la nation), Points histoire, Seuil, Paris, 1973.
- Vigier Philippe, *La Monarchie de Juillet*, Q.S.J., P.U.F., Paris, 1962.
- Villeneuve-Bargemont Vicomte Alban de, *Économie politique chrétienne, ou Recherches sur la nature et les causes du paupérisme en France et en Europe, et sur les moyens de le soulager et de le prévenir*, Paulin, Paris, 3 volumes, 1834.
- Villermé Louis-René, *Tableau de l'état physique et moral des ouvriers employés dans les manufactures de coton, de laine et de soie* (1840), études et documentations internationales, Paris, 1989.
- Viville Félix, *Sur l'organisation des caisses d'épargne et des monts de piété* (1832). Du même auteur, *Des banques d'épargnes, de prêts sur nantissement et d'escompte*, Metz, 1834.

Sur l'histoire de la pauvreté

- Castel Robert, *Les Métamorphoses de la question sociale. Une chronique du salariat*, "L'espace du politique", Fayard, Paris, 1995. Du même auteur, "De l'indigence à l'exclusion, la désaffiliation. Précarité du travail et vulnérabilité relationnelle" in *Face à l'exclusion, le modèle français*, sous la direction de Jacques Donzelot, série société, Éditions Esprit, Paris, 1991 (p.137-168), et "La question sociale commence en 1349" in *Les Cahiers de la recherche sur le travail social (et Vie sociale)*, "Le social aux prises avec l'histoire", volume 1 : De l'assistance à l'action sociale, Université de Caen, Centre de recherche sur le travail social, n° 16, mai 1989 (p.9-22).
- Geremek Bronislaw, *Les inutiles au monde : truands et misérables dans l'Europe moderne*, 1350-1600, (choix de textes), Gallimard, Julliard, Paris, 1980. Du même auteur, *La potence ou la pitié. L'Europe et les pauvres du Moyen-Age à nos jours*, Bibliothèque des Histoires, Gallimard, Paris, 1957.
La Rochefoucauld-Liancourt, *Premier Rapport du Comité de mendicité*, Imprimerie nationale, Paris, 1790, p.1.
- Hatzfeld Henri, *Du paupérisme à la Sécurité Sociale*, 1850-1940 : essai sur les origines de la sécurité sociale en France, Nancy, Presses Universitaires de Nancy, 1989, Collection espace sociale.
- Jégouzo Joël, "L'exclusion comme conscience collective" in *Qu'attendre du travail social ?*, éditions intelligere, Paris, mars 1997.
- Majnoni d'Intignano Béatrice, *La protection sociale*, Le livre de poche "références", Édition. de Fallois, Paris, 1993.
- Martin Jean Baptiste, *La Fin des mauvais pauvres. De l'assistance à l'assurance*, collection milieux, Champ Vallon, Mâcon, 1983.
- Merrien François Xavier, *Face à la pauvreté*, Éditions ouvrières, Paris, 1994.
- Perrot Michelle, *Enquêtes sur la condition ouvrière en France au XIXème siècle*, Études, bibliographie, index, micro-éditions, Hachette, Paris, 1972.
- Procacci Giovanna, *Gouverner la misère. La question sociale en France (1789-1848)* , collection UH, Seuil, Paris, 1993.

- Sassier Philippe, *Du bon usage des pauvres. Histoire d'un thème politique (XVI-XX)*, Fayard, Paris, 1990.
- Valade Bernard, *Introduction aux sciences sociales*, Paris, P.U.F., collection "Premier Cycle", Paris, 1996.

Sur la pensée économique

- Bastiat Frédéric, *Œuvres Complètes*, Guillaumin, Paris, 1854-1855. (vol. 6 : *Harmonies Économiques* et vol. 5 : *Petits Pamphlets*).
- Bayrou François, "Libéralisme et démocratie personnaliste - différences et convergences" in *Revue France Forum*, novembre-décembre 1982, n°199-200.
- Blanqui Adolphe (aîné), *Histoire de l'économie politique en Europe depuis les Anciens jusqu'à nos jours*, Guillaumin, Paris, 1837-1838.
- Branciard Michel, *Les libéralismes d'hier à aujourd'hui*, collection "L'essentiel", Chronique sociale, Lyon, 1987.
- Breton Yves et Lutfalla Michel, *L'Economie politique en France au XIXème siècle*, Economica, Paris, 1991. De Lutfalla Michel, "Aux origines du libéralisme économique en France, le Journal des Économistes. Analyse du contenu de la première série 1842-1853" in *Revue d'histoire économique et sociale*, 1972.
- Les Cahiers français, *Les libéralismes économiques*, n°228, octobre-décembre 1986.
- Chevalier Michel, *Question des travailleurs*, Guillaumin, Paris, 1848.
- Clerc Denis, *Déchiffrer les grands auteurs d'économie et de sociologie*, collection Alternatives économiques, Syros, Paris, 1995.
- Collectif, *François Quesnay et la physiocratie*, 2 volumes, INED et PUF, 1958.
- Duboeuf Françoise, "Adam Smith : Mesure et sociabilité", in *cahiers de l'ISMEA*, série P8, n°4.

- Dunoyer Charles, *Mémoire à consulter sur quelques unes des principales questions que la révolution de Juillet a fait naître*, Delaunay, Paris 1835. Du même auteur, *De la liberté du travail, ou simple exposé des conditions dans lesquelles les forces humaines s'exercent avec le plus de puissance*, Guillaumin, Paris, 1845; *Nouveau traité d'économie sociale, ou simple exposition des causes sous l'influence desquelles les hommes parviennent à user de leurs forces avec le plus de liberté c'est-à-dire avec le plus de facilité et de puissance*, A. Sautelet, Paris, 1830; *Des objections qu'on a soulevées dans ces derniers temps contre le régime de la concurrence*, Batignolles-Monceaux, impr. de A. Desrez, 1841.
- Friedman Milton et Rose, *La liberté du choix*, Belfond, Paris, 1980.
- Garnier Joseph, *Tableau des causes de la misère et des remèdes qu'on peut y apporter*, Garnier-Frère, Paris, 1858.
- Gide et Rist, *Histoire des doctrines économiques depuis les physiocrates jusqu'à nos jours*, Larose et Tenin, Paris, 1913.
- Harmel Claude, *Libéralisme et question sociale*, Arguments libéraux, 1, A.L.E.P.S., 1977.
- Hayek Friedrich August, *Droit, législation et liberté* (1976), P.U.F., 3 volumes, Paris, 1981. Du même auteur, *La route de la servitude*, Quadrige, P.U.F, Paris, 1985, (édition d'origine, 1946) et *La Constitution de la Liberté*, L.I.B.E.R.A.L.I.A., économie et liberté, Éditions Litec, Paris, 1994, (édition d'origine : 1940).
- Kapp Bernard, "Vauban, l'impôt et le pain des pauvres", in *Le Monde*, Mardi 16 décembre 1997, Supplément économie, p.V.
- Laboulaye Edouard, *L'Etat et ses limites*, Charpentier, Paris, 1865.
- Manière Philippe, *L'aveuglement français, le libéralisme contre la régression sociale*, Stock, Paris, 1998.
- Perrot Jean-Claude, *Une histoire intellectuelle de l'économie politique XVIIème siècle-XVIIIème siècle*, Édition E.H.E.S.S., Paris, 1992.
- Primo Albert, *Les doctrines libérales contemporaines face au socialisme*, Pédone, Paris, 1984.

- Ricardo David, *Des principes de l'économie politique et de l'impôt*, Édition anglaise de 1821, GF-Flammarion, Paris, 1992.
- Rosanvallon Pierre, *Le capitalisme utopique. Critique de l'idéologie économique*, Le Seuil, Paris, 1979.
- Smith Adam, *La Théorie des sentiments moraux* (1759), Oxford, Clarendon Press, 1979. Du même auteur, *Recherche sur la Nature et les causes de la Richesse des Nations* (1776), Oxford, Clarendon Press, 1976.
- Say Jean-Baptiste, *Cours complet d'économie politique, ouvrage destiné à mettre sous les yeux des hommes d'Etat, des propriétaires fonciers et des capitalistes, des savants, des agriculteurs, des manufacturiers, des négociants, et en général de tous les citoyens, l'économie des sociétés*, Rapilly, Paris, 1828.
- Taïeb Paulette, "Adam Smith et la représentation : défense et illustration de la main invisible", avril-juin 1989 p.205 et "Tours de mains", p.189, in *Revue de synthèse*, IV ème série, n°2.
- Vauban, *Projet d'une dîme royale qui supprimait la taille*, Paris, 1707.
- Villeneuve-Bargemont Vicomte Alban de, *Histoire de l'économie politique ou études historiques, philosophiques et religieuses sur l'économie politique des peuples anciens et modernes*, Guillaumin, Paris, 1841.

Les définitions de la page de titre "III-Entre socialisme et libéralisme économique" et de la page de titre "Une réévaluation du libéralisme de Tocqueville" sont issues du ROBERT MICRO POCHE, 1983. Celles de la page de titre "II-Tocqueville et le paupérisme" sont des mélanges qui proviennent des dictionnaires Robert et Larousse.

Remerciements

Qu'il me soit ici permis de remercier vivement Madame Françoise Mélonio, grande spécialiste de l'œuvre de Tocqueville, qui a bien voulu préfacé cet ouvrage. Ses conseils ont souvent guidé mon travail.

Je remercie Mademoiselle Dutarte qui m'a permis d'accéder au fonds sur Tocqueville du Centre Aron de l'École des Hautes Études en Sciences Sociales.

Je voudrais aussi exprimer ma gratitude à Madame Hunt qui a lu et relu ce manuscrit.

Merci également à Monsieur Joël Jégouzo qui a consacré son temps, si précieux, à de nombreuses lectures de ce texte. Ses remarques ont fréquemment enrichi ce manuscrit...

Merci à Messieurs Robert Castel et Lucien Jaume qui acceptèrent de me recevoir pour discuter mes réflexions. Je n'ai pas toujours pris en compte leurs critiques qui furent, cependant, toujours constructives.

Enfin, je tiens à remercier ma femme, Régine. Ses encouragements et son soutien de tous les instants m'ont permis d'aller jusqu'au bout de ma tâche sans faiblir.

Collection L'Ouverture Philosophique

Jean ZOUNGRANA, *Michel Foucault un parcours croisé : Lévi-Strauss, Heidegger*, 1998.
Jean-Paul GALIBERT, Socrate, *Une philosophie du dénuement*, 1998.
Roger TEXIER, *Socrate enseignant, de Platon à nous*, 1998.
Mariapaola FIMIANI, *Foucault et Kant*, 1998.
Stéphane HABIB, *La responsabilité chez Sartre et Levinas*, 1998.
Fred FOREST, *Pour un art actuel*, 1998.
Lukas SOSOE, *Subjectivité, démocratie et raison pratique*, 1998.
Frédéric LAMBERT, J-Pierre ESQUENAZI, *Deux études sur les distorsions de A. Kertész*, 1998.
Marc LEBIEZ, *Éloge d'un philosophe resté païen*, 1998.
Sylvie COIRAULT-NEUBURGER, *Eléments pour une morale civique*, 1998.
Henri DREI, *La vertu politique : Machiavel et Montesquieu*, 1998.
Dominique CHATEAU, *L'héritage de l'art*, 1998.
Laurent MARGANTIN, *Les plis de la terre - système minéralogique et cosmologie chez Friedrich von Hardenberg (Novalis)*, 1998.
Alain CHAREYRE-MEJAN, *Le réel et le fantastique*, 1998.
François AUBRAL et Dominique CHATEAU (eds), *Figure, figural*, 1999.
Michel ROUX, *Géographie et complexité*, 1999.
Claude SAHEL, *Esthétique de l'amour, Tristan et Iseut*, 1999.
Didier RAYMOND (éd.), *Nietzsche ou la grande santé*, 1999.
Michel COVIN, *Les mille visages de Napoléon*, 1999.
Paulin Kilol MULATRIS, *Désir, sens et signification chez Sartre*, 1999.
Marcel NORDON, *Quelques énigmes scientifiques de l'Antiquité à notre temps*, 1999.
Alexandra ROUX, *La question de la mort*, 1999.
Bourahima OUATTARA, *Adorno et Heidegger : une controverse philosophique*, 1999.
Agemir BAVARESCO, *Le mouvement logique de l'opinion publique*, 1999.
Michel VERRET, *Dialogues avec la vie*, 1999.
Nicolas FÉVRIER, *La théorie hégélienne du mouvement à Iéna (1803-1806)*, 1999.
David KONIG, *Hegel et la mystique germanique*, 1999.
Mohamed RACHDI, *Art et Mémoire*, 1999.
Agnès CHALIER, *Des idées critiques en Chine ancienne*, 1999.

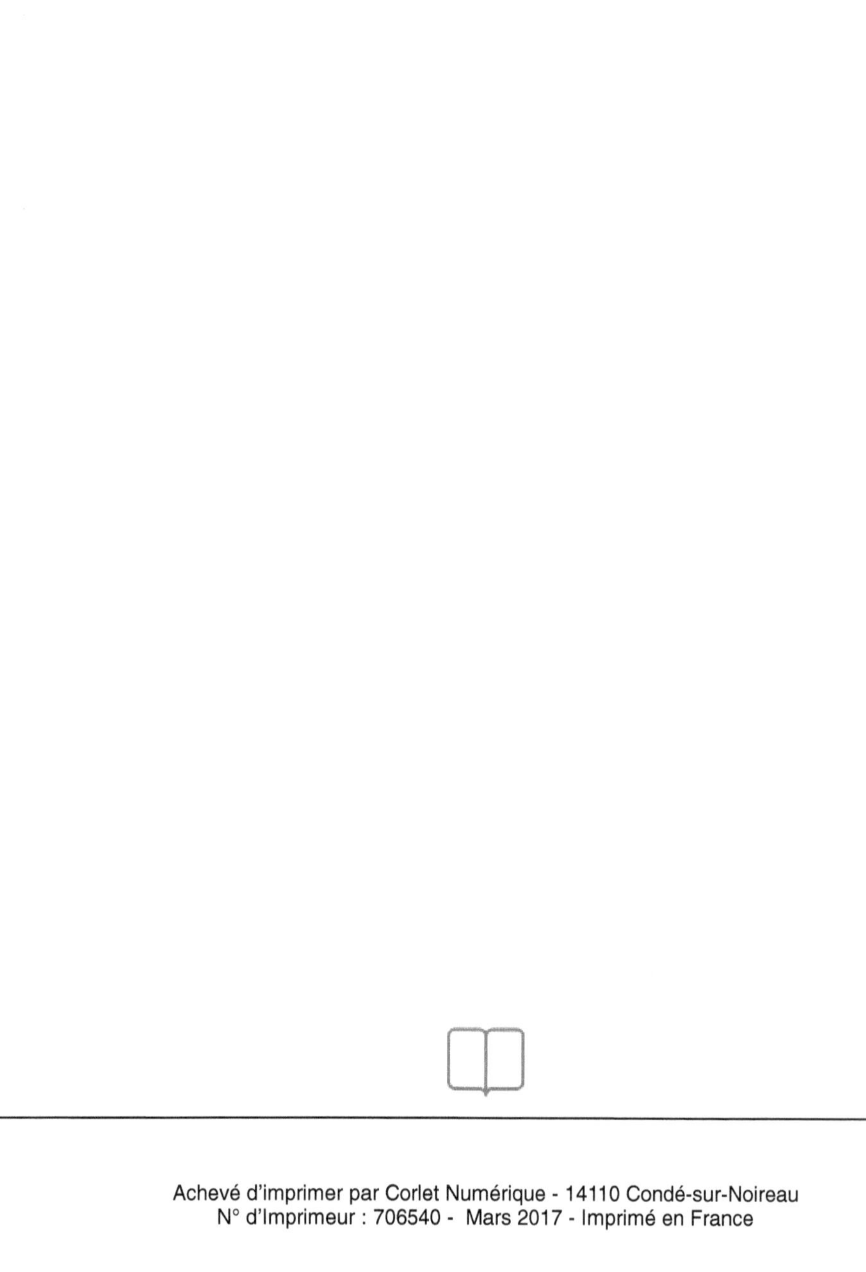

Achevé d'imprimer par Corlet Numérique - 14110 Condé-sur-Noireau
N° d'Imprimeur : 706540 - Mars 2017 - Imprimé en France